Kaiser • Vertragsstörungen im Werkvertragsrecht

ZAP-Vertragspraxis

Vertragsstörungen im Werkvertragsrecht

von
Rechtsanwalt Dr. Stefan Kaiser
Fachanwalt für Bau- und Architektenrecht,
Kapellmann und Partner Rechtsanwälte,
Mönchengladbach

Ein Unternehmen vom LexisNexis

ISBN-13: 978-3-89655-238-9
ISBN-10: 3-89655-238-4

© ZAP Verlag für Rechts- und Anwaltspraxis GmbH & Co. KG, Münster 2007
Ein Unternehmen von LexisNexis

Alle Rechte sind vorbehalten.

Dieses Werk und alle in ihm enthaltenen Beiträge und Abbildungen sind urheberrechtlich geschützt. Mit Ausnahme der gesetzlich zugelassenen Fälle ist eine Verwertung ohne Einwilligung des Verlages unzulässig.

Druck: Bercker, Kevelaer

Vorwort

Der Werkvertrag ist ein im Wirtschaftsleben nicht wegzudenkender Vertragstyp und daher für die anwaltliche Praxis von besonderer Bedeutung. Ob Beratungs- oder Planungsleistungen, ob Reparaturarbeiten oder umfangreiche individuelle Programmierungsarbeiten erbracht oder große Immobilienprojekte mit Millionenwerten realisiert werden, stets ist die Grundlage ein Werkvertrag. Der sichere Umgang mit Vertragsstörungen in diesem Bereich ist daher für den Anwalt sowie die am Wirtschaftsleben Beteiligten von großer Wichtigkeit.

Hierbei soll das vorliegende Werk unterstützen helfen. Zum einen durch die übersichtliche, umfassende und praxisorientierte Kommentierung der einschlägigen Vorschriften unter Berücksichtigung vertragstypischer Besonderheiten, zum anderen durch übersichtliche Arbeitshilfen, Checklisten, Schemata und Übersichten.

Für Anregungen, aber auch konstruktive Kritik zur Verbesserung des Produkts bin ich jederzeit dankbar.

Mönchengladbach, im November 2006

Dr. Stefan Kaiser

Hinweise zur Benutzung der CD-ROM

Zur Übernahme der Muster in Ihre Textverarbeitung legen Sie die CD-ROM in Ihr CD-ROM-Laufwerk ein. Sie können z.B. über das Icon „Arbeitsplatz" durch Doppelklick auf das Symbol des CD-ROM-Laufwerks Zugriff auf die Dateien erhalten.

Durch Doppelklick auf die Datei „start.doc" gelangen Sie auf die Word-Datei „Zentraldokument". In diesem Dokument sind sämtliche Word-Dateien der CD-ROM aufgelistet.

Durch Mausklick in Kombination mit der STRG-Taste auf die entsprechende Fundstelle gelangen Sie zum gesuchten Mustertext.

Inhaltsverzeichnis

	Seite
Vorwort	V
Hinweise zur Benutzung der CD-ROM	VI
Inhaltsverzeichnis	VII
Verzeichnis der Mustertexte und Checklisten	XI
Literaturverzeichnis	XV
Abkürzungsverzeichnis	XVII

			Rn.
A.	Allgemeines		1
	I.	Einführung	1
	II.	Vertragstypische Pflichten beim Werkvertrag	3
	III.	Vergütung und Abrechnung von Werklohnforderungen	9
		1. Art, Umfang und Höhe der Vergütung	9
		2. Abschlagszahlungen	11
		3. Abrechnung der Vergütung	17
		4. Zahlungsverzug	18
	IV.	Vertragsstörungen durch Mängel	19
		1. Mängelhaftungsrecht	19
		2. Sach- und Rechtsmängel	20
		3. Nacherfüllung, Neuherstellung	23
		4. Selbstvornahme	29
		5. Rücktritt, Minderung	31
		6. Verjährung der Mängelansprüche	33
	V.	Vertragsstörungen durch fehlende oder mangelhafte Mitwirkung des Bestellers	34
	VI.	Vertragsstörungen durch fehlende Termintreue	37
	VII.	Gefahrtragung beim Werkvertrag	42
	VIII.	Abnahme von Werkleistungen	44
B.	Kfz-Reparatur-Vertrag		52
	I.	Einführung	52
	II.	Unternehmerpfandrecht	53
	III.	Kostenanschlag	61
C.	Softwareentwicklungsvertrag		65
	I.	Einführung	65
	II.	Vertragstypen	66
	III.	Softwareentwicklungs- und Softwarepflegeverträge	70
	IV.	Urheberrecht	74
	V.	Vertragswidrige Nutzung der Software	77
	VI.	Systemdokumentation	79

				Rn.
	VII.	Quellcodes		81
	VIII.	Sachmängel bei der Softwareentwicklung		85
D.	Bauvertrag			87
	I.	Einführung		87
	II.	Besonderheiten beim BGB-Bauvertrag		89
		1. Durchgriffsfälligkeit nach § 641 Abs. 2 BGB		89
		2. Fertigstellungsbescheinigung des Sachverständigen nach § 641a BGB		91
		3. Sicherheitsleistung nach § 648a BGB		94
		a) Forderung einer Sicherheit nach § 648a BGB		94
		b) Nachfristsetzung für Sicherheit nach § 648a BGB		100
		c) Erhöhungsverlangen der Sicherheit nach § 648a BGB		103
		d) Leistungsverweigerung nach § 648a BGB		105
	III.	Besonderheiten beim VOB/B-Bauvertrag		107
		1. Baubeginn, Bauablauf, Bauende		107
		a) Aufforderung zum Ausführungsbeginn nach § 5 Nr. 2 VOB/B		107
		b) Abhilfeverlangen nach § 5 Nr. 3 VOB/B		111
		c) Nachfristsetzung nach § 5 Nr. 4 VOB/B		115
		d) Anfrage zum voraussichtlichen Baubeginn		117
		e) Anzeige der Tätigkeitsaufnahme		120
		f) Behinderungen im Bauablauf		123
		aa) Ablaufschema bei Behinderungen		124
		(1) Abruf auftraggeberseitiger Mitwirkungsleistungen		125
		(2) Erfassung eines Störungstatbestands		128
		(3) Vergleich von Ablauf-Soll und Ablauf-Ist		129
		(4) Zuordnung der Störung zur Sphäre des Auftragsgebers		130
		(5) Behinderungsanzeige		131
		(6) Zeitliche Verfolgung		132
		(7) Erfassung der Behinderungsfolgen		133
		(8) Behinderungsende		136
		bb) Behinderungsanzeige		139
		cc) Behinderungsabmeldung		143
		dd) Geltendmachung eines Behinderungsschadens		150
		ee) Abrechnung nach § 6 Nr. 5 VOB/B bei Unterbrechung		153
		g) Aufforderung zu einer dem Auftraggeber obliegenden Handlung mit Fristsetzung nach § 9 Nr. 1 VOB/B		157

		Rn.
h)	Bedenkenanmeldung nach § 4 Nr. 3 VOB/B	161
i)	Fertigstellungsanzeige	168

2. Abnahme ... 171
   - a) Einladung zur förmlichen Abnahme ... 171
   - b) Abnahmeprotokoll ... 176
   - c) Abnahmebestätigung des Auftraggebers ... 181
   - d) Abnahmeverweigerung ... 184
3. Mängelansprüche ... 187
   - a) Mängelbeseitigungsverlangen vor Abnahme ... 187
   - b) Mängelbeseitigungsverlangen nach Abnahme ... 191
   - c) Anforderung eines Kostenvorschusses ... 196
   - d) Geltendmachung einer Minderung nach § 13 Nr. 6 VOB/B ... 200
   - e) Geltendmachung von Schadensersatz nach § 13 Nr. 7 VOB/B ... 204
   - f) Zuschuss wegen Mithaftung des Auftraggebers ... 208
   - g) Unverhältnismäßigkeit der Nachbesserung ... 211
   - h) Verjährungseinrede ... 213
4. Vergütung, Abrechnung, Nachträge ... 219
   - a) Begriff „Nachträge" ... 219
   - b) Operatives Ablaufschema bei Nachträgen ... 220
     - aa) Änderungsauftrag des Auftraggebers ... 220
     - bb) Erfassung ... 223
     - cc) Vergleich Bau-Soll und Bau-Ist ... 227
     - dd) Kosten und Terminverlängerungsanzeige ... 229
     - ee) Nachtragsangebot ... 231
   - c) Ankündigung einer geänderten/zusätzlichen Leistung ... 239
   - d) Preisanpassungsverlangen nach § 2 Nr. 3 VOB/B ... 243
     - aa) Grundsatz ... 243
     - bb) Mengenüberschreitung um mehr als 10 % ... 245
     - cc) Mengenunterschreitung um mehr als 10 % ... 247
   - e) Anzeige von Stundenlohnarbeiten ... 249
   - f) Aufforderung zur Schlussrechnung mit Fristsetzung ... 253
   - g) Schlusszahlungserklärung ... 257
   - h) Anmeldung eines Vorbehalts gegen die Schlusszahlung ... 262
5. Sicherheitsleistungen ... 265
   - a) Aufforderung zur Rückgabe einer Sicherheit ... 265
   - b) Aufforderung nach § 17 Nr. 6 VOB/B ... 267
   - c) Geltendmachung eines Sicherheitseinbehalts durch den Auftraggeber ... 270

			Rn.
		d) Anfordern einer Sicherheit durch den Auftraggeber	273
	6.	Kündigung	275
		a) Freie Kündigung	275
		b) Kündigung aus wichtigem Grund nach § 8 Nr. 3 VOB/B	284
		c) Kündigung wegen dreimonatiger Unterbrechung	289
		d) Kündigung nach § 9 Nr. 1 VOB/B	293
		e) Kündigung aus Insolvenzgründen	296
E.	**Architekten- und Ingenieurvertrag**		300
	I.	**Einführung**	300
	II.	**Besonderheiten bei der Mängelhaftung nach BGB**	301
	III.	**Besonderheiten aus der Anwendung der HOAI**	307
		1. Zielsetzung und Regelungsgehalt	307
		2. Aufklärungspflicht des Architekten über die Honorarhöhe	312
		3. Unterschreitung der Mindestsätze	313
		4. Überschreitung der Höchstsätze	316
		5. Pauschalhonorarvereinbarung	318
		6. Formerfordernisse bei der Vergütungsvereinbarung	319
		7. Honorarschlussrechnung	327
		8. Abschlagsrechnungen nach § 8 HOAI	330
	IV.	**Vollmacht des Architekten**	331
	V.	**Abnahme von Architektenleistungen**	337
	VI.	**Urheberrecht des Architekten**	345
		1. Begriff des Urheberrechts	345
		2. Verbot einer Entstellung oder anderer Beeinträchtigung	346
		3. Grenzen des Urheberrechts	347
		4. Veränderung/Instandsetzung von Bauwerken	348
		5. Ansprüche bei Urheberrechtsverletzungen	349
	VII.	**Exkurs: Die Haftpflichtversicherung der Architekten und Ingenieure**	351
		1. Allgemeines	351
		2. Besonderheiten der Berufs-Haftpflichtversicherung	354
		a) Versicherungsfall	354
		b) Nachhaftung des Versicherers	356
		c) Risikoausschlüsse	357
		d) Mitversicherte Personen	360
		e) Obliegenheitspflichten	362

	Seite
Stichwortverzeichnis	191

Verzeichnis der Mustertexte und Checklisten

(Die Mustertexte und Checklisten sind unter den jeweiligen Randnummern enthalten.)

Rn.

A. Allgemeines

Muster 1: Verlangen einer Abschlagszahlung	14
Muster 2: Zurückweisung eines Verlangens auf Abschlagszahlung	15
Muster 3: Nacherfüllungsverlangen des Bestellers	25
Muster 4: Wahl der Neuherstellung durch Unternehmer	27
Muster 5: Ankündigung der Mängelbeseitigung durch Selbstvornahme	30
Muster 6: Minderungserklärung	32
Muster 7: Kündigungsandrohung des Unternehmers bei Verletzung von Mitwirkungspflichten durch den Besteller	36
Muster 8: Aufforderung zur Abnahme	49

B. Kfz-Reparatur-Vertrag

Muster 9: Geltendmachung des Zurückbehaltungsrechts gem. § 1000 BGB	56
Muster 10: Aufforderung zur Genehmigung der Verwendungen gem. § 1003 BGB	58
Muster 11: Androhung des Verkaufs gem. § 1003 Abs. 1 BGB	59
Muster 12: Anzeige nach § 650 Abs. 2 BGB	63
Muster 13: Kündigung nach § 650 Abs. 1 BGB	64

C. Softwareentwicklungsvertrag

Checkliste 1: Vertragsgestaltung – Entwicklung von Individualsoftware	71
Checkliste 2: Vertragsgestaltung – Softwarepflege	72
Muster 14: Forderung eines „Vergütungsnachschlags"	76
Muster 15: Aufforderung zur Einstellung der vertragswidrigen Nutzung neuer Software	78
Muster 16: Mängelrüge bei lücken- und/oder fehlerhafter Systemdokumentation	80
Muster 17: Herausgabeverlangen bei Schlechtleistung	83
Muster 18: Herausgabeverlangen bei Hinterlegungsvereinbarung	84

D. Bauvertrag

Checkliste 3: Durchgriffsfälligkeit	90
Muster 19: Fertigstellungsbescheinigung nach § 641a BGB	93

Verzeichnis der Mustertexte und Checklisten

Rn.

Muster 20:	Forderung einer Bauhandwerkersicherung nach § 648a BGB	99
Muster 21:	Nachfristsetzung für Sicherheit nach § 648a BGB	102
Muster 22:	Erhöhungsverlangen der Sicherheit nach § 648a BGB	104
Muster 23:	Mitteilung über die Einstellung der Arbeiten	106
Muster 24:	Aufforderung zum Ausführungsbeginn nach § 5 Nr. 2 VOB/B	110
Muster 25:	Abhilfeverlangen nach § 5 Nr. 3 VOB/B	114
Muster 26:	Nachfristsetzung nach § 5 Nr. 4 VOB/B	116
Muster 27:	Anfrage zum voraussichtlichen Baubeginn	118
Muster 28:	Anzeige des Ausführungsbeginns nach § 5 Nr. 2 Satz 3 VOB/B	121
Muster 29:	Behinderungsanzeige nach § 6 Nr. 1 VOB/B	142
Muster 30:	Anzeige des Behinderungsendes nach § 6 Nr. 3 VOB/B	149
Muster 31:	Geltendmachung eines Behinderungsschadens nach § 6 Nr. 6 VOB/B	152
Muster 32:	Abrechnung bei Unterbrechung nach § 6 Nr. 5 VOB/B	156
Muster 33:	Aufforderung zu einer dem Auftraggeber obliegenden Handlung mit Fristsetzung nach § 9 Nr. 1 VOB/B	159
Muster 34:	Anmeldung von Bedenken nach § 4 Nr. 3 VOB/B	167
Muster 35:	Fertigstellungsanzeige	170
Muster 36:	Einladung zur förmlichen Abnahme nach § 12 Nr. 4 VOB/B	175
Muster 37:	Abnahmeprotokoll	180
Muster 38:	Abnahmebestätigung des Auftraggebers	183
Muster 39:	Abnahmeverweigerung	186
Muster 40:	Mängelbeseitigungsverlangen vor Abnahme nach § 4 Nr. 7 VOB/B	190
Muster 41:	Mängelbeseitigung nach Abnahme nach § 13 Nr. 5 VOB/B	194
Muster 42:	Anforderung eines Kostenvorschusses	198
Muster 43:	Geltendmachung einer Minderung nach § 13 Nr. 6 VOB/B	203
Muster 44:	Geltendmachung von Schadensersatz nach § 13 Nr. 7 VOB/B	207
Muster 45:	Anforderung einer Zuschusszahlung wegen Mithaftung des Auftraggebers	210
Muster 46:	Ablehnung der Mängelbeseitigung wegen Unverhältnismäßigkeit nach § 13 Nr. 6 VOB/B	212
Muster 47:	Geltendmachung der Verjährungseinrede	218
Muster 48:	Ankündigung eines Vergütungsanspruchs wegen geänderter/ zusätzlicher Leistungen	242
Muster 49:	Preisanpassungsverlangen bei einer Mengenüberschreitung um mehr als 10 %	246
Muster 50:	Preisanpassungsverlangen bei einer Mengenunterschreitung um mehr als 10 %	248
Muster 51:	Anzeige von Stundenlohnarbeiten nach § 15 Nr. 3 VOB/B	252
Muster 52:	Aufforderung zur Schlussrechnung mit Fristschutz	256

Verzeichnis der Mustertexte und Checklisten

	Rn.
Muster 53: Schlusszahlungserklärung	261
Muster 54: Geltendmachung eines Vorbehalts gegen die Schlussrechnung nach § 16 Nr. 5 VOB/B	264
Muster 55: Aufforderung zur Rückgabe einer Sicherheit nach § 17 Nr. 8 VOB/B	266
Muster 56: Aufforderung nach § 17 Nr. 6 VOB/B	269
Muster 57: Geltendmachung eines Sicherheitseinbehalts durch den Auftraggeber	272
Muster 58: Anfordern einer Sicherheit durch den Auftraggeber	274
Muster 59: Kündigung eines Bauvertrags	283
Muster 60: Kündigung aus wichtigem Grund nach § 8 Nr. 3 VOB/B	288
Muster 61: Kündigung wegen dreimonatiger Unterbrechung nach § 6 Nr. 7 VOB/B	292
Muster 62: Kündigung nach § 9 Nr. 1 VOB/B	295
Muster 63: Kündigung aus Insolvenzgründen nach § 8 Nr. 2 VOB/B	299

E. Architekten- und Ingenieurvertrag

Muster 64: Aufforderung zur Nachbesserung	303
Muster 65: Anforderung einer kostenfreien Vorplanung	321
Muster 66: Verpflichtungserklärung	324
Muster 67: Verlangen eines gesonderten Honorars für Besondere Leistungen nach § 5 Abs. 4 Satz 1 HOAI	326
Muster 68: Honorarabrechnungsmaske	329
Muster 69: Vollmacht ohne rechtsgeschäftliche Vertretungsbefugnisse	334
Muster 70: Vollmacht mit eingeschränkter rechtsgeschäftlicher Vertretungsbefugnis	335
Muster 71: Vollmacht mit weitreichender Vertretungsmacht	336
Muster 72: Anzeige der vertragsgemäßen Vollendung einer Architektenleistung	341
Muster 73: Aufforderung zur Abnahme der Genehmigungsplanung	343

Literaturverzeichnis

Bartsch, Softwarepflege nach neuem Schuldrecht, NJW 2002, 1526;
Binder/Kosterhon, Urheberrecht der Architekten und Ingenieure, 1. Aufl., München 2003;

Heiermann/Riedl/Rusam, Handkommentar zur VOB, 10. Aufl., Wiesbaden 2003;
Hesse, Urheberrecht des Architekten, BauR 1971, 209;
Hildebrandt, Aufgedrängte Abnahme – Keine Abnahme gegen den Willen des Auftragnehmers vor Fertigstellung des Werkes, BauR 2005, 788;

Ingenstau/Korbion/Locher/Vygen, VOB-Kommentar, 15. Aufl. 2004;

Jagenburg, Die Entwicklung des Architekten- und Ingenieurrechts seit 1991/92, NJW 1995, 1997;

Kapellmann/Langen, Einführung in die VOB/B, 15. Aufl. 2006;
Kapellmann/Schiffers, Vergütung, Nachträge und Behinderungsfolgen beim Bauvertrag, Bd. 1, 5. Aufl. 2006;
Kapellmann/Schiffers, Vergütung, Nachträge und Behinderungsfolgen beim Bauvertrag, Bd. 2, 4. Aufl. 2006;
Kniffka, Das Gesetz zur Beschleunigung fälliger Zahlungen - Neuregelung des Bauvertragsrechts und seine Folgen, ZfBR 2000, 227;
Köhler, Die Überschreitung des Kostenanschlags, NJW 1983, 1633;

Leinemann/Klaft, Erfordert die Neuregelung des § 648a BGB eine restriktive Auslegung zum Schutz des Bestellers?, NJW 1995, 2521;
Locher, Das private Baurecht, 7. Aufl., München 2005;

Markus/Kaiser/Kapellmann, AGB-Handbuch Bauvertragsklauseln, 1. Aufl., Düsseldorf 2004;
Marly, Softwareüberlassungsverträge, 4. Aufl., München 2004;

Neuenfeld/Baden/Dolma/Groscruth, Handbuch des Architektenrechts, Bd. 1, Loseblatt, Stand: Januar 2006, Stuttgart/Berlin/Köln;

Palandt, BGB-Kommentar, 65. Aufl., München 2006;
Prinz, Urheberrecht der Architekten und Ingenieure, 1. Aufl., Düsseldorf 2001;

Rauch, Architektenrecht und privates Baurecht für Architekten, 2. Aufl., Köln 1996;

Schneider, Handbuch des EDV-Rechts, 3. Aufl., Köln 2002;
Schricker (Hrsg.), Urheberrecht, 3. Aufl., München 2006;
Schulte-Nölke/Frenz/Flohr (Hrsg.), Formularbuch Vertragsrecht, 2. Aufl., Münster 2006;
Sester, Open-Source-Software: Vertragsrecht, Haftungsrisiken und IPR-Fragen, CR 2000, 797;
Stoll, Die Lehre von den Leistungsstörungen, Tübingen 1936;

Thode, Werkleistung und Erfüllung im Bau- und Architektenvertrag, ZfBR 1999, 116;

Werner/Pastor, Der Bauprozess, 11. Aufl., Düsseldorf 2005.

Abkürzungsverzeichnis

A
a.A. anderer Ansicht
a.a.O. am angegebenen Ort
Abs. Absatz
AGB Allgemeine Geschäftsbedingung

B
BauR Baurecht (Zs.)
BB Betriebsberater (Zs.)
Bd. Band
BGB Bürgerliches Gesetzbuch
BGH Bundesgerichtshof
BGHZ Sammlung der Entscheidungen des BGH in Zivilsachen
bzw. beziehungsweise

C
CR Computerreport (Zs.)

D
d.h. das heißt
DIN Deutsche Industrienorm
DVA Deutscher Vergabe- und Vertragsausschuss für Bauleistungen

E
Einf. Einführung
erbr. erbracht
etc. et cetera

F
ff. fort folgende

G
gem. gemäß
ggf. gegebenenfalls
GPL General Public License
grds. grundsätzlich
GRUR Gewerblicher Rechtsschutz und Urheberrecht (Zs.)

H
HOAI Honorarordnung für Architekten und Ingenieure

I
IBR Immobilien und Baurecht (Zs.)
i.d.R. in der Regel
IHK Industrie- und Handelskammer
i.H.v. in Höhe von
inkl. inklusive
insbes. insbesondere
i.R.d. im Rahmen des
i.S.d. im Sinne des
i.Ü. im Übrigen
i.V.m. in Verbindung mit

K
Kfz Kraftfahrzeug
KG Kammergericht

L
LG Landgericht
LV Leistungsverzeichnis

M

Abkürzungsverzeichnis

MDR	Monatsschrift für Deutsches Recht (Zs.)	u.a.	unter anderem
m.w.N.	mit weiteren Nachweisen	UrhG	Urhebergesetz
		UStG	Umsatzsteuergesetz
MwSt.	Mehrwertsteuer	USt-IdNr	Umsatzsteuer-Identifikationsnummer
		usw.	und so weiter

N

NJW	Neue Juristische Wochenschrift (Zs.)	**V**	
		v.	vom
NJW-RR	NJW-Rechtsprechungsreport (Zs.)	VDE	Verband der Elektrotechnik Elektronik Informationstechnik e.V.
NZBau	Neue Zeitschrift für Baurecht und Vergaberecht	VersR	Versicherungsrecht (Zs.)
		vgl.	vergleiche
		VOB	Verdingungsordnung für Bauleistungen

O

o.Ä.	oder Ähnliches		
OLG	Oberlandesgericht	**W**	
OLGR	OLGReport	WM	Wertpapiermitteilungen (Zs.)

P

		Z	
p.a.	per anno	z.B.	zum Beispiel
		ZfBR	Zeitschrift für deutsches und internationales Baurecht (Zs.)

R

Rn.	Randnummer	ZIP	Zeitschrift für Wirtschaftsrecht
Rspr.	Rechtsprechung		
		ZPO	Zivilprozessordnung

S

S.	Seite	z.T.	zum Teil
s.	siehe	zzgl.	zuzüglich
s.a.	siehe auch	z.Zt.	zur Zeit
sog.	so genannte(r)		
str.	streitig		

T

TÜV	Technischer Überwachungsverein

U

A. Allgemeines

I. Einführung

Erbringt ein Schuldner die von ihm geschuldete Leistung nicht zur rechten Zeit, am rechten Ort und in der richtigen Art und Weise oder verletzt er bei der Leistungserbringung die Interessen des Gläubigers in sonstiger Form, liegt eine **Leistungsstörung** vor.[1] Die Tatbestände und Rechtsfolgen, die sich aus einer nicht ordnungsgemäßen Abwicklung eines Schuldverhältnisses ergeben, werden durch die Normen des Leistungsstörungsrechts geregelt. Das **allgemeine Leistungsstörungsrecht** enthält dabei die für alle Schuldverhältnisse oder Verträge geltenden Regelungen. Dieses Leistungsstörungsrecht wurde mit der Schuldrechtsreform vom 26.11.2001 grundlegend neu gestaltet. Mit der Schuldrechtsreform hat der Gesetzgeber ein völlig neues Konzept zur Bewältigung von Leistungserschwerungen aller Art verwirklicht.[2]

Ergänzt wird das allgemeine Leistungsstörungsrecht durch Sondervorschriften für bestimmte Vertragstypen und Rechtsverhältnisse (**besonderes Leistungsstörungsrecht**). Diese besonderen Leistungsstörungen können auch als **Vertragsstörungen** im engeren Sinn definiert werden und sind grds. Gegenstand der nachfolgenden Darstellungen. Für den Werkvertrag ergeben sich die Sondervorschriften des besonderen Leistungsstörungsrechts zunächst aus den §§ 631 bis 651 BGB. Für einzelne Werkvertragstypen sind darüber hinaus aber auch eine Vielzahl weiterer Rechtsvorschriften (z.B. HOAI, UrhG) oder Bedingungen (z.B. VOB/B) von Bedeutung.

II. Vertragstypische Pflichten beim Werkvertrag

Durch einen Werkvertrag verpflichtet sich der Unternehmer zur Herstellung des versprochenen individuellen Werks, der Besteller zur Entrichtung der vereinbarten Vergütung. Gegenstand eines Werkvertrags kann dabei die Herstellung oder Veränderung einer Sache, aber auch die Herbeiführung jedes anderen durch Arbeit oder Dienstleistung erreichbaren Erfolgs sein.

---

1 Vgl. zum Begriff Stoll, Die Lehre von den Leistungsstörungen, Tübingen 1936.
2 Vgl. hierzu Schulte-Nölke/Frenz/Flohr, Formularbuch Vertragsrecht, Teil 2, Rn. 1; Schmidt-Räntsch, ZIP 2000, 1639.

A. Allgemeines

Die vertragstypische und vertragscharakterisierende Leistung liegt in der **entgeltlichen Wertschöpfung** des Unternehmers darin, dass er durch seine Arbeitsleistung für den Besteller das vereinbarte Werk schafft oder einen erfolgsbezogenen Beitrag zu seiner Verwirklichung leistet.[3] Das versprochene Werk kann dabei ein körperliches Produkt, aber auch ein geistiges Arbeitsergebnis sein, wenngleich dieses in einem körperlichen Gegenstand zum Ausdruck kommt, z.b. die Erstellung eines Sachverständigengutachtens.[4] Unter der Herbeiführung des bestimmten, vereinbarten individuellen Erfolgs als Wesensmerkmal für den Werkvertrag ist regelmäßig nur das unmittelbar durch die Tätigkeit des Unternehmers herbeizuführende Arbeitsergebnis zu verstehen. Ob der damit vom Besteller verfolgte wirtschaftliche Zweck oder sonst erhoffte Erfolg eintritt, ist grds. unmaßgeblich.

Beispiel:

Der Bauunternehmer schuldet die ordnungsgemäße Herstellung des Bauwerks, nicht seine Vermietbarkeit. Der Arzt ist lediglich verpflichtet, eine Operation fachgerecht nach den Regeln der Kunst durchzuführen, er schuldet nicht die Heilung.

4   Kennzeichnend für den Werkvertrag ist die **wirtschaftliche Selbstständigkeit** des Herstellers/Unternehmers, der zwar im Einzelfall in gewissem Umfang Weisungen des Bestellers unterworfen ist, jedoch grds. seine Tätigkeit in eigener Verantwortung und unter Einsatz eigener Arbeitsmittel oder Fachkenntnisse ausübt. Er trägt das typische Unternehmerrisiko für das Gelingen des werkvertraglich geschuldeten Erfolgs. Für die vertragsrechtliche Kategorisierung ist nicht die Bezeichnung des Vertrags maßgeblich, sondern der tatsächliche Wille der Vertragsparteien, wie er in der Ausgestaltung der Rechte und Pflichten nach dem anhand aller Vertragsunterlagen unter Berücksichtigung der Vertragsdurchführung zu ermittelnden Geschäftsinhalt zum Ausdruck kommt.[5]

---

3   Vgl. BGH, NJW 1983, 1489; BGH, NJW 2002, 749.
4   Vgl. BGH, NJW 2002, 3323; BGH, BB 1995, 170.
5   Vgl. BGH, NJW 2002, 3317; BGH, NJW 2002, 3323.

II. Vertragstypische Pflichten beim Werkvertrag

Übersicht: Abgrenzung zu anderen Vertragstypen 5

Kaufvertrag	Ist gerichtet auf die Übereignung eines fertigen Gegenstands, dessen Herstellung nicht Vertragsinhalt wird.
Mietvertrag	Ist nicht auf Herstellung, sondern nur auf Gebrauchsüberlassung gerichtet. Im Fall der Unentgeltlichkeit liegt ein Leihvertrag vor.
Dienstvertrag	Geschuldet wird die Arbeitsleistung, nicht das Arbeitsergebnis i.S.e. Erfolgs. Auch bei Dienstverschaffungs- oder Arbeitnehmerüberlassungsverträgen wird kein Werkerfolg, sondern die Überlassung geeigneter Arbeitskräfte geschuldet, die der Vertragspartner nach seinen betrieblichen Erfordernissen einsetzen kann.
Auftrag	Der Auftrag unterscheidet sich vom Werkvertrag durch die Unentgeltlichkeit. Die entgeltliche Geschäftsbesorgung ist dagegen je nach Tätigkeit Dienst- oder Werkvertrag, folgt aber weitgehend den Regeln des Auftrags.
Verlagsvertrag	Ein im VerlG geregelter eigenständiger Vertrag ist dadurch gekennzeichnet, dass der Verleger auch zur Vervielfältigung und Verbreitung des Verlagswerks verpflichtet ist. Der Bestellvertrag nach § 47 VerlG ist dagegen ein Werkvertrag.

Erstreckt sich der Vertrag auf die Lieferung herzustellender oder zu erzeugender **beweglicher Sachen**, finden nach § 651 BGB die Vorschriften über den Kauf Anwendung (früher sog. Werklieferungsvertrag), obwohl es sich sachlich um einen Werkvertrag handelt. Vom reinen Kaufvertrag unterscheiden sich derartige Verträge dadurch, dass auch die Herstellung bzw. Erzeugung Vertragsinhalt ist. 6

Übersicht: Werkvertrag in der täglichen Praxis 7

Abbruchvertrag	OLG Celle, VersR 1953, 309
Abfallentsorgung	OLG Oldenburg, NJW-RR 1999, 1575
Anzeigenvertrag	OLG Kreuznach, NJW-RR 2002, 130
Aufsicht-Überwachung	BGH, NJW-RR 1998 1027

A. Allgemeines

Architektenvertrag	BGHZ 82, 100
Autowäsche	OLG Düsseldorf, NJW-RR 2004, 962
Arztvertrag je nach Inhalt	OLG Düsseldorf, MDR 1985, 1028
Bauvertrag	Brück/Reichelt, NJW 2005, 2273
Beförderungsvertrag	BGHZ 62, 71
Bestattungsvertrag	AG Hamburg, NJW-RR 2001, 1132
Beratervertrag je nach Inhalt	OLG Düsseldorf, NJW-RR 1997, 1005
Deckvertrag	Palandt/Sprau, BGB, Einf. v. § 631, Rn. 21
EDV, Software je nach Inhalt	Junker, NJW 2005, 2829
Fertighausvertrag mit Errichtung	OLG Köln, NJW-RR 2003, 669
Filmproduktion/-entwicklung	OLG Mainz, NJW-RR 2005, 854
Forschung/Entwicklung je nach Inhalt	BGH, NJW 2002, 3323
Gerüstaufbau	OLG Köln, BauR 2000, 1874
Gutachten	BGHZ 67, 1
Hufbeschlag	BGH, NJW 1968, 1932
Ingenieurvertrag	OLG München, NJW 1974, 2238
Projektsteuerungsvertrag	BGH, NJW 1999, 3118
Reinigung	OLG Hamburg, MDR 1972, 866
Reparatur	OLG Karlsruhe, NJW-RR 1992, 1014
Schleppvertrag	BGH, NJW 1958, 1629
Schornsteinfeger	BGH, VersR 1954, 1629
Tätowierung	AG Heidelberg, NJW-RR 2003, 19
TÜV-Abnahme	BGH, NJW 1972, 46
Veranstaltung, Aufführung je nach Inhalt	OLG München, NJW-RR 2005, 616
Viehmastvertrag	BGH, MDR 1972, 232
Wartungsvertrag	OLG Düsseldorf, NJW-RR 1988, 441
Werbung je nach Inhalt	OLG Düsseldorf, NJW-RR 1991, 120

III. Vergütung und Abrechnung von Werklohnforderungen

Neben der Hauptpflicht, der rechtzeitigen und mängelfreien Herstellung des Werks, können weitere Pflichten vertraglich vereinbart werden oder sich kraft Gesetzes aus dem Vertragszweck und aus § 242 BGB ergeben. Hierzu zählen insbes. die **Obhuts-, Aufklärungs-, Prüfungs- und Beratungspflichten**. Sie können leistungsbezogen sein, soweit sie das Leistungsinteresse des Bestellers berühren, oder nicht leistungsbezogen, weil sie (lediglich) dem Schutz des Bestellers, seines Eigentums oder Vermögens dienen.

8

III. Vergütung und Abrechnung von Werklohnforderungen

1. Art, Umfang und Höhe der Vergütung

Auch ohne ausdrückliche vertragliche Vergütungsregelung entsteht **mit dem Abschluss** eines Werkvertrags für den Unternehmer ein Vergütungsanspruch, wenn die Herstellung des Werks den Umständen nach nur gegen eine Vergütung zu erwarten war. Ob eine Werkleistung nach den Umständen nur gegen eine Vergütung zu erwarten war, richtet sich nicht nach der persönlichen Meinung des Bestellers, sondern danach, ob **objektiv** von einer Entgeltlichkeit auszugehen war. Maßgebend sind dabei die Verkehrssitte, die Stellung der Vertragsbeteiligten zueinander, Umfang und Dauer der Leistung. Wird die Werkleistung vom Unternehmer im Rahmen eines Gewerbebetriebs oder in Wahrnehmung seines Berufs erbracht, ist i.d.R. eine Entgeltlichkeit zu bejahen.

9

Art, Umfang und **Höhe** der Vergütung richten sich in erster Linie nach den vertraglichen Vereinbarungen der Parteien. Es muss nicht zwingend im Rahmen der Vergütungsvereinbarung ein bestimmter Betrag festgelegt werden, es reicht aus, wenn er sich der Höhe nach aufgrund der vertraglich vereinbarten Maßstäbe berechnen lässt.[6]

10

Wo jedoch eine Vergütungsvereinbarung fehlt, richtet sich die Höhe des Vergütungsanspruchs nach § 632 Abs. 2 BGB. Besteht für Leistungen, wie die vertraglich vereinbarte, eine **Taxe**, ist die taxmäßige Vergütung zu entrichten. Unter Taxe versteht man einen hoheitlich nach Bundes- oder Landesrecht festgelegten Preis, z.B. die verschiedenen Gebührenordnungen. Fehlt ein derart festgelegter Preis, ist die **übliche Vergütung** zu bezahlen. Üblich

---

[6] Vgl. BGH, NJW 1980, 122.

A. Allgemeines

ist eine Vergütung, die z.Zt. des Vertragsabschlusses für nach Art, Güte und Umfang gleiche Leistungen nach allgemeiner Auffassung der beteiligten Kreise am Ort der Werkleistung bezahlt zu werden pflegt. Auf eine Kenntnis der Vertragsparteien kommt es nicht an. Um feststellen zu können, welche Vergütung üblicherweise am Ort der Werkleistung nach allgemeiner Auffassung bezahlt wird, ist es erforderlich, dass vergleichbare Leistungen am Ort der Werkleistung in zahlreichen Einzelfällen erbracht werden. Andernfalls ist eine **angemessene Vergütung** zu bezahlen.[7] Eine Bestimmung der Vergütung durch den Unternehmer kommt nur in Betracht, wenn sie dem Willen des Bestellers nicht widerspricht und eine Taxe oder übliche Vergütung nicht feststellbar ist.[8]

2. Abschlagszahlungen

11 Durch das Gesetz zur Beschleunigung fälliger Zahlungen vom 30.03.2000 gibt es für den Unternehmer nunmehr auch die Möglichkeit, **Abschlagszahlungen** zu verlangen. Nach § 632a BGB kann der Unternehmer für in sich abgeschlossene Teile des Werks Abschlagszahlungen für die **erbrachten vertragsgemäßen Leistungen** sowie für die zur Ausführung erforderlichen **Stoffe** oder eigens angefertigten oder bereits angelieferten **Bauteile** fordern. Letzteres jedoch nur, wenn der Unternehmer die Stoffe und Bauteile dem Besteller **übereignet** oder für den betreffenden Teil der Werklohnforderung eine **Sicherheit** leistet. Anders als bei Bauverträgen auf der Grundlage der VOB/B sieht § 632a BGB bei Abschlagszahlungen für Stoffe und Bauteile **kein Wahlrecht** des Bestellers vor, ob dieser das Eigentum übertragen oder eine Sicherheitsleistung (vgl. § 16 Nr. 1 Abs. 1 VOB/B) haben möchte. Der gesetzliche Anspruch auf Abschlagszahlungen endet zu dem Zeitpunkt, zu dem der Unternehmer seine Gesamtvergütung abschließend berechnen und geltend machen kann.[9] Dies folgt aus dem Wesen der Abschlagszahlung als Anzahlung.

12 Die **schwierigste** und in der täglichen Praxis problematischste **Voraussetzung** für den Erhalt von Abschlagszahlungen ist, dass nur für in **sich abgeschlossene Teile** der Gesamtleistung eine Abschlagszahlung verlangt werden kann. Es muss sich also um eine abgrenzbare, in sich abgeschlossene

---

7   Vgl. BGH, NJW-RR 2000, 1560; BGHZ 94, 98.
8   Vgl. BGHZ 94, 98; BGH, NJW 2002, 817.
9   Vgl. OLG Hamm, NJW-RR 1999, 528.

III. Vergütung und Abrechnung von Werklohnforderungen

Teilleistung handeln, die für den Besteller in sich und eigenständig werthaltig oder nutzbar ist. Ob eine derartige Teilbarkeit überhaupt in Betracht kommt, ist bei vielen Werkverträgen bereits fraglich. Dort, wo eine Teilbarkeit grds. möglich ist, entsteht vielfach Streit darüber, welchen exakten Umfang und Inhalt die jeweilige Teilleistung hat. Ob z.B. beim Bauvertrag der fertig gestellte **Rohbau** eine in sich abgeschlossene Teilleistung darstellt, ist mehr als zweifelhaft. Andererseits liegt eine Teilleistung i.S.d. § 632a BGB bei Dachdeckerarbeiten an mehreren Häusern vor, wenn die Dachdeckerarbeiten an einem Haus vollständig abgeschlossen sind.

Ist für die zu erbringende Werkleistung nur eine **einheitliche Vergütung** (z.B. eine Pauschale) vereinbart worden, besteht bei der Anforderung einer Abschlagszahlung eine weitere praktische Schwierigkeit darin, für die in sich abgeschlossene Teilleistung die **entsprechende Teilvergütung** zu bestimmen. Soweit für die Gesamtleistung eine aufgegliederte Kalkulation existiert, lässt sich diese Hürde noch überwinden. Mitunter kann auch aus den Umständen auf die entsprechende Teilvergütung geschlossen werden (z.B. bei Dachdeckerarbeiten für zehn gleichartige Häuser auf die Teilvergütung pro Dach). Liegen jedoch nicht einmal Anhaltspunkte für die Ermittlung der entsprechenden Teilvergütung vor, hat die Durchsetzung einer Abschlagszahlung praktisch kaum Aussicht auf Erfolg.

Der Anspruch auf Abschlagszahlung wird mit dem entsprechenden **Verlangen** des Unternehmers **sofort fällig**. Eine (Teil)Abnahme oder Rechnungsstellung ist nach dem ausdrücklichen Gesetzeswortlaut nicht erforderlich, es muss nicht einmal eine nachvollziehbare und prüfbare Aufstellung vorgelegt werden. Erforderlich ist es dagegen, die Leistung im Verlangen zu bezeichnen. Eine Form für das Verlangen ist im Gesetz ebenfalls nicht vorgesehen, selbst ein mündliches Verlangen ist daher wirksam.

13

> **Hinweis:**
> Ein schriftliches Verlangen ist aus Dokumentations- und Beweisgründen stets anzuraten.

Der Anspruch auf die Abschlagszahlung ist selbstständig einklagbar und zu verzinsen. Er unterliegt einer eigenständigen Verjährung. Zahlt der Besteller unberechtigt nicht, kann der Unternehmer seine weiteren Leistungen bis zur Bezahlung verweigern. Eine **unberechtigte Zahlungsverweigerung** des

A. Allgemeines

Bestellers kann auch einen wichtigen Grund zur Vertragskündigung durch den Unternehmer darstellen.[10]

14 Muster 1: Verlangen einer Abschlagszahlung

> Sehr geehrte Damen und Herren,
>
> wir haben nunmehr folgende in sich abgeschlossene Teilleistung vertragsgemäß und im Wesentlichen mängelfrei fertig gestellt: ......
>
> Der von uns erbrachten Teilleistung entspricht eine Teilvergütung i.H.v. ...... € zzgl. der gesetzlichen USt. Wir bitten um Zahlung der vorgenannten Summe bis zum ...... Wir weisen darauf hin, dass Abschlagszahlungen sofort zur Zahlung fällig sind.
>
> Soweit Sie zur Prüfung und Bewertung weitere Informationen oder Unterlagen benötigen, stehen wir Ihnen gerne jederzeit zur Verfügung.
>
> Mit freundlichen Grüßen
>
> ....

15 Muster 2: Zurückweisung eines Verlangens auf Abschlagszahlung

> Sehr geehrte Damen und Herren,
>
> wir haben Ihr Schreiben v. ...... erhalten, mit dem Sie uns zur Zahlung eines Abschlags i.H.v. ...... € auffordern.
>
> Die von Ihnen bislang erbrachten Leistungen stellen aus unserer Sicht keine in sich abgeschlossene Teilleistung dar, die für sich genommen weder eigenständig nutzbar noch für uns werthaltig ist. Ferner ist die Leistung nach dem zwischen uns abgeschlossenen Werkvertrag vom ...... auch in keiner Weise selbstständig bewertbar.
>
> Es fehlt daher insgesamt an den gesetzlichen Voraussetzungen für Ihr Verlangen nach einer Abschlagszahlung. Eine Zahlung kann und wird aus diesem Grund nicht erfolgen.
>
> Mit freundlichen Grüßen
>
> ....

---

10 Vgl. BGH, NJW 2000, 1114.

III. Vergütung und Abrechnung von Werklohnforderungen

Insgesamt hat sich mit der Schaffung des § 632a BGB die Lage des vorleistungspflichtigen Unternehmers nur scheinbar und in Ausnahmefällen verbessert. Insbes. bei Langzeitschuldverhältnissen wie etwa dem Bauvertrag kann daher auch weiterhin nur angeraten werden, die Frage von Abschlagszahlungen hinsichtlich Höhe und Fälligkeit, einschließlich des jeweils zu erreichenden Leistungsstands, ausdrücklich im Vertrag zu regeln.

16

Hinweis:
Durch das Forderungssicherungsgesetz soll die Vorschrift modernisiert werden.

3. Abrechnung der Vergütung

Das Werkvertragsrecht enthält keinerlei Vorschriften zur **Abrechnung** der Vergütung, weder für Abschlagszahlungen noch für die Schlusszahlung. Für die Fälligkeit der Vergütung ist die Erteilung einer **prüfbaren Rechnung** nicht erforderlich, auch dann nicht, wenn der Besteller gem. § 14 UStG bei Bestehen einer Umsatzsteuerpflicht oder nach der Verkehrssitte einen Anspruch auf eine spezifizierte Rechnung hat.[11] Insbes. im Zusammenhang mit BGB-Bauverträgen ist immer wieder diskutiert worden, ob die Erteilung einer Rechnung neben der Abnahme der Bauleistung für die Fälligkeit maßgeblich ist.[12] Die Diskussion ist auf andere Werkverträge übertragbar. Z.T. wird in der Rspr. angenommen, dass es auf die Abreden und das Verhalten der Vertragsparteien ankommt, ob die Schlusszahlung von der Erteilung einer Rechnung abhängig sein soll.[13] In vielen Fällen weiß der Besteller erst durch eine prüfbare Rechnung, was von ihm gefordert wird. Ist z.B. mit der Abnahme der Werkleistung die Höhe der Vergütung nur bestimmbar (z.B. beim Einheitspreisvertrag), muss der Unternehmer die genaue Vergütung ermitteln und dem Besteller im Wege der Rechnungslegung bekannt geben.

17

---

11   Vgl. BGHZ 103, 285; BGHZ 120, 316; BGH, NJW-RR 2002, 376; BGHZ 79, 178.
12   Für Abrechnung als Fälligkeitsvoraussetzung: OLG Düsseldorf, BauR 1997, 1052; OLG Frankfurt am Main, BauR 1997, 856; gegen Abrechnung als Fälligkeitsvoraussetzung: OLG Celle, BauR 1986, 356; OLG Oldenburg, OLGR 1999, 50; OLG Stuttgart, NJW-RR 1994, 17; OLG Köln, BauR 1996, 725.
13   Vgl. OLG Düsseldorf, BauR 1999, 655.

A. Allgemeines

Beispiel:

Der Unternehmer muss anhand eines Aufmaßes die tatsächlich angefallenen Mengen ermitteln, um über die vereinbarten Einheitspreise die Positionspreise und sodann die Gesamtvergütung zu ermitteln.

Das Gleiche gilt, wenn über § 632 Abs. 2 BGB die übliche Vergütung zu bestimmen ist oder für Stundenlohnverträge bzw. bei Pauschalverträgen, wenn sich im Rahmen der Ausführung Leistungsänderungen ergeben haben. Nach Auffassung des BGH wird jedoch grds. der Vergütungsanspruch i.S.d. Verjährungsrechts mit der Abnahme fällig.[14]

Zu **beachten** ist, dass es sich bei der Rechnungserteilung nicht um eine rechtsgeschäftliche Willenserklärung handelt; sie ist daher nicht wegen Irrtums anfechtbar.[15] Eine **Anfechtung** ist jedoch auch nicht erforderlich, da der Unternehmer grds. nicht an seine Rechnung gebunden ist. Er kann sie jederzeit korrigieren, solange der Anspruch nicht verjährt ist. Soweit der Unternehmer nach dem Umsatzsteuerrecht oder der Verkehrssitte verpflichtet ist, eine Rechnung zu erteilen, ist weiter zu beachten, dass der Besteller bis zur Vorlage der Rechnung ein **Zurückbehaltungsrecht** hinsichtlich der zu zahlenden Vergütung geltend machen kann.

4. Zahlungsverzug

18 Kommt es bei der Zahlung des Werklohns zu Störungen, gibt es im Werkvertragsrecht dazu keine eigenständigen Vorschriften. Es gilt also das **allgemeine Leistungsstörungsrecht**, insbes. gelten die Vorschriften über den Verzug.

Übersicht: Zahlungsverzug

Vergütungsanspruch fällig:
• nach Abnahme
• sofort bei Abschlagszahlungen (BGB-Vertrag)
• bei Ablauf vertraglich vereinbarter Zahlungsfristen

---

14 Vgl. BGH, BauR 1981, 199.
15 Vgl. Werner/Pastor, Der Bauprozess, Rn. 1373.

Verzug:
• bei **Kalenderfrist**: z.B. bei fixen Zahlungsterminen (04.05.2006)
• bei **Ereignisfrist**: es geht ein Ereignis voraus, danach Leistungszeit nach dem Kalender berechenbar
• durch **Mahnung**
• Zugang einer **Rechnung** plus 30 Tage
Rechtsfolgen:
• gesetzliche **Verzugszinsen**: fünf Prozentpunkte über Basiszinssatz und acht Prozentpunkte über Basiszinssatz bei Rechtsgeschäften, an denen ein Verbraucher nicht beteiligt ist
• ggf. höhere **vertragliche Verzugszinsen**
• konkreter **höherer Schaden** auf Nachweis, z.B. Verlust von **Anlagenzinsen**, Aufwendungen für **Kreditzinsen** etc.

IV. Vertragsstörungen durch Mängel

1. Mängelhaftungsrecht

Bei Vertragsstörungen durch Mängel gelten die §§ 633 ff. BGB. Die Mängelhaftung des Werkunternehmers ist durch die **Schuldrechtsreform** wesentlich verändert und neu gestaltet worden. Insbes. wurde das Mängelhaftungsrecht in das allgemeine Leistungsstörungsrecht eingebettet. Bei **gemischten Verträgen** ist das Mängelhaftungsrecht der §§ 633 ff. BGB auf diejenigen Leistungen anwendbar, die werkvertraglichen Charakter haben.

Bis zur Abnahme hat der Besteller einen auf Herstellung und Verschaffung des versprochenen, mangelfreien Werks gerichteten Erfüllungsanspruch. Die Rechte des Bestellers richten sich insoweit grds. nach den **allgemeinen Vorschriften**. Bei nicht nur unwesentlichen Mängeln kann der Besteller die Abnahme des ihm angebotenen Werks ablehnen. Bis zur Abnahme richten sich die Ansprüche des Bestellers also nach den §§ 275, 280 ff. und 323 ff. BGB. Mit der Abnahme beschränkt sich der Erfüllungsanspruch auf das abgenommene und als Erfüllung angenommene konkrete Werk einschließlich der diesem noch anhaftenden Mängel. Der Besteller hat nur noch Rechte aus den §§ 634 ff. BGB.

19

A. Allgemeines

Übersicht: Mängelhaftung

Nacherfüllung (§ 635 BGB):
- Mangelbeseitigung (Nachbesserung) oder Neuherstellung
- Wahlrecht zwischen 1. und 2. liegt beim Unternehmer
- ausgeschlossen bei Unmöglichkeit
- Verweigerungsrecht bei unverhältnismäßigem Kostenaufwand

Selbstvornahme (§ 637 BGB):
- nach Ablauf einer angemessenen Frist
- Erstattung der erforderlichen Ersatzvornahmekosten

Rücktritt (§ 636 BGB):
- nach entsprechender Fristsetzung, bei fehlgeschlagener oder verweigerter
- Nacherfüllung oder Unzumutbarkeit der Nacherfüllung für den Besteller

Minderung (§ 638 BGB):
- Herabsetzung der Werklohnforderung

Schadensersatz (§ 636 BGB)

Aufwendungsersatz (§ 284 BGB)

2. Sach- und Rechtsmängel

20 Was i.R.d. Werkvertragsrechts als Mangel anzusehen ist, wird in § 633 BGB definiert. Nach § 633 Abs. 1 BGB ist das Werk frei von Sach- und Rechtsmängeln zu verschaffen.

Ein **Sachmangel** ist gegeben, wenn das Werk nicht die **vereinbarte Beschaffenheit** aufweist. Soweit im Werkvertrag keine Beschaffenheit vereinbart ist, ist das Werk frei von Sachmängeln, wenn es sich für die **nach dem Vertrag vorausgesetzte Verwendung** eignet. Soweit sich eine nach dem Vertrag vorausgesetzte Verwendung nicht feststellen lässt, ist ein Sachmangel gegeben, wenn das Werk sich nicht (einmal) für die **gewöhnliche Verwendung** eignet und die Beschaffenheit aufweist, die bei Werken der gleichen Art **üblich** ist und von dem Besteller nach der Art der Werkleistung **erwartet** werden kann. Ein Sachmangel ist damit letztlich jede Abweichung der Ist-Beschaffenheit eines Werks von seiner Soll-Beschaffenheit. Darauf, dass die ausgeführte Lösung womöglich technisch oder wirtschaftlich besser ist, als die vertraglich vereinbarte Lösung, kommt es nicht an.[16] Eine **Minderung** des **Werts** oder Herabsetzung der **Tauglichkeit** ist nicht mehr Voraussetzung für einen Mangel. Einem Sachmangel steht es i.Ü. gleich, wenn der Unternehmer ein anderes als das bestellte Werk oder das Werk in zu geringer Menge herstellt. Im Ergebnis stellt jede auch im Ergebnis unbedeutende Abweichung von der Soll-Beschaffenheit einen Mangel dar.

Eine **Beschaffenheitsvereinbarung** liegt vor, wenn hierzu im Vertrag ausdrückliche oder stillschweigende Festlegungen getroffen wurden.[17] Dabei ist die Gesamtheit aller Vertragsunterlagen heranzuziehen und der Vertrag als sinnvolles Ganzes auszulegen. Jede **verbindliche Beschreibung** der Leistung genügt als vereinbarte Beschaffenheit. Auch ohne ausdrückliche Vereinbarung geht die Rspr. davon aus, dass sich der Unternehmer, sofern nicht ausdrücklich Gegenteiliges vereinbart ist, stillschweigend zur Beachtung der **anerkannten Regeln** seines Fachs und den allgemein anerkannten Regeln der Technik vertraglich verpflichtet, wie sie unter anderem in Regeln des Handwerks,[18] DIN-Normen, europäischen Normen, Unfallverhütungsvorschriften, VDE-Bestimmungen etc. niedergelegt sind.[19]

21

Soweit eine Beschaffenheitsvereinbarung fehlt, kommt es auf die **Gebrauchsfunktion**, die **Funktionstüchtigkeit** des Werks an. Dabei ist zunächst die Funktion des Werks zu definieren und zu bestimmen, bevor dann die Frage der Eignung geprüft werden kann. Soweit die Funktionstüchtigkeit fehlt, liegt ein Mangel selbst dann vor, wenn an sich bei der Herstellung die anerkannten Regeln der Technik eingehalten wurden.[20] Dies ist bspw. der Fall, wenn die nicht durch entsprechende vertragliche Vereinbarungen gedeckte Beschaffenheit des Werks den vertraglich vorausgesetzten oder gewöhnlichen Ertrags- oder Gebrauchswert einschränkt, wofür auch das Risiko geringerer Haltbarkeit und Nutzungsdauer sowie erhöhter Betriebs- und

---

16   Vgl. BGH, NJW 2002, 3543.
17   Vgl. BGH, NJW-RR 2002, 1533.
18   Vgl. OLG Düsseldorf, NJW-RR 1999, 1657.
19   Vgl. BGHZ 139, 16; OLG Hamm, NJW-RR 1996, 213; OLG Brandenburg, BauR 2002, 1562; BGH, NJW-RR 2002, 1533; OLG Düsseldorf, NJW-RR 1996, 146; OLG Schleswig, BauR 2004, 1946.
20   Vgl. BGH, NJW 2003, 200.

A. Allgemeines

Instandhaltungskosten oder eine Auswirkung auf die Wiederverkäuflichkeit ausreicht.[21]

22 **Rechtsmängel** können z.B. auf Grund **gewerblicher Schutzrechte** bei vom Unternehmer zu beschaffenden Zutaten oder auf Grund **öffentlich-rechtlicher Beschränkungen** vorkommen.

3. Nacherfüllung, Neuherstellung

23 Die Mängelrechte im BGB stehen grds. in einem **Stufenverhältnis**. Der Besteller hat auf der ersten Stufe **nur** den Nacherfüllungsanspruch gem. § 635 BGB. Weitergehende Rechte auf der zweiten Stufe hat der Besteller grds. erst dann, wenn er dem Unternehmer zur Nacherfüllung eine angemessene Frist gesetzt hat (sog. zweite Erfüllungschance) und diese Frist ergebnislos verstrichen ist. Danach stehen die weitergehenden Mängelansprüche in **elektiver Konkurrenz**. Gibt der Besteller dem Unternehmer keine Gelegenheit zur Nacherfüllung, gerät er möglicherweise in Annahmeverzug, verwirkt dadurch aber nicht seine Mängelrechte.[22] Nach Ablauf einer ordnungsgemäß gesetzten Frist zur Nacherfüllung ist der Besteller nicht mehr verpflichtet, jedoch auch weiterhin berechtigt, eine Nacherfüllung zuzulassen. Bietet der Unternehmer also erst nach Ablauf der gesetzten Frist seine Nacherfüllungsleistung an, ist der Besteller lediglich gehalten, sich in angemessener Zeit nach Ablauf der Frist zu entscheiden, welche weitergehenden Mängelrechte er nunmehr geltend machen möchte.[23]

24 Der Anspruch auf Nacherfüllung setzt ein entsprechendes **Verlangen** des Bestellers voraus. Das Nacherfüllungsverlangen muss dabei so **konkret** gefasst sein, dass der Mangel nach Art und Ort mit Hilfe von Zeugen oder Sachverständigen feststellbar ist.[24] Ferner muss das Verlangen deutlich erkennen lassen, dass Abhilfe erwartet wird. Es reicht aus, wenn der Besteller die **Mangelerscheinungen** in seinem Nacherfüllungsverlangen hinreichend genau bezeichnet (sog. **Symptomtheorie**).[25] Soweit mehrere Unternehmer an der Herstellung mitgewirkt haben, muss in dem Nacherfüllungsverlangen

---

21 Vgl. Palandt/Sprau, BGB, § 633 Rn. 7; BGH, ZfBR 1995, 129; BGH, NJW 2003, 1188; BGH, NJW-RR 2005, 607; BGHZ 55, 198.
22 Vgl. BGH, NJW-RR 2004, 92; BGH, NJW-RR 2004, 1461.
23 Vgl. BGH, NJW 2002, 1526.
24 Vgl. BGH, WM 1980, 951.
25 Vgl. BGH, NJW-RR 2001, 380; BGH, NJW-RR 2000, 309.

IV. Vertragsstörungen durch Mängel

eine Zuordnung der Mangelerscheinung zur Leistung des Unternehmers erfolgen. Mit der Beschreibung der Mangelerscheinung werden alle Mängel geltend gemacht, auf die das angezeigte Erscheinungsbild zurückgeht, und zwar in vollem Umfang und an allen Stellen ihrer Ausbreitung.[26]

Muster 3: Nacherfüllungsverlangen des Bestellers

> Sehr geehrte Damen und Herren,
>
> gem. Werkvertrag vom ……. hatten Sie folgende Leistungen zu erbringen:
>
> 1. …….
>
> 2. …….
>
> …….
>
> Am ……. fand die Abnahme statt.
>
> Folgende Erscheinungen sind nunmehr aufgetreten, die wir auf Mängel an Ihrem Gewerk zurückführen:
>
> 1. …….
>
> 2. …….
>
> …….
>
> Wir verlangen von Ihnen, dass Sie umfassend und nachhaltig alle Mängel beseitigen, auf die die oben genau und konkret aufgeführten Erscheinungen zurückgehen. Wir weisen vorsorglich darauf hin, dass Sie selbstverständlich nicht nur verpflichtet sind, an der konkreten Örtlichkeit nachzubessern, wo sich derzeit der Mangel zeigt, sondern vollumfänglich nachzubessern haben.
>
> Bitte teilen Sie uns mit, welche Maßnahmen Sie ergreifen werden und bis wann die Nachbesserung abgeschlossen ist.
>
> Mit freundlichen Grüßen
>
> ……………………

---

26 Vgl. BGH, NJW-RR 1997, 1376.

A. Allgemeines

26 Nach § 635 Abs. 1 BGB hat der Unternehmer die Wahl, ob er den Mangel beseitigt, also nachbessert, oder das Werk neu herstellt. Stellt der Unternehmer ein neues Werk her, hat er nach § 635 Abs. 4 BGB Anspruch darauf, das mangelhafte Werk zurückzuerhalten.

27 **Muster 4: Wahl der Neuherstellung durch Unternehmer**

> Sehr geehrte Damen und Herren,
>
> vielen Dank für Ihr Schreiben v. .... Wir haben uns dafür entschieden, die vereinbarte Leistung noch einmal neu zu erbringen. Die Neuherstellung wird Zeit bis zum .... in Anspruch nehmen.
>
> Bitte halten Sie das mangelhafte Werk zur Rückgabe bereit.
>
> Mit freundlichen Grüßen
>
> ....

28 Nach § 635 Abs. 3 BGB kann der Unternehmer die **Nacherfüllung in drei Fällen verweigern**:

- Nach § 275 Abs. 2 BGB besteht ein Verweigerungsrecht, wenn die Nacherfüllung einen Aufwand erfordert, der unter Beachtung des Inhalts des Vertrags und der Gebote von Treu und Glauben in einem groben Missverhältnis zu dem Leistungsinteresse des Bestellers steht. Ein Verweigerungsrecht ist danach gegeben, wenn der vom Unternehmer zu betreibende Aufwand zur Nacherfüllung, berechnet nach dem Zeitpunkt, in dem die vertragsgemäße Leistung geschuldet war,[27] in keinem vernünftigen Verhältnis mehr zu dem mit der Nacherfüllung erzielbaren Erfolg steht.[28] Bei der Bewertung kommt es auf die Umstände des Einzelfalls an. Ist auf Seiten des Bestellers ein objektives Leistungsinteresse gegeben, z.B. bei eingeschränkter Funktionstüchtigkeit, ist i.d.R. der Einwand der Unverhältnismäßigkeit ausgeschlossen.[29]

- Nach § 275 Abs. 3 BGB kann der Unternehmer die Leistung weiterhin verweigern, wenn die Leistungserbringung bei persönlicher Leistungspflicht **unzumutbar** ist.

---

[27] Vgl. BGH, NJW 1995, 1836.
[28] Vgl. Palandt/Sprau, BGB § 635 Rn. 10; BGHZ 59, 365.
[29] Vgl. BGH, NJW-RR 2002, 661; BGH, NJW 1996, 3269; OLG Hamm, NJW-RR 2001, 1460.

IV. Vertragsstörungen durch Mängel

- Schließlich kann der Unternehmer nach § 635 Abs. 3 BGB die Nacherfüllung verweigern, wenn sie nur mit unverhältnismäßigen Kosten möglich ist. Dabei kommt es allein auf die **Unverhältnismäßigkeit der Nacherfüllungskosten** in Bezug auf den objektiven Wertverlust des Werks durch den Mangel und den objektiven Gesamtwert des Werks an. Selbst bei einem objektiv gegebenen Leistungsinteresse des Bestellers greift dieser Einwand des Unternehmers. Als „Faustregel" kann eine Grenze von 30 % angenommen werden.[30] Übersteigen also die Nacherfüllungskosten den Wert des Werks in mangelfreiem Zustand um 30 %, kann der Einwand des § 635 Abs. 3 BGB erhoben werden.

4. Selbstvornahme

Bleibt ein **Nacherfüllungsverlangen unerledigt**, kann der Besteller dem Unternehmer eine angemessene **Frist zur Nacherfüllung** setzen und nach fruchtlosem Ablauf den Mangel im Wege der **Selbstvornahme** beseitigen lassen. Wegen der dadurch veranlassten Kosten hat der Besteller gegen den Unternehmer einen **Aufwendungsersatzanspruch**. Zu ersetzen sind die **tatsächlichen** Aufwendungen, soweit sie erforderlich waren. Dies ist der Fall, wenn ein wirtschaftlich denkender Vertragspartner die tatsächlichen Anforderungen, möglicherweise nach sachkundiger Beratung, für eine vertretbare, d.h. geeignete und Erfolg versprechende Maßnahme der Mängelbeseitigung erbringen konnte und musste.[31] Bei der Beauftragung eines fachkundigen Drittunternehmers spricht der erste Anschein für die Erforderlichkeit.[32] Aus § 254 BGB ergibt sich für den Besteller die Pflicht, die Nachbesserungskosten in **angemessenen Grenzen** zu halten, jedoch ist der Unternehmer dafür darlegungs- und beweispflichtig, dass der Besteller übermäßige Leistungen hat ausführen lassen.[33] Zur Deckung der geschätzten Kosten kann der Besteller von dem Unternehmer einen **Vorschuss** verlangen. Der Besteller ist dann aber auch verpflichtet, die erforderlichen Arbeiten binnen angemessener Frist durchführen zu lassen, anderenfalls muss er den Vorschuss zurückzahlen.[34]

29

---

30 Vgl. LG Ellwangen, NJW 2003, 517.
31 Vgl. BGH, NJW-RR 1991, 789; OLG Frankfurt am Main, NJW-RR 1997, 340.
32 Vgl. OLG Dresden, NZBau 2000, 333.
33 Vgl. BGH, NJW-RR 1992, 1300.
34 Vgl. OLG Koblenz, OLGR 2000, 157.

A. Allgemeines

30 **Muster 5: Ankündigung der Mängelbeseitigung durch Selbstvornahme**

> Sehr geehrte Damen und Herren,
>
> mit Schreiben v. …….. hatten wir Ihnen gegenüber einen Mangel gerügt und die Beseitigung verlangt. Wir hatten Sie gebeten, uns mitzuteilen, welche Maßnahmen Sie zur nachhaltigen Abstellung des Mangels ergreifen wollen und binnen welcher Zeit die Nachbesserung erfolgt.
>
> Bis heute sind mittlerweile ……. Wochen vergangen, ohne dass Sie in irgendeiner Weise reagiert hätten. Weder haben Sie schriftlich geantwortet noch die erforderlichen Nachbesserungsarbeiten begonnen.
>
> Wir setzen Ihnen hiermit zur Nacherfüllung eine weitere Frist von ……. Wochen, also bis zum ……. Sollten Sie den Mangel bis dahin nicht abgestellt haben, werden wir von Ihnen keine weiteren Leistungen in diesem Zusammenhang mehr entgegen nehmen und den Mangel entweder selbst oder durch ein fachkundiges Drittunternehmen beseitigen. Hierdurch werden Kosten entstehen, die von Ihnen zu ersetzen sein werden. Wir behalten uns ausdrücklich vor, ggf. einen Vorschuss von Ihnen zu verlangen.
>
> Da Sie bereits mehrere Wochen Zeit hatten, gehen wir davon aus, dass die Ihnen aufgegebene Frist angemessen ist. Soweit Sie dies in Zweifel ziehen, bitten wir um Mitteilung, binnen welcher aus Ihrer Sicht angemessenen Frist der Mangel von Ihnen beseitigt wird.
>
> Mit freundlichen Grüßen
>
> ………………………..

5. Rücktritt, Minderung

31 Anstatt den Mangel im Wege der Selbstvornahme zu beseitigen oder beseitigen zu lassen, kann der Besteller auch vom Vertrag **zurücktreten** oder die Vergütung des Unternehmers **mindern**. Voraussetzung ist auch hier lediglich, dass der Besteller dem Unternehmer eine angemessene Frist zur Nacherfüllung setzt und diese ergebnislos verstreicht. In der Minderungserklärung sind der Umfang der verlangten Minderung und der Mangel, dessentwegen gemindert wird anzugeben. Bei der Minderungserklärung handelt es sich

um eine einseitige empfangsbedürftige, rechtsgestaltende Willenserklärung, die bedingungsfeindlich und unwiderruflich ist.

> **Hinweis:**
>
> Die Berechnungsformel für Minderungen lautet:
>
> $$\text{Mindervergütung} = \frac{(\text{Vergütung} * \text{Wert mit Mangel})}{\text{Wert ohne Mangel}}$$

Der Wert für das Werk im mangelbehafteten und mangelfreien Zustand ist nach dem Verkehrswert zu ermitteln. Er muss sich dabei nicht zwingend in der vereinbarten Vergütung widerspiegeln. Bei der Ermittlung des Verkehrswerts für die mangelhafte Leistung wird i.d.R. auf den Geldbetrag abzustellen sein, der für die Beseitigung des Mangels aufzuwenden wäre.[35] Zwingend ist dies jedoch nicht, z.T. ist auf den technischen und merkantilen Minderwert abzustellen.[36] Notfalls ist der Minderungsbetrag zu schätzen.

Beispiel:

*Beträgt etwa der Verkehrswert für ein mangelfreies Werk 100,00 € und der Verkehrswert für das mangelbehaftete Werk 50,00 €, dann ergibt sich bei einer vertraglich vereinbarten Vergütung von 95,00 € eine Minderung auf 47,50 € (95,00 € * 50,00 € / 100,00 €).*

Muster 6: Minderungserklärung

> Sehr geehrte Damen und Herren,
>
> mit Schreiben v. .... haben wir Ihnen gegenüber folgenden Mangel gerügt:
>
> ....
>
> Wir haben Sie aufgefordert, diesen Mangel zu beseitigen. Gleichwohl sind Sie untätig geblieben, so dass wir Sie unter Fristsetzung bis zum .... mit Schreiben v. .... noch einmal zur Nacherfüllung aufgefordert haben. Die von uns gesetzte Frist ist wiederum ergebnislos verstrichen.

---

35 Vgl. BGH, NJW 1996, 3001.
36 Vgl. BGH, NJW 2003, 1188.

> Wir machen nunmehr von unserem Recht aus § 638 Abs. 1 BGB Gebrauch und mindern hiermit die vereinbarte Vergütung wegen des oben näher bezeichneten Mangels um einen Betrag i.H.v. ...... €.
>
> Nach unseren Informationen beträgt der Verkehrswert für die Werkleistung in mangelfreiem Zustand ...... €. Die für eine Nachbesserung erforderlichen Aufwendungen belaufen sich voraussichtlich auf ...... €, sodass der Wert für die mangelbehaftete Sache mit ...... € anzunehmen ist (*alternativ: Der merkantile und technische Minderwert für die mangelbehaftete Sache beträgt ...... €*). Danach errechnet sich die verminderte Vergütung wie folgt:
>
> ...... €.
>
> Wir werden daher nur die geminderte Vergütung an Sie zur Auszahlung bringen.
>
> Mit freundlichen Grüßen
>
> ....

6. Verjährung der Mängelansprüche

33 Die Verjährung für Mängelansprüche ist in § 634a BGB geregelt. Sie wurde durch das Schuldrechtsmodernisierungsgesetz neu gefasst. Die **Regelverjährungsfrist** bei Werkverträgen beträgt nunmehr drei Jahre. Bei einem Werk, dessen Erfolg in der Herstellung, Wartung oder Veränderung einer Sache oder der Erbringung von Planungs- oder Überwachungsleistungen hierfür besteht, verkürzt sich die Verjährungsfrist auf zwei Jahre. Erfasst sind hier Arbeiten an einem Grundstück oder an einer beweglichen Sache. Bei einem Bauwerk und einem Werk, dessen Erfolg in der Erbringung von Planungs- oder Überwachungsleistungen hierfür besteht, verlängert sich die Verjährungsfrist auf fünf Jahre. Von der Regelverjährung betroffen sind im Wesentlichen Werkleistungen unkörperlicher Art, z.B. Beförderung, Tätowierung. Nach Ablauf der Verjährungsfrist ist auch ein Rücktritt oder eine Minderung grds. unwirksam, wenn der Unternehmer sich darauf beruft. Es besteht aber das Recht des Bestellers fort, hinsichtlich der Vergütung von einem Zurückbehaltungsrecht Gebrauch zu machen. Dies berechtigt dann wiederum den Unternehmer zum Rücktritt.

V. Vertragsstörungen durch fehlende oder mangelhafte Mitwirkung des Bestellers

Vielfach ist die Mitwirkung des Bestellers je nach Art und Beschaffenheit des herzustellenden Werks zwingend erforderlich. So muss der Besteller die erwarteten Leistungen so eindeutig wie möglich nach **objektiven Kriterien** mitteilen[37] oder ggf. das erforderliche Material zur Verfügung stellen. Insbes. sind die Vertragsparteien eines Bauvertrags zur umfassenden **Kooperation** verpflichtet.[38] Überhaupt kommt gerade beim Bauvertrag die Mitwirkung des Bestellers in weitem Umfang in Betracht. Der Besteller muss dem Unternehmer zuverlässige **Pläne** und **Unterlagen** zur Verfügung stellen und das **Baugrundstück** für die Leistung des Unternehmers aufnahmebereit, einschließlich der erforderlichen Vorarbeiten, zur Verfügung stellen.[39]

34

Hat der Besteller mehrere Unternehmer nebeneinander beauftragt, hat er grds. eine **Koordinierungspflicht**.[40]

Die Verletzung von Mitwirkungspflichten wirkt sich für den Besteller nachteilig aus. Nach § 642 BGB kann der Unternehmer eine **angemessene Entschädigung** verlangen, wenn der Besteller mit der Erbringung der Mitwirkung in Verzug gerät. Die Mitwirkung des Bestellers ist eine **Obliegenheit**. Erklärt der Unternehmer seine Leistungsbereitschaft und fordert den Besteller zur Mitwirkung auf, führt die Unterlassung zum **Annahmeverzug** des Bestellers nach den §§ 293 ff. BGB mit den Folgen eines Entschädigungsanspruchs gem. § 642 BGB. Die Höhe der Entschädigung richtet sich nach der Dauer des Verzugs und der Höhe der vereinbarten Vergütung sowie andererseits nach den durch den Verzug ersparten Aufwendungen und dem Erwerb durch anderweitigen Einsatz der Arbeitskraft. Damit soll der Entschädigungsanspruch inhaltlich über den bloßen Aufwendungsersatz hinaus den Unternehmer dafür entschädigen, dass er Arbeitskraft und Kapital bereithält und seine zeitliche sowie unternehmerische Dispositionen beeinträchtigt werden.

35

Hierbei kann es der Unternehmer belassen. Er kann aber auch nach § 643 BGB vorgehen und dem Besteller zur Nachholung der Mitwirkungs-

---

37 Vgl. OLG Köln, NJW-RR 1993, 1529; OLG Köln, NJW 1996, 1067.
38 Vgl. OLG Düsseldorf, NZBau 2000, 427.
39 Vgl. BGHZ 143, 32; OLG Düsseldorf, NJW-RR 2000, 466.
40 Vgl. OLG Köln, BauR 1990, 729; OLG Hamm, NJW-RR 1999, 319.

A. Allgemeines

handlung eine angemessene Frist mit der Erklärung setzen, dass der Vertrag nach fruchtlosem Ablauf der Frist gekündigt wird. Die **Kündigungsandrohung** muss erkennen lassen, dass bei Untätigbleiben des Bestellers die Aufhebung des Vertrags für die Zukunft nur noch vom Ablauf der Frist abhängt. Eine Aufforderung unter Vorbehalt der Kündigung genügt daher nicht. Der Unternehmer kann seine Kündigungsandrohung bis zum Fristablauf zurücknehmen. Mit ergebnislosem Ablauf der Frist ist der Vertrag ohne Weiteres aufgelöst, eine Kündigung ist nicht mehr erforderlich.

36 **Muster 7: Kündigungsandrohung des Unternehmers bei Verletzung von Mitwirkungspflichten durch den Besteller**

> Sehr geehrte Damen und Herren,
>
> mit Schreiben v. .... hatten wir Sie aufgefordert, im Einzelnen aufgezählte Ausführungspläne zur Verfügung zu stellen. Wir hatten Ihnen ferner mitgeteilt, bis wann die Ausführungspläne zur Sicherstellung eines reibungslosen Bauablaufs benötigt werden. Bis heute sind die Pläne nicht bei uns eingegangen. Ohne diese Unterlagen können wir das Bauvorhaben nicht weiterführen.
>
> Wir fordern Sie nunmehr abschließend auf, uns die in der Anlage noch einmal aufgeführten Ausführungspläne unverzüglich, spätestens bis zum .... , zur Verfügung zu stellen. Bei fruchtlosem Ablauf der vorgenannten Frist werden wir den Vertrag kündigen.
>
> Vorsorglich weisen wir Sie darauf hin, dass nach § 643 BGB die Aufhebung des Vertrags nur noch vom fruchtlosen Ablauf der oben gesetzten Frist abhängt.
>
> Mit freundlichen Grüßen
>
> ....

VI. Vertragsstörungen durch fehlende Termintreue

37 Kommt es bei der Ausführung zu Vertragsstörungen im Bereich von Terminen und Fristen, enthält das Werkvertragsrecht hierzu keine **Spezialvorschriften**. Es gilt daher das **allgemeine Leistungsstörungsrecht**, insbes. gelten die Vorschriften über den Verzug.

VI. Vertragsstörungen durch fehlende Termintreue

Soll der Unternehmer mit einer Teilleistung oder der ganzen Leistung zu einem bestimmten Zeitpunkt fertig sein, meint der Besteller häufig, der Unternehmer sei ohne Weiteres in Verzug, wenn der Zeitpunkt überschritten wird. Oft versucht der Besteller auch, den Unternehmer „in Verzug zu setzen". Der Begriff „Verzug" ist im Alltag geläufig, wird aber nach wie vor unkontrolliert verwendet. Der Unternehmer kann erst in Verzug kommen, wenn die von ihm zu erbringende Vertragsleistung „**fällig**" ist. Soweit im Vertrag keine Fristen und Termine für die Erbringung der Werkleistung geregelt sind, ist die Bestimmung der Fälligkeit mitunter schwierig, da für die Herstellung des versprochenen Werks i.d.R. ein gewisser Zeitraum erforderlich ist. Die Fälligkeit wird dann letztlich durch die **Umstände** bestimmt. Dabei sind die Natur des Schuldverhältnisses, die Verkehrssitte und die Beschaffenheit der Leistung zu berücksichtigen. In diesem Sinn ist auf die **erforderliche Zeit** zur Herstellung des Werks abzustellen.[41] Um den Unternehmer in Verzug zu setzen, ist eine **Mahnung nach Fälligkeit** erforderlich, da bei einer sich aus den Umständen ergebenden Fälligkeit weder Kalenderfrist noch Ereignisfrist greifen kann.

Ist für die Fälligkeit im Vertrag eine nach dem Kalender bestimmbare Leistungszeit vereinbart (z.B. 20.03., Ende 2006, 14 Tage nach Bestellung), tritt Verzug auch ohne Mahnung mit Fälligkeit ein. Ferner ist eine Mahnung entbehrlich, wenn an ein vorausgehendes Ereignis angeknüpft wird und eine angemessene Zeit für die Leistung in der Weise bestimmt ist, dass sie sich von diesem Ereignis an nach dem Kalender berechnen lässt (z.B. 14 Tage nach Kündigung).

38

Verweigert der Unternehmer nach der Fälligkeit die Leistung **ernsthaft und endgültig**, gerät er ebenfalls ohne Mahnung in Verzug. Allerdings sind an das Vorliegen einer ernsthaften und endgültigen Erfüllungsverweigerung strenge Anforderungen zu stellen. Die Weigerung muss als das letzte Wort des Unternehmers aufzufassen sein.[42] Es muss sich aus den Erklärungen des Unternehmers oder seinem Verhalten ohne Zweifel ergeben, dass er nicht mehr zur Leistung bereit ist.[43] Im Zweifel sollte immer der sicherste Weg gegangen und daher gemahnt werden.

---

41 Vgl. BGH, NJW-RR 2001, 806.
42 Vgl. BGHZ 104, 6; BGH, NJW-RR 1999, 560; BGH, NJW 1986, 661; BGH, ZIP 1991, 508.
43 Vgl. BGH, NJW 1987, 253; BGH, NJW 2000, 506.

A. Allgemeines

Schließlich ist eine Mahnung entbehrlich, wenn **besondere Umstände** vorliegen, die unter Abwägung der beiderseitigen Interessen den sofortigen Verzugseintritt rechtfertigen. Derartige Umstände können gegeben sein, wenn der Unternehmer die alsbaldige Herstellung des Werks angekündigt hat, gleichwohl aber nicht liefert[44] (sog. **Selbstmahnung**) oder sich aus dem Vertrag eine **besondere Dringlichkeit** der Leistung ergibt.[45]

Soweit die Leistung infolge eines Umstands unterbleibt, den der Unternehmer **nicht zu vertreten** hat, scheidet ein Verzug aus, z.b. wenn Behinderungen vorliegen oder die Baugenehmigung fehlt.

39 Kommt der Unternehmer in Verzug, kann der Besteller nach § 280 Abs. 1 und 2 BGB Ersatz des Vermögensschadens verlangen. Der Besteller ist dabei so zu stellen, wie er bei rechtzeitiger Leistung stehen würde. Zwischen dem Verzug und dem Schaden muss ein Ursachenzusammenhang bestehen. Gleichgültig ist dabei, ob der Schaden für den Unternehmer vorhersehbar war. Zu ersetzen sind die entstandenen Nachteile, Vorteile sind im Wege der Vorteilsausgleichung anzurechnen.

40 Eine Besonderheit bei der Bestimmung der Fälligkeit ergibt sich für **Bauverträge**, bei denen neben den Werkvertragsvorschriften des BGB auch die Geltung der **VOB/B** vertraglich vereinbart wurde. Die VOB/B enthält in § 5 zwei verschiedene Gruppen von Ausführungsfristen, die einen unterschiedlichen Grad an **Verbindlichkeit** aufweisen. Zum einen gibt es sog. **Vertragsfristen**, die verbindlich sind und die Fälligkeit der betroffenen Bauleistung markieren, sodass deren Überschreitung als solche sofort Folgen auslösen kann. Vertragsfristen sind dabei solche Fristen, die im Bauvertrag als „**verbindliche Fristen**" gekennzeichnet sind, wobei die Bezeichnung „verbindliche Frist" möglichst wörtlich gewählt werden sollte. Selbstverständlich genügt auch die wörtliche Übernahme der Formulierung „Vertragsfrist". Mit derartigen Vertragsfristen sollte dabei sparsam umgegangen werden. So sieht etwa § 11 Nr. 2 Abs. 2 VOB/A für den öffentlichen Besteller als Sollvorschrift vor, dass nur die für den Fortgang der Gesamtarbeit besonders wichtigen Einzelfristen als vertraglich verbindliche Fristen (Vertragsfristen) bezeichnet werden sollen. Diese Empfehlung hat allgemeine Gültigkeit.[46]

---

44 Vgl. OLG Köln, NJW-RR 2000, 73.
45 Vgl. BGH, NJW 1963, 1823.
46 Vgl. Kapellmann/Langen, Einführung in die VOB/B, Rn. 69.

VI. Vertragsstörungen durch fehlende Termintreue

Daneben gibt es auch **unverbindliche Fristen**, die in der VOB/B keinen besonderen Namen erhalten haben, aber zur eindeutigen Abgrenzung als „Nicht-Vertragsfristen" bezeichnet werden können. Fristen in einem vertraglich vereinbarten **Bauzeitenplan** sind ohne besondere Vereinbarung beispielsweise Nicht-Vertragsfristen, also unverbindlich. Wenn diese unverbindlichen Fristen abgelaufen sind, löst die Überschreitung nicht als solche sofort Folgen aus, die Leistung des Unternehmers wird dadurch noch **nicht fällig**. Unverbindliche Fristen haben nach der VOB/B lediglich eine **Warnfunktion** und sind **Organisationshilfsmittel**.[47]

41

> **Hinweis:**
> Die Frist für den Baubeginn, die im Vertrag vereinbart ist, sowie die vertraglich vereinbarte Frist für das Bauende sind **immer** Vertragsfristen, ohne dass diese Eigenschaft im Vertrag besonders gekennzeichnet werden müsste.

Bei der Überschreitung einer Nicht-Vertragsfrist bedarf es weiterer Schritte, um die Fälligkeit der betreffenden Leistung herzustellen. Hierzu steht dem Besteller nach der VOB/B der **Abhilfeanspruch** gem. § 5 Nr. 3 VOB/B zur Verfügung. Sind Arbeitskräfte, Geräte, Gerüste, Stoffe oder Bauteile so unzureichend, dass die Ausführungsfristen offenbar nicht eingehalten werden können, muss der Unternehmer auf Verlangen unverzüglich Abhilfe schaffen. Werden Nicht-Vertragsfristen überschritten, spricht eine starke Vermutung dafür, dass der ganze Terminplan uneinholbar ins Rutschen gerät und damit gerade auch die Fertigstellung offenbar stark gefährdet ist. Allerdings kann der Unternehmer diese Vermutung widerlegen. Beachtet der Unternehmer eine berechtigte Abhilfeaufforderung nicht, so ist nach Ablauf der zur Abhilfe gesetzten Frist die Bauleistung fällig. Danach kann der Besteller den Unternehmer wegen der konkret betroffenen Überschreitung einer Nicht-Vertragsfrist in Verzug setzen.

---

47 Vgl. Kapellmann/Langen, Einführung in die VOB/B, Rn. 69.

A. *Allgemeines*

Übersicht: Leistungsverzug bei VOB/B-Bauverträgen

Fälligkeit der Leistung:
• bei **Vertragsfrist** (z.B. Fertigstellung 30.11.2006): unmittelbar mit Ablauf der Frist
• bei **Ereignisfrist** (kann verbindlich oder unverbindlich sein): bei Eintritt des Ereignisses
• bei **Nicht-Vertragsfrist** (z.B. Einzelfrist aus Bauzeitenplan 30.11.2006):
→ nach Fristablauf Abhilfeaufforderung nach § 5 VOB/B mit Fristsetzung (z.B. 14.12.2006)
→ nach Ablauf der gesetzten Nachfrist
Leistungsverzug des Unternehmers:
• bei **Kalenderfrist**: unmittelbar mit Ablauf der Frist (z.B. 01.12.2006)
• bei **Ereignisfrist**: unmittelbar nach Ablauf der Frist gerechnet vom Ereignis
• **keine** Kalender- oder Ereignisfrist:
→ Mahnung mit weiterer Fristsetzung (z.B. 30.12.2006)
→ nach Ablauf der gesetzten Frist
Rechtsfolgen:
• Schadensersatz
• vereinbarte Vertragsstrafe
• möglicher Kündigungsgrund bei weiterer Nachfrist

VII. Gefahrtragung beim Werkvertrag

42   Bis zur **Abnahme** trägt nach § 644 Abs. 1 BGB der Unternehmer grds. die **Vergütungsgefahr**. Der Unternehmer hat für bis zur Abnahme erbrachte Arbeiten und Aufwendungen keinen Vergütungsanspruch, wenn die Ausführung des Werks unmöglich oder der Stoff oder das Werk verschlechtert wird oder untergeht. Dies ist die Folge des Unternehmerrisikos sowie der Erfolgsbezogenheit des Werkvertrags. Andererseits ist der Unternehmer, soweit er keine **Obhuts- oder Sorgfaltspflichten** verletzt hat, dem Besteller nicht zum Schadensersatz oder zur Neubeschaffung verpflichtet, wenn sich

bis zur Abnahme vom Besteller zur Verfügung gestellte Stoffe verschlechtern oder untergehen. Selbstverständlich bleibt der Unternehmer aus dem Werkvertrag grds. auch weiterhin verpflichtet, das vertraglich versprochene Werk für die vereinbarte Vergütung herzustellen (sog. **Leistungsgefahr**). Dies ist aber keine Frage der Gefahrtragung nach § 644 Abs. 1 BGB.

Mit der **Abnahme** geht die Vergütungsgefahr auf den Besteller über. Ebenfalls geht die Vergütungsgefahr auf den Besteller über, wenn er sich in **Annahmeverzug** befindet oder das Werk vor der Abnahme infolge eines **Mangels** am vom Besteller **beigestellten Stoffen** oder wegen einer von ihm erteilten **Ausführungsanweisung** untergegangen, verschlechtert oder unausführbar geworden ist, ohne dass ein Umstand mitgewirkt hat, den der Unternehmer zu vertreten hat. Diese Regelung beruht auf der objektiven Verantwortlichkeit des Bestellers für den Eintritt eines Schadens, der sich aus einer von ihm herbeigeführten Risikolage ergibt. Eine Anweisung liegt nur vor, wenn der Besteller für eine von ihm gewünschte Modalität der Ausführung das Risiko übernimmt.

43

Beispiel:

Der Besteller setzt sich über die vom Unternehmer mitgeteilten Bedenken hinweg.

Auch wenn der vom Besteller zur Verfügung gestellte Stoff mangelhaft ist, scheidet eine Verantwortlichkeit des Bestellers aus, wenn der Unternehmer gleichwohl die Verschlechterung oder den Untergang zu vertreten hat.

Beispiel:

Der Unternehmer hat den Stoff nicht auf seine Eignung überprüft oder gegen Ausführungsanweisungen keine Bedenken angemeldet.

In den Fällen, in denen der Besteller die Gefahr bereits vor der Abnahme trägt, steht dem Unternehmer nach § 645 Abs. 1 BGB eine der geleisteten Arbeit entsprechende **Teilvergütung** und Ersatz der in dieser Vergütung nicht inbegriffenen **Auslagen** zu. Die anteilige Vergütung für die ausgeführte Arbeit ist dabei nach den Grundsätzen für erbrachte Leistungen bei gekündigtem Werkvertrag zu berechnen.[48]

---

48 Vgl. BGH, NJW 1999, 2036.

A. Allgemeines

VIII. Abnahme von Werkleistungen

44 Der Begriff der Abnahme wird im täglichen Leben vielseitig verwendet.

Beispiele:

Der TÜV nimmt eine Aufzugsanlage oder ein Kraftfahrzeug ab, das Bauordnungsamt einen Rohbau, der Vermieter eine Wohnung.

Die **rechtsgeschäftliche Abnahme** bei einem Werkvertrag ist ein **Meilenstein** in der Vertragsdurchführung. Mit ihr endet für den Unternehmer das Erfüllungsstadium, der allgemeine Erfüllungsanspruch erlischt und konkretisiert sich auf das übergebene und abgenommene Werk.[49] Die Gefahr geht auf den Besteller über, die Vergütung wird fällig i.S.d. Verjährungsrechts, die Beweislast für Mängel verlagert sich auf den Besteller. Es beginnt der Zeitraum der Verjährung der Mängelansprüche, der Besteller verliert nicht vorbehaltene Rechte und Ansprüche, z.b. Vertragsstrafe, Nacherfüllung, Minderung. Aufgrund der weitreichenden Konsequenzen der rechtsgeschäftlichen Abnahme liegt es auf der Hand, dass es in diesem Bereich immer wieder zu Vertragsstörungen kommt.

45 Die in § 640 BGB niedergelegte **Abnahmepflicht** des Bestellers ist im Hinblick auf die damit verbundenen einschneidenden Wirkungen eine **Hauptleistungspflicht** und kann daher selbstständig gerichtlich geltend gemacht werden. Da es dem Unternehmer jedoch i.d.R. um die Vergütung geht, sind selbstständige Abnahmeklagen eher die Ausnahme. I.d.R. wird die Frage der Abnahme oder besser gesagt der Abnahmefähigkeit im Vergütungsprozess (gleich) mitgeklärt. Abzunehmen hat der Besteller. Die Abnahme durch einen Dritten reicht nur, wenn der Besteller die Abnahmeerklärung des Dritten aufgrund Ermächtigung oder aus anderen Gründen gegen sich gelten lassen muss.[50]

46 Der Besteller muss bei Eintritt der **Abnahmereife** abnehmen, hierzu ist er verpflichtet. Vor Eintritt der Abnahmereife steht es dem Besteller frei, das Werk abzunehmen, der Besteller kann sie auch unter Vorbehalt umfangreicher Mängel erklären.[51] Streitig ist, ob dies auch gegen den Willen des Unternehmers möglich ist (sog. **aufgedrängte Abnahme**).[52]

---

49 Vgl. Thode, ZfBR 1999, 116.
50 Vgl. BGH, NJW-RR 2000, 164; BGH, NJW-RR 1993, 1461.
51 Vgl. OLG Brandenburg, BauR 2003, 1054.
52 Vgl. hierzu Hildebrandt, BauR 2005, 788.

VIII. Abnahme von Werkleistungen

Abnahmereife bedeutet, dass das Werk im Grundsatz **vollständig** und **mangelfrei** sein muss. **Unwesentliche Mängel** berühren die Abnahmereife nicht. Unwesentlich ist ein Mangel, wenn es dem Besteller **zumutbar** ist, die Leistung als im Wesentlichen vertragsgerecht anzunehmen und sich mit den Mängelansprüchen zu begnügen. Dies ist anhand von Art und Umfang des Mangels sowie seiner konkreten Auswirkungen nach den Umständen des Einzelfalls unter Abwägung der beiderseitigen Interessen zu beurteilen.[53] Mehrere Mängel können für sich jeweils unwesentlich, zusammen aber wesentlich sein. Geringfügige Restarbeiten stehen je nach Art, Umfang und Umständen unwesentlichen Mängeln gleich.

Die Abnahme kann **ausdrücklich** oder **stillschweigend** erklärt werden. In diesem Fall liegt die erforderliche Anerkennung des Werks als im Wesentlichen vertragsgerecht in einem zur Kenntnis des Unternehmers gelangenden geeigneten Verhalten des Bestellers, aus dem nach Treu und Glauben und mit Rücksicht auf die Verkehrssitte geschlossen werden kann, dass der Besteller die Leistung als im Wesentlichen vertragsgerecht billigt. 47

Übersicht: Schlüssiges Abnahmeverhalten

Zahlung des Werklohns	OLG Hamm, BauR 2003, 106
Ausführungsbestätigung nach Besichtigung	OLG Düsseldorf, BauR 1998, 126
Weiterverkauf des fertigen Werks	BGH, NJW-RR 1996, 883
Ingebrauchnahme und Ablauf einer Nutzungszeit	BGH, NJW 1985, 731

Die Beispiele belegen, dass die Feststellung des exakten Abnahmezeitpunkts, der für den Eintritt der Abnahmewirkungen maßgeblich ist, bei einer stillschweigenden Abnahme immer mit erheblichen tatsächlichen Schwierigkeiten verbunden ist.

Das Gesetz bietet daher in § 640 Abs.1 Satz 3 BGB eine geeignetere Möglichkeit, die Abnahmewirkungen zu einem bestimmbaren Zeitpunkt herbeizuführen, wenn der Besteller untätig bleibt. Danach steht es der Abnahme gleich, wenn der Unternehmer dem Besteller bei Abnahmereife eine Frist 48

---

53 Vgl. Palandt/Sprau, BGB, § 640 Rn. 9; BGH, NJW 1981, 1448; BGH, NJW 1992, 2481; OLG Köln, NJW-RR 2004, 1693.

A. Allgemeines

zur Abnahme setzt und der Besteller die Frist tatenlos verstreichen lässt (sog. **fiktive Abnahme**). Als angemessene Frist dürften zwölf bis 14 Kalendertage ausreichend sein. Die Fristsetzung wird nicht dadurch entbehrlich, dass der Besteller die Abnahme bereits ausdrücklich verweigert hat. Darauf, dass der Besteller den Fristablauf zu vertreten hat, kommt es nicht an. Auch ein unverschuldetes Verstreichenlassen der Frist führt zur Abnahmefiktion.

49 **Muster 8: Aufforderung zur Abnahme**

> Sehr geehrte Damen und Herren,
>
> wir möchten Ihnen hiermit anzeigen, dass wir die uns beauftragte Werkleistung fertig gestellt haben. Wir bitten Sie, mit uns gemeinsam die Abnahme durchzuführen. Bitte setzen Sie sich mit uns in Verbindung, um einen entsprechenden Termin abzustimmen.
>
> Rein vorsorglich erlauben wir uns, Ihnen für die Abnahme eine Frist bis zum .... zu bestimmen. Soweit Ihnen diese Frist unauskömmlich sein sollte, bitten wir um entsprechende Benachrichtigung und Mitteilung, binnen welcher aus Ihrer Sicht angemessenen Frist die Abnahme durchgeführt werden kann.
>
> Mit freundlichen Grüßen
>
> ....

50 Einen Rechtsanspruch auf **Teilabnahme** sieht das BGB nicht vor, ein solcher besteht also nur bei entsprechender vertraglicher Vereinbarung.[54]

51 Nach § 640 Abs. 2 BGB sind bestimmte Mängelansprüche (Nacherfüllung, Ersatzvornahme und Aufwendungsersatz, Rücktritt und Minderung) **ausgeschlossen**, wenn der Besteller ein mangelhaftes Werk abnimmt, obwohl er den Mangel kennt und sich seine Rechte wegen des Mangels bei der Abnahme **nicht** vorbehalten hat. Voraussetzung ist dabei eine ausdrückliche oder stillschweigende Abnahme der Werkleistung, die in § 640 Abs. 1 Satz 3 BGB vorgesehene fiktive Abnahme reicht nicht aus. Ferner muss der Besteller **positive Kenntnis** von dem konkreten Mangel haben, ein Kennenmüssen genügt nicht. Kennen setzt das positive Wissen derjenigen Tatsachen voraus, die in ihrer Gesamtheit den Mangel begründen. Das Wissen muss sich auch

---

54 Vgl. BGHZ 125, 111; Thode, ZfBR 1999, 116.

VIII. Abnahme von Werkleistungen

auf die rechtliche Bedeutung und den Umfang des Mangels erstrecken. Ein Verdacht, auch wenn dieser dringend ist, genügt nicht, ebenso wenig die fehlende Kenntnis über den Umfang des Mangels. Der positiven Kenntnis steht es gleich, wenn der Besteller bewusst eine Kenntnisnahme der Tatsachen verweigert. Im Einzelfall kann nach den Umständen der Mangel so klar und gravierend in Erscheinung treten, dass insbes. ein sachkundiger Besteller den Mangel einfach nicht übersehen kann. Ob derartige offenkundige Mängel zu einer positiven Kenntnis des Bestellers führen, ist aber mit äußerster Vorsicht und Zurückhaltung zu behandeln.[55]

---

55   Vgl. OLG Dresden, BauR 2002, 1274.

B. Kfz-Reparatur-Vertrag

I. Einführung

Ein in der alltäglichen Praxis großes Anwendungsfeld für die werkvertraglichen Vorschriften ist die Reparatur von Kraftfahrzeugen. Wenngleich hierzu auch häufig die Lieferung der erforderlichen Ersatzteile gehört, handelt es sich bei einem Reparaturauftrag einheitlich um einen Werkvertrag.[56] Bei natürlicher Betrachtungsweise stellt sich die Verpflichtung des Unternehmers, ein Kfz zu reparieren, verbunden mit der Lieferung der hierzu benötigten Ersatzteile als Werkvertrag dar, denn im Vordergrund des Vertrags steht nicht die Lieferung der Ersatzteile, sondern die Reparatur des Kfz, die nur mit z.t. erheblichem Montageaufwand unter Einsatz besonderer Fachkenntnisse und spezieller Werkzeuge möglich ist. Daher kommt es bei der Mängelhaftung im Ergebnis auch nicht darauf an, ob ein Mangel sich auf die Montage- bzw. Reparaturleistung bezieht oder ob es sich um einen Mangel am Ersatzteil handelt. In beiden Fällen greift die Mängelhaftung gem. den §§ 633 ff. BGB.[57]

52

Die Anwendung des Kaufrechts nach § 651 BGB auf derartige Verträge scheidet ebenfalls aus, da die Reparatur eines Kfz nicht die Herstellung oder Erzeugung einer beweglichen Sache darstellt.

Bei der Reparatur von Kfz kommen insbes. zwei Regelungen des Werkvertragsrechts besonders zum Tragen, zum einen das in § 647 BGB geregelte **Unternehmerpfandrecht** und der in § 650 BGB geregelte **Kostenanschlag**.

II. Unternehmerpfandrecht

Nach § 647 BGB hat der Werkunternehmer für seine Forderungen aus dem Vertrag ein **gesetzliches Pfandrecht** an den von ihm hergestellten oder ausgebesserten beweglichen Sachen des Bestellers, wenn sie bei der Herstellung oder zum Zwecke der Ausbesserung in den **Besitz** des Werkunternehmers gelangt sind, was bei der Reparatur von Kraftfahrzeugen der Regelfall ist. Die Sicherung dient als Ausgleich dafür, dass der Unternehmer

53

---

56 Vgl. OLG Karlsruhe, NJW-RR 1992, 1014.
57 Vgl. OLG Karlsruhe, NJW-RR 1992, 1014.

B. Kfz-Reparatur-Vertrag

das Risiko für das Gelingen des Werks trägt und daher mit der Herstellung vorleistungspflichtig ist.

54 Das Unternehmerpfandrecht besteht nur für Forderungen aus dem **konkreten** Reparaturauftrag, zu dessen Durchführung das Kfz in den Besitz des Unternehmers gelangt. Es besteht darüber hinaus nur für **vertragliche** Forderungen, nicht hingegen auch für außervertragliche Ansprüche, z.b. aus §§ 812 oder 823 BGB. Das Unternehmerpfandrecht bezieht sich auch auf den anlässlich der Reparatur übergebenen **Kfz-Brief** (jetzt Zulassungsbescheinigung).[58]

Gehört das Kfz nicht dem Besteller, kann das in § 647 BGB geregelte Pfandrecht nicht entstehen, auch wenn der Eigentümer der Reparatur ausdrücklich zugestimmt hat.[59] Ein sog. **gutgläubiger Erwerb** des Pfandrechts an Sachen, die Dritten gehören ist nicht möglich.[60]

55 Wurde das Kfz von dem Besteller unter Eigentumsvorbehalt erworben, entsteht das Unternehmerpfandrecht an dem **Eigentumsanwartschaftsrecht** des Bestellers und erlischt mit Erlöschen des Anwartschaftsrechts, z.B. bei Rücktritt des Vorbehaltsverkäufers. Verlangt der Vorbehaltsverkäufer danach das Kfz heraus, hat der Unternehmer Anspruch auf Ersatz der **notwendigen Verwendungen**, die er für das Kfz gemacht hat und kann bis zur Erfüllung dieses Anspruchs ein **Zurückbehaltungsrecht** nach § 1000 BGB geltend machen. Verwendungen sind Vermögensaufwendungen, die dem Kfz (zumindest auch) zugute kommen, indem sie der Wiederherstellung, Erhaltung oder Verbesserung dienen.[61] **Notwendig** ist eine Verwendung, wenn sie zur Erhaltung oder ordnungsgemäßen Bewirtschaftung des Kfz nach objektiven Maßstäben z.Zt. der Vornahme erforderlich war.[62] Reparaturkosten, die zur Wiederherstellung eines beschädigten oder reparaturbedürftigen Kfz erforderlich sind, zählen nach der Rspr. ausdrücklich zu den notwendigen Verwendungen.[63] Ein solcher Anspruch ist auch nicht deswegen ausgeschlossen, weil der Unternehmer aus dem Werkvertrag einen Anspruch gegen den Besteller hat, denn der schuldrechtliche Vertrag zwischen Unternehmer und

---

58 Vgl. OLG Köln, MDR 1977, 51.
59 Vgl. BGHZ 34, 122.
60 Vgl. BGHZ 87, 274.
61 Vgl. BGHZ 131, 220.
62 Vgl. BGH, NJW 1996, 921.
63 Vgl. BGHZ 34, 122.

Besteller berührt seiner Natur nach das rein sachenrechtliche Verhältnis zwischen dem Unternehmer als Besitzer und dem Eigentümer nicht und kann dem Besitzer kraft Gesetzes gegebene sachenrechtliche Ansprüche gegen den Eigentümer nicht nehmen. Der Anspruch auf Verwendungsersatz scheitert auch nicht daran, dass die Verwendungen zu einem Zeitpunkt gemacht werden, zu dem der Besteller und damit der Unternehmer zum Besitz des Kfz berechtigt ist, denn nach Wortlaut und Sinn des § 994 BGB kommt es nur darauf an, dass tatsächlich Verwendungen auf das Fahrzeug gemacht wurden.[64] Macht der Unternehmer sein Zurückbehaltungsrecht geltend, ist eine vom Eigentümer angestrengte Herausgabeklage grds. nicht abzuweisen, der Unternehmer ist vielmehr Zug um Zug gegen Erstattung der Reparaturkosten zur Herausgabe zu verurteilen.

Muster 9: Geltendmachung des Zurückbehaltungsrechts gem. § 1000 BGB

56

Sehr geehrte Damen und Herren,

mit Schreiben v. .... haben Sie uns als Eigentümer aufgefordert, das in unserer Werkstatt befindliche Kfz, Marke: .... Kennzeichen: .... herauszugeben.

Gemäß Auftrag vom .... haben wir das Kfz repariert. Eine Kopie der Rechnung über die Reparaturkosten fügen wir in der Anlage in Kopie bei. Die Rechnung ist bis heute nicht bezahlt. Wir machen daher von unserem Zurückbehaltungsrecht gem. § 1000 BGB Gebrauch. Gerne sind wir bereit, Ihnen das Fahrzeug Zug um Zug gegen Erstattung der angefallenen Reparaturkosten zu übergeben.

Mit freundlichen Grüßen

Nach § 1003 BGB kann der Unternehmer dem Eigentümer unter Angabe des Erstattungsbetrags eine Frist setzen, um die Verwendungen zu genehmigen. **Genehmigt** der Eigentümer die Verwendungen zumindest dem Grunde nach, kann der Unternehmer nach § 1001 BGB den Ersatzanspruch notfalls auch gerichtlich durchsetzen. **Bestreitet** der Eigentümer vor Ablauf der Frist nach Grund und Höhe den Erstattungsanspruch, muss der Unternehmer

57

---

64 Vgl. BGHZ 34, 122.

B. Kfz-Reparatur-Vertrag

nach § 1003 Abs. 2 BGB zunächst eine **Feststellungsklage** bzgl. des Betrags erheben. Nach Rechtskraft des Feststellungsurteils muss der Unternehmer den Eigentümer erneut unter Fristsetzung zur Genehmigung auffordern. Unterlässt der Eigentümer eine Erklärung, ist der Unternehmer nach § 1003 Abs. 1 BGB berechtigt, sich aus dem Kfz zu befriedigen. Dies geschieht dann nach den Vorschriften des **Pfandverkaufs**. Das Kfz wird öffentlich versteigert, vorher muss der Unternehmer dem Eigentümer den Verkauf androhen. Diese Verkaufsandrohung kann nicht bereits mit der Aufforderung verbunden werden, die Verwendungen zu genehmigen. Der Verkauf darf nicht vor Ablauf eines Monats nach der Androhung erfolgen.

58 **Muster 10: Aufforderung zur Genehmigung der Verwendungen gem. § 1003 BGB**

> Sehr geehrte Damen und Herren,
>
> wir nehmen Bezug auf unser Schreiben v. .... , mit dem wir Ihnen mitgeteilt hatten, dass wir Ihnen Ihr Fahrzeug wegen noch ausstehender Reparaturkosten nicht herausgeben können. Bis heute haben Sie sich in dieser Angelegenheit nicht gemeldet.
>
> Die Reparaturkosten beliefen sich ausweislich der Ihnen bereits in Kopie übermittelten Rechnung auf insgesamt .... € inkl. USt.
>
> Wir haben Sie aufzufordern, die oben bezifferten Verwendungen auf das Fahrzeug zu genehmigen. Hierzu setzen wir Ihnen eine Frist bis zum .... (i.d.R. zwei Wochen).
>
> Nach Ablauf der oben genannten Frist sind wir berechtigt, das Fahrzeug zur Befriedigung der ausstehenden Reparaturkosten zu verwerten. Dies werden wir sodann auch veranlassen.
>
> Mit freundlichen Grüßen
>
> ....

Muster 11: Androhung des Verkaufs gem. § 1003 Abs. 1 BGB

> Sehr geehrte Damen und Herren,
>
> wir nehmen Bezug auf unser Schreiben v. .... , auf das Sie bis heute ohne jegliche Reaktion geblieben sind. Wir hatten Sie aufgefordert, die auf Ihr Kfz gemachten Verwendungen zu genehmigen. Hierzu hatten wir Ihnen eine ausreichende Frist gesetzt, die Sie ungenutzt haben verstreichen lassen.
>
> Wir sind daher berechtigt, uns wegen unserer Ansprüche aus dem Kfz zu befriedigen. Dies geschieht durch Verkauf des Fahrzeugs im Wege einer öffentlichen Versteigerung.
>
> Nach dem Gesetz sind wir verpflichtet, den Verkauf des Fahrzeugs vorher anzudrohen. Dies machen wir hiermit ausdrücklich. Wir werden das Fahrzeug nach Ablauf der gesetzlichen Wartefrist von einem Monat verkaufen. Bis dahin haben Sie Gelegenheit, durch Ausgleich der Rechnung die Versteigerung Ihres Fahrzeugs zu verhindern.
>
> Mit freundlichen Grüßen
>
> ....

Der Verwendungsanspruch erlischt, wenn der Unternehmer das Fahrzeug herausgibt und nicht binnen eines Monats diesen gerichtlich geltend macht.

Auch i.Ü. **erlischt** das Unternehmerpfandrecht mit **Herausgabe** des Fahrzeugs und lebt auch nicht für vergangene Ansprüche wieder auf, wenn der Unternehmer aufgrund eines weiteren Reparaturauftrags erneut in den Besitz des Kfz gelangt.[65] Auch beim Unternehmerpfandrecht erfolgt die Verwertung durch den Pfandverkauf.

III. Kostenanschlag

Wird einem Werkvertrag ein Kosten(vor)anschlag zugrunde gelegt, kann dies rechtlich verschiedene Bedeutung haben. Das Gesetz geht in § 650 BGB davon aus, dass der Kostenanschlag lediglich eine **unverbindliche** fachmännische Berechnung der voraussichtlichen Kosten im Rahmen der Vertragsanbahnung ist und nicht Vertragsbestandteil, sondern lediglich

---

65 Vgl. BGHZ 87, 274.

B. Kfz-Reparatur-Vertrag

Geschäftsgrundlage wird.[66] Dementsprechend steht dem Unternehmer für die Erstellung des Kostenanschlags auch keine Vergütung zu. Nur wenn der Unternehmer die Preisansätze des Kostenanschlags **garantiert**, wird der Kostenanschlag auch Vertragsbestandteil und damit verbindliche Grundlage für die Abrechnung des Werklohns.[67]

Ergibt sich, dass die Reparatur nicht ohne wesentliche **Überschreitung** des Kostenvoranschlags ausführbar ist, hat der Besteller nach § 650 BGB ein **privilegiertes Kündigungsrecht**. Bei schuldhaft fehlerhafter Kostenermittlung durch den Unternehmer, z.b. wegen mangelhafter Erkundigungen zu Umfang und den Einzelheiten der erforderlichen Reparatur, kommt ein **Schadensersatzanspruch** des Bestellers in Betracht.[68] Ferner kommt ein Schadensersatzanspruch in Betracht, wenn die Mehrkosten vermeidbar waren. Allerdings fehlt i.d.R. ein Schaden, wenn die Mehrkosten zu einem Wertzuwachs des Fahrzeugs führen.[69] Für eine **wesentliche Überschreitung** maßgeblich ist der veranschlagte Endpreis, nicht aber die Überschreitung einzelner Positionen. Wann eine Überschreitung wesentlich ist, kann nicht anhand einer allgemein gültigen Prozentzahl gesagt werden, es kommt – wie häufig – auf den Einzelfall an. Grds. kann eine wesentliche Überschreitung angenommen werden, wenn sie einen redlichen Besteller zur Umdisposition unter objektiven Gesichtspunkten veranlassen kann.[70] Als Richtschnur kann eine Überschreitung zwischen 15 bis 20 % zugrunde gelegt werden, in besonderen Ausnahmefällen 25 %.[71] Die Kündigung kann bis zur Abnahme erfolgen. Kündigt der Besteller nicht, hat er grds. die tatsächlich anfallenden Kosten zu zahlen. Kündigt der Besteller wegen wesentlicher Überschreitung des Kostenanschlags, steht dem Unternehmer nur der in § 645 Abs. 1 BGB bestimmte Anspruch zu. Danach kann der Unternehmer einen der **geleisteten Arbeit** entsprechenden Teil der Vergütung und Ersatz der in der Vergütung nicht inbegriffenen **Auslagen** verlangen. Zu den Auslagen gehören jegliche Aufwendungen gegenüber Dritten (z.B. Ersatzteilbeschaffung), die für den konkreten Reparaturauftrag bereits angefallen sind.

---

66 Vgl. OLG Frankfurt am Main, NJW-RR 1989, 209.
67 Vgl. BGH, NJW-RR 1987, 337.
68 Vgl. OLG Köln, NJW-RR 1998, 548.
69 Vgl. BGH, NJW 1970, 2018.
70 Vgl. Köhler, NJW 1983, 1633.
71 Vgl. BGH, NJW-RR 1987, 337.

III. Kostenanschlag

Sobald sich eine wesentliche Überschreitung abzeichnet, ist der Unternehmer nach § 650 Abs. 2 BGB verpflichtet, den Besteller **unverzüglich** hierüber zu unterrichten. Diese Anzeigepflicht des Unternehmers soll das Kündigungsrecht sichern. Unterlässt der Unternehmer die Anzeige, liegt hierin eine **Pflichtverletzung**, die den Unternehmer schadensersatzpflichtig macht. Zu ersetzen ist dann das **negative Interesse**. Der Besteller ist so zu stellen, wie er stehen würde, wenn der Unternehmer die wesentliche Überschreitung rechtzeitig angezeigt hätte. Zu unterstellen ist dabei grds., dass der Besteller von seinem Sonderkündigungsrecht Gebrauch gemacht hätte, wobei allerdings dem Unternehmer der Gegenbeweis offen steht. Der Unternehmer hat daher in diesem Fall nur den Anspruch aus § 645 Abs.1 BGB bezogen auf den **fiktiven** Zeitpunkt der möglichen Kündigung. Dabei werden bereicherungsrechtliche Grundsätze, auch hinsichtlich des eingebauten Materials, nicht berücksichtigt. Behält der Besteller das Werk, muss er den Unternehmer i.H.d. Kostenanschlags zuzüglich einer zulässigen Überschreitung (z.B. bis 10 %) bezahlen.

62

Hinweis:

Zu **beachten** ist, dass der Unternehmer auch ohne Kostenanschlag verpflichtet sein kann, den Besteller auf außergewöhnliche und unvorhergesehene Kostensteigerungen hinzuweisen.[72]

Ein Schadensersatzanspruch entfällt, wenn die Kostensteigerungen auf Weisungen oder (Sonder)Wünschen des Bestellers beruhen, oder der Besteller die Überschreitung des Kostenanschlags positiv kannte, so dass die Schutzfunktion der Anzeigepflicht entfällt.

Muster 12: Anzeige nach § 650 Abs. 2 BGB

63

Sehr geehrte Damen und Herren,

wir hatten Ihnen für die Reparatur Ihres Kfz, Marke ...., amtliches Kennzeichen .... unter dem .... einen Kostenvoranschlag unterbreitet.

Dieser beruhte auf einer ersten Untersuchung Ihres Fahrzeugs und Ermittlung des erforderlichen Reparaturumfangs sowie der notwendigen

---

[72] Vgl. OLG Köln, NJW-RR 1998, 1429.

Ersatzteile. Der Kostenvoranschlag wurde von uns nach bestem Wissen und Gewissen erarbeitet.

Nachdem wir nun mit den Arbeiten begonnen haben, mussten wir feststellen, dass unsere erste Einschätzung der erforderlichen Reparaturkosten zu gering ausfiel. Dies liegt an folgenden Umständen, die wir nunmehr festgestellt haben:

1. ....

2. ....

....

Wir haben eine neue Kostenschätzung vorgenommen. Dabei ergibt sich eine Abweichung i.H.v. .... % zu unserem obigen Kostenvoranschlag.

Wir bitten um schriftliche Mitteilung, ob die Arbeiten ausgeführt werden sollen. Vor einer entsprechenden Bestätigung Ihrerseits werden wir die Reparatur des Fahrzeugs nicht beginnen.

Mit freundlichen Grüßen

....

Muster 13: Kündigung nach § 650 Abs. 1 BGB

Sehr geehrte Damen und Herren,

mit Schreiben v. .... haben Sie uns mitgeteilt, dass sich bei der Reparatur unseres Fahrzeugs gegenüber Ihrem Kostenvoranschlag vom .... voraussichtlich eine Überschreitung i.H.v. .... % ergeben wird. Unter diesen Voraussetzungen ist die Reparatur für uns nicht von Interesse.

Wir kündigen daher nach § 650 BGB den Ihnen erteilten Reparaturauftrag und bitten Sie, uns mitzuteilen, welche Arbeiten Sie bereits ausgeführt haben und welche Auslagen Ihnen entstanden sind. Wir erwarten hierzu eine prüfbare Abrechnung Ihrerseits.

Mit freundlichen Grüßen

....

C. Softwareentwicklungsvertrag

I. Einführung

Unter **Software** versteht man alle Programme, Prozeduren und Objekte, die ein Rechnersystem lauffähig machen oder die in einem vernetzten Rechnersystem ablaufen können, zusammen mit den zugehörigen Daten und der Dokumentation. Das **Urheberrecht** unterscheidet bei der Software als deren Bestandteile zwischen **Computerprogrammen** als Folge von Befehlen, die bewirken, dass eine Maschine mit informationsverarbeitenden Fähigkeiten eine bestimmte Funktion oder Aufgabe oder ein bestimmtes Ergebnis anzeigt, ausführt oder erzielt und dem **Begleitmaterial**, wie z.b. Handbücher, Bedienungsanleitungen, Pflegebücher etc.[73]

65

II. Vertragstypen

Bei der **Überlassung von Software** kommen vertragsrechtlich unterschiedliche **Vertragstypen** in Frage, je nach Leistungsinhalt des konkret zu beurteilenden Vertrags. Während die dauerhafte Überlassung einer **Standardsoftware** gegen eine einmalige Vergütung als **Kaufvertrag**[74] eingeordnet wird, ist bei einer befristeten Überlassung von Standardsoftware gegen wiederkehrende Vergütung das **Mietrecht**[75] anzuwenden.

66

Wird die Software für den speziellen Verwendungs- und Aufgabenzweck des konkreten Kunden erstellt und diesem dauerhaft überlassen, liegt dem Schuldverhältnis ein **Werkvertrag** zugrunde[76] (sog. **Individualsoftware**). Das Gleiche gilt, wenn eine Standardsoftware an individuelle Bedürfnisse des Kunden angepasst werden muss und diese Anpassung einen gewissen Minimalumfang überschreitet. Wie hoch der **Anpassungsaufwand** sein muss, um aus dem zugrunde liegenden Vertragsverhältnis einen Werkvertrag zu machen, ist, wie häufig, eine Frage des Einzelfalls.[77] Besteht also

---

73 Vgl. BGH, GRUR 1985, 1041; Schulte-Nölke/Frenz/Flohr, Formularbuch Vertragsrecht, Teil 12 Rn. 2.
74 Vgl. BGHZ 102, 135; BGH, NJW 2000, 1415; Marly, Softwareüberlassungsverträge, Rn. 68 ff.
75 Vgl. Schneider, Handbuch des EDV-Rechts, Rn. 197 ff.
76 Vgl. BGH, NJW 1996, 1745; BGH, NJW 1990, 3008.
77 Vgl. BGH, NJW 1996, 1745; OLG Hamm, NJW-RR 2000, 1224; OLG Köln, NJW-RR 1992, 1328; OLG Karlsruhe, CR 2003, 95; Marly, Softwareüberlassungsverträge, Rn. 68 ff.

C. Softwareentwicklungsvertrag

die vom Unternehmer zu erbringende Leistung in einer individuell gestalteten Programmierarbeit, ist auf das Rechtsverhältnis das Werkvertragsrecht anzuwenden. Hieran hat auch die Neufassung des § 651 BGB im Rahmen der Schuldrechtsmodernisierung grds. nichts geändert, da die Herstellung einer Individualsoftware ein unkörperliches Werk zum Gegenstand hat, mag dieses auch in einer beweglichen Sache verkörpert sein.[78]

67 Bei der sog. **Open-Source-Software**, bei der der Quellcode, also der für Menschen lesbare in einer Programmiersprache geschriebene Text des Programms, frei zugänglich ist und zur Bearbeitung durch Dritte offen steht, unterliegen Nutzungsvereinbarungen ebenfalls dem Werkvertragsrecht.[79] Das hier am weitesten verbreitete Nutzungsmodell ist die sog. **General Public License** (GPL).

68 Bei **Softwarepflegeverträgen** hängt die vertragstypologische Einordnung davon ab, ob die vereinbarten Leistungen erfolgsbezogen sind oder lediglich ein bloßes Tätigwerden geschuldet ist. I.d.R. trägt die Verpflichtung zur Reparatur, Wartung und Pflege einer Software werkvertraglichen Charakter, weil sie erfolgsbezogen auf die Erhaltung oder Wiederherstellung eines möglichst wenig störanfälligen Zustands ausgerichtet ist.[80]

69 Bei **gemischten Verträgen**, die ein Bündel von Leistungen enthalten (z.B. Herstellung einer Individualsoftware und Lieferung der dazugehörigen Hardware), gelten grds. für jede Leistung die Vorschriften des entsprechenden Vertragstyps. Man hat es dann mit einem **Typenkombinationsvertrag** zu tun. Ist jedoch das Rechtsgeschäft als unteilbare Einheit zu betrachten, sind alle vertraglichen Verpflichtungen ebenfalls einheitlich nach den Vorschriften des den Vertrag prägenden Vertragstyps zu beurteilen. Ob ein einheitliches Rechtsgeschäft vorliegt, richtet sich in erster Linie nach der Verkehrsanschauung und nicht nach dem Willen der Vertragsparteien. Jedoch kann sich die Einheitlichkeit auch aus der Absicht der Vertragsparteien und dem einvernehmlich zugrunde gelegten Vertragszweck ergeben.

---

78 Vgl. Schulte-Nölke/Frenz/Flohr, Formularbuch Vertragsrecht, Teil 12 Rn. 18; Palandt/Sprau, BGB, Einf. zu § 631 Rn. 22.
79 Vgl. Sester, CR 2000, 797, Palandt/Sprau, BGB, Einf. v. § 631 Rn. 22.
80 Vgl. Palandt/Sprau, BGB, Einf. v. § 631 Rn. 22; Bartsch, NJW 2002, 1526.

III. Softwareentwicklungs- und Softwarepflegeverträge

Die beste **Prophylaxe** zur Vermeidung von Vertragsstörungen ist ein möglichst ausgewogener, fairer und genauer Vertrag. Je exakter beide Vertragsparteien ihre vertraglich vereinbarten Verpflichtungen aus dem Vertragswerk ermitteln können, um so weniger Probleme gibt es bei der Abwicklung.[81] Daher nachfolgend zunächst einige Überlegungen zur Vertragsgestaltung von Softwareentwicklungsverträgen, die insbes. bei großen Software-Projektverträgen bedeutsam sind, und von Softwarepflegeverträgen:

Checkliste 1: Vertragsgestaltung – Entwicklung von Individualsoftware

☐ **Bestimmung des Leistungsgegenstands**
Bei der Herstellung von Individualsoftware liegt oftmals die Schwierigkeit darin begründet, dass der Leistungsgegenstand bei Vertragsbeginn noch nicht genau definiert werden kann, weil die Software mehr oder weniger gemeinsam entwickelt wird. Die Regeln des Werkvertragsrechts sind letztlich auf einen punktuellen Austausch von Leistung und Gegenleistung ausgerichtet und werden daher dem offenen Charakter eines Softwareentwicklungsprozesses nicht hinreichend gerecht. Bei der Herstellung einer Individualsoftware ist es wichtig, im Vertrag die Verfahrensregeln festzulegen, mit deren Hilfe die Projektbeteiligten den Leistungsgegenstand weiterentwickeln und konkretisieren können. Es müssen also **Organisations- und Verfahrensregeln** vertraglich vereinbart werden.

☐ **Pflichtenheft**
Von grundlegender Bedeutung ist bei der Entwicklung von Individualsoftware das Pflichtenheft. Das Pflichtenheft ist die Problemanalyse, die die **Anforderungsdefinition** an die Software oder das System festhält. Der Kunde legt das Anforderungsprofil und die zu erfüllenden Funktionalitäten fest, der Softwareentwickler muss als erste Stufe der Programmierungsleistung die informationstechnischen Einzelheiten der zu erstellenden Software definieren. Im Vertrag ist möglichst genau zu regeln, wer welche Vorgaben und Informationen zur Erstellung des Pflichtenhefts zu liefern hat.

---

81 S.a. die Vertragsmuster in Schulte-Nölke/Frenz/Flohr, Formularbuch Vertragsrecht, Teil 12.

C. Softwareentwicklungsvertrag

☐ **Mitwirkungs- und Kooperationspflichten**
Bei der Entwicklung einer Individualsoftware bilden die Vertragspartner eine Art temporäre Zweckgemeinschaft. Der Kunde muss nicht nur im Bereich der Vorgaben und Spezifikationen, sondern auch im Bereich der Infrastruktur, bei Tests und der Datensicherung mitwirken.

☐ **Änderungsmanagement**
Die Entwicklung einer Individualsoftware ist letztlich ein fließender Vorgang. Es ist daher wichtig zu regeln, ob und inwieweit der Kunde Änderungen oder Ergänzungen verlangen darf und wie sich dies auf Termine und Vergütung auswirkt.

☐ **Dokumentation**
Die Lieferung der Dokumentation gehört zur **Hauptleistungspflicht**. Ohne entsprechende klare Regelung zu Inhalt, Art und Umfang ist jedoch häufig streitig, was der Softwareentwickler zur ordnungsgemäßen Erfüllung seiner vertraglichen Pflichten zu liefern hat.

☐ **Terminplanung und Fristen**
Es empfiehlt sich, den Entwicklungsprozess in **einzelne zeitliche Abschnitte** aufzugliedern, sog. Milestones-Konzept. Die einzelnen Leistungsabschnitte können wiederum als **Teilprojekte** ausgebildet werden, deren Arbeitsergebnisse gesondert abgenommen werden müssen.

☐ **Abnahme**
Die Abnahme der Software, insbes. die Prüfung der Vertragsmäßigkeit, ist ohne Testphasen unter Betriebsbedingungen nur schwer möglich. Hierzu sollten im Vertrag **Testszenarien** festgelegt werden, die bei erfolgreichem Durchlauf zur Abnahme führen. Für etwa bei den Tests auftretende Fehler sollten vorher **Fehlerklassen definiert** werden (z.B. ablaufverhindernde, ablaufbehindernde, sicherheitsrelevante, betriebsrelevante, sonstige Fehler etc.), die entsprechend ihrer Bedeutung eine Abnahme verhindern oder lediglich zu einer Abnahme unter Vorbehalt führen.

☐ **Einweisung und Schulung**
Im Vertrag sollte klar geregelt sein, ob und in welchem **Umfang** eine Einweisung und/oder Schulung durchzuführen ist.

III. Softwareentwicklungs- und Softwarepflegeverträge

- **Hinterlegung oder Herausgabe des Quellcodes**
  Kommt es zu einem Verzug oder einer Schlechtleistung, ist der Kunde nur reaktionsfähig, wenn er an den Quellcode kommt. Es sollte daher im Vertrag eine Regelung dazu getroffen werden, ob und unter welchen Bedingungen der Kunde den Quellcode erhält.

- **Urheberrechtsschutz**
  Es müssen Regelungen zum urheberrechtlichen Nutzungsumfang und zur Verletzung von Schutzrechten getroffen werden.

Checkliste 2: Vertragsgestaltung – Softwarepflege 72

- **Bestimmung des Leistungsgegenstands**
  Da es in der Praxis keinen festen Katalog an Leistungen im Rahmen eines Pflegevertrags gibt, ist die exakte vertragliche Bestimmung der geschuldeten Leistungen von überragender Wichtigkeit. Es bietet sich dabei an, sinnvolle **Leistungspakete** (z.B. Störungsanalyse, Störungsbeseitigung, Lieferung von Updates, neue Versionen, Hotline-Service etc.) zu vereinbaren. Der Leistungsumfang sollte sowohl positiv als auch negativ (ausdrücklich nicht enthaltene Leistungen) beschrieben werden.

- **Reaktionszeiten**
  Da bei Störungen oder Fehlern in der Software die Fehlersuche häufig erhebliche Zeit in Anspruch nimmt, ist es schwierig, Termine und Fristen zu vereinbaren. Hier wird man nur allgemein den Unternehmer verpflichten können, die Störung innerhalb **angemessener Frist** zu beseitigen. Wichtig sind für den Kunden jedoch schnelle Reaktionszeiten des Unternehmers, die vertraglich festgeschrieben sind. Dabei bietet es sich an, **Fehlerkategorien** zu bilden, an die die jeweilige Reaktionszeit anknüpft. Soweit im Vertrag Servicezeiten vereinbart sind, sollte ein **Notfalldienst** geregelt werden. Häufig werden auch ausdifferenzierte Service Level Agreements getroffen, in denen die zeitliche und organisatorische Abfolge der Störungsbeseitigung geregelt wird. Eine Verpflichtung zur schriftlichen Störungsmeldung erleichtert beiden Parteien im Streitfall den Nachweis, welcher Fehler zu welchem Zeitpunkt gemeldet wurde.

☐ **Mitwirkungspflichten**
Auch bei der Softwarepflege ist die Mitwirkung des Kunden häufig erforderlich. Eine der häufigsten Mitwirkungspflichten ist die **Benennung eines Systemverantwortlichen**, der allein zur Anforderung von Pflegeleistungen berechtigt ist. Damit steht dem Unternehmer i.d.R. ein qualifizierter Ansprechpartner zur Verfügung, was zu einer Effizienzsteigerung der Pflege beiträgt.

☐ **Erfüllungsort**
Die Arbeiten müssen grds. vor Ort beim Kunden ausgeführt werden. Soweit jedoch Leistungen auch ohne Weiteres per **Datenfernübertragung** o.Ä. durchgeführt werden können, sollte diese Möglichkeit im Vertrag ausdrücklich klargestellt werden. Geregelt werden sollte in diesem Zusammenhang auch, inwieweit Leistungen am Standort des Kunden in der Pflegevergütung enthalten sind und welche **Kosten** (z.B. Fahrt-, Verpflegungs- oder Übernachtungskosten etc.) gesondert und bis zu welcher Höhe zu erstatten sind.

☐ **Geheimhaltung und Datenschutz**
Für den Kunden ist der Vertrauensschutz ein besonders wichtiger Punkt, der zu regeln ist.

☐ **Laufzeit und Kündigungsmöglichkeit**
Bei der Pflege von Softwareprodukten handelt es sich letztlich um ein Dauerschuldverhältnis. Es sollten daher die Laufzeit, Verlängerungsmöglichkeiten und vorzeitige Beendigungsmöglichkeiten geregelt werden.

☐ **Abnahme**
Da es sich auch hier um einen Werkvertrag handelt, ist zu überlegen, inwieweit Regelungen zur Abnahme von Entstörungsarbeiten erforderlich sind.

☐ **Urheberrechtsschutz**
Die Verletzung von Schutzrechten und die urheberrechtliche Nutzbarkeit muss, soweit erforderlich, auch im Rahmen eines Pflegevertrags geregelt werden.

73 Kommt es bei Softwareentwicklungsverträgen oder Softwarepflegeverträgen zu **Vertragsstörungen**, ergeben sich grds. keine Besonderheiten für die

Ausübung von Rechten. Es gelten das allgemeine Leistungsstörungsrecht und die zu beachtenden Besonderheiten des Werkvertragsrechts.

Allerdings ist bei Softwareentwicklungsverträgen neben dem Werkvertragsrecht auch das **Urhebervertragsrecht** von Bedeutung, das insbes. bei Vertragsstörungen im Bereich der Werklohnforderung eine entscheidende Rolle spielen kann. Darüber hinaus sind eine Reihe von **DIN-Normen** von Bedeutung, die ggf. zur Auslegung vertraglicher Leistungspflichten herangezogen werden können.

Übersicht: Wichtige DIN-Normen im Bereich der Datenverarbeitung

DIN 66230	Programmdokumentation
DIN 66231	Programmentwicklungsdokumentation
DIN 66232	Datendokumentation
DIN 6789	Dokumentationssystematik

IV. Urheberrecht

Computerprogramme werden von den Spezialvorschriften der §§ 69a ff. UrhG geschützt. Einfache Computerprogramme genießen **urheberrechtlichen Schutz** bereits dann, wenn sie nicht **völlig banal** sind.[82] Bei komplexen Computerprogrammen spricht bereits eine tatsächliche Vermutung für eine hinreichende Individualität der Programmgestaltung und damit für einen Urheberrechtsschutz.[83] Das Begleitmaterial (z.B. Handbuch, Dokumentation) kann als **Sprachwerk** (§ 2 Abs. 1 Nr. 1 UrhG) oder als **wissenschaftlich-technische Darstellung** (§ 2 Abs. 1 Nr. 7 UrhG) geschützt sein. Während Computerprogramme als solche nicht patentfähig sind, kann für Software auch Patent angemeldet werden. Wird die Software zusammen mit **Datenbanken** überlassen und vertrieben, ist ferner der Schutz des Datenbankherstellers nach den §§ 87a ff. UrhG zu beachten.

74

---

82 Vgl. OLG München, CR 1999, 688; OLG Hamburg, CR 1998, 332; OLG Frankfurt am Main, CR 1998, 525; OLG Düsseldorf, CR 1997, 337; Schricker/Loewenheim, Urheberrecht, § 69a Rn. 14 ff.
83 Vgl. BGH, GRUR 2005, 860.

C. Softwareentwicklungsvertrag

> **Hinweis:**
> Beinhaltet der Softwareentwicklungsvertrag die Nutzung multimedialer Inhalte, Webseiten oder Internet-Content, muss deren möglicher Schutz nach allgemeinem Urheberrecht oder nach verwandten Schutzrechten beachtet werden. Dies wird bei der Vertragsgestaltung häufig zu wenig beachtet.

75 Von praktischer Bedeutung ist auch die im Sommer 2002 durch das **Gesetz zur Stärkung der vertraglichen Stellung von Urhebern und ausübenden Künstlern** erfolgte Neuregelung des **Urhebervertragsrechts** in den §§ 29, 31 ff. UrhG. Kern dieser Neuregelung ist ein Anspruch des Urhebers auf angemessene Vergütung. Der Urheber hat grds. Anspruch auf die vertraglich vereinbarte Vergütung und mangels einer solchen Vereinbarung Anspruch auf **angemessene Vergütung**. Sollte jedoch die vertraglich vereinbarte Vergütung nicht angemessen sein, kann der Urheber von seinem Vertragspartner die Einwilligung in die Änderung des Vertrags verlangen, sodass eine angemessene Vergütung vereinbart wird. Entsprechendes gilt auch für den Anspruch auf weitere Beteiligung nach § 32a UrhG. Der Unternehmer als Urheber der Software bzw. des Computerprogramms kann also ggf. bei einem auffälligen Missverhältnis zwischen Vergütung und den Erträgen und Vorteilen aus der Nutzung des Programms einen „**Vergütungsnachschlag**" fordern.

76 **Muster 14: Forderung eines „Vergütungsnachschlags"**

> Sehr geehrte Damen und Herren,
>
> wir haben für Sie i.R.d. mit Ihnen geschlossenen Softwareentwicklungsvertrags vom .... vertragsgerecht die Software .... (Beschreibung der Leistung und des Anwendungsbereichs) zum .... entwickelt.
>
> Wie wir nunmehr der internationalen Presse entnommen haben, ist die Vermarktung unserer Software deutlich erfolgreicher, als wir gemeinsam zu Beginn unserer Zusammenarbeit erwartet hatten. Wenn die in der Presse veröffentlichten Umsatzzahlen auch nur im Ansatz zutreffen, halten wir die seinerzeit vereinbarte Vergütung für unangemessen i.S.d. §§ 29, 31 ff. UrhG. Die Erträge aus dem von uns entwickelten Computerprogramm stehen in einem deutlichen Missverhältnis zu unserer Vergütung. Nach dem Urhebervertragsrecht haben wir daher Anspruch auf

Anhebung unserer Vergütung, sodass wir im Ergebnis angemessen für unsere Leistung vergütet werden. Nach dem Urhebergesetz können wir von Ihnen eine entsprechende Anpassung unseres Vertrags verlangen.

Wir halten folgende Vergütung für angemessen: ....

Wir bitten bis zum .... um Rückäußerung, ob Sie mit einer entsprechenden Erhöhung unserer Vergütung einverstanden sind. Wir werden Ihnen dann eine entsprechende Rechnung stellen.

Sollten Sie mit der vorgenannten Erhöhung nicht einverstanden sein, bitten wir in der oben gesetzten Frist um Mitteilung und Berechnung einer aus Ihrer Sicht angemessenen Vergütung. Zumindest bitten wir um Auskunft über die mit unserem Computerprogramm erzielten Umsätze. Ggf. werden wir die angemessene Vergütung durch ein Gericht festsetzen lassen.

Mit freundlichen Grüßen

....

V. Vertragswidrige Nutzung der Software

Für den Fall, dass der Besteller die ihm vertragsgemäß überlassene Software in einem weiteren Umfang nutzt, als ihm der Softwareentwicklungsvertrag dies erlaubt, kann der Unternehmer den Bittsteller auffordern, die vertragswidrige Nutzung anzustellen.

Muster 15: Aufforderung zur Einstellung der vertragswidrigen Nutzung neuer Software

Sehr geehrte Damen und Herren,

im Rahmen der uns übertragen Systempflege haben wir am .... festgestellt, dass Sie die von uns für Sie entwickelte Software in einem weiteren Umfang nutzen, als in § .... unseres Vertrags vereinbart. Danach darf die Software an .... Arbeitsplätzen verwendet werden.

Durch die übermäßige Nutzung verletzen Sie Ihre Vertragspflichten und darüber hinaus unser Urheberrecht. Wir haben Sie daher aufzufordern, unverzüglich die übermäßige Nutzung einzustellen und dafür Sorge zu

> tragen, dass zukünftig die Software ausschließlich i.R.d. vertraglich definierten Umfangs genutzt wird.
>
> Wir erwarten, dass Sie bis zum .... (Eingang bei uns) schriftlich erklären, dass Sie die Software zukünftig vertragskonform nutzen werden. Wir werden am .... die Einhaltung der vertraglich vereinbarten Nutzung überprüfen. Wir erwarten, dass Sie eine derartige Überprüfung durch unsere Mitarbeiter oder durch von uns bezeichnete Dritte unterstützen und gestatten.
>
> Sollten wir feststellen, dass Sie die vertragswidrige Nutzung fortsetzen, werden wir die Einräumung der Nutzungsrechte, wie im Vertrag vorgesehen, widerrufen. Wir behalten uns die Geltendmachung gerichtlicher Schritte ausdrücklich vor.
>
> Mit freundlichen Grüßen
>
> ....

VI. Systemdokumentation

79 Auch wenn es im Vertrag nicht ausdrücklich erwähnt wird, gehört die Systemdokumentation zur **Hauptleistungspflicht**. Hierzu gehört in erster Linie das **Handbuch**.[84] Für die Anforderungen an Inhalt und Umfang der Systemdokumentation ist auf den jeweiligen Kundenkreis abzustellen. Wichtig ist, dass die Dokumentation **schriftlich** vorliegt.[85] Eine elektronische Form oder bloße Schulung und Einweisung reicht nicht aus. Ein programmintegriertes Hilfesystem kann das Handbuch nicht ersetzen. Die Dokumentation muss in **deutscher Sprache** verfasst sein.[86] In der Dokumentation müssen alle Programmfehlermeldungen vollständig aufgeführt sein.[87] Der Anwender muss anhand der Dokumentation feststellen können, was bestimmte Fehlermeldungen bedeuten und wie er auf einen Fehler zu reagieren hat. Ferner sind im Bereich der Systemdokumentation die einschlägigen DIN-Normen zu beachten. Da das Fehlen einer Dokumentation nicht zu übersehen ist, ist auf jeden Fall bei der Abnahme ein Vorbehalt zur Wahrung

---

[84] Vgl. BGH, NJW 1993, 461; NJW 1993, 2436.
[85] Vgl. OLG Stuttgart, NJW 1987, 3206; OLG Hamm, CR 1992, 715.
[86] Vgl. OLG München, CR 1986, 365; OLG Hamburg, CR 1993, 408.
[87] Vgl. OLG Hamm, CR 1990, 716.

der Mängelansprüche erforderlich. Darüber hinaus dürfte das Fehlen der Dokumentation einen wesentlichen, zur Abnahmeverweigerung berechtigenden **Mangel** darstellen.

Muster 16: Mängelrüge bei lücken- und/oder fehlerhafter Systemdokumentation

Sehr geehrte Damen und Herren,

wir haben die uns am .... überreichte Dokumentation geprüft. Dabei haben wir folgende Fehler und Lücken festgestellt:

1. ....

2. ....

....

Wir reichen Ihnen die Dokumentation zu unserer Entlastung zurück und fordern Sie auf, diese in einen vertragsgerechten Zustand zu versetzen. Hierfür geben wir Ihnen eine Frist bis zum .... Wir halten diese Frist für ausreichend und angemessen, um die Fehler und Lücken in der Dokumentation zu beheben. Sollten Sie gleichwohl mehr Zeit benötigen, bitten wir um unverzügliche Benachrichtigung und Mitteilung der Gründe, die eine Nachbesserung in der von uns gesetzten Frist aus objektiv sachlichen Gründen nicht erlauben.

Nach Ablauf der oben gesetzten Frist werden wir die Dokumentation auf Ihre Kosten durch ein geeignetes Fachunternehmen herstellen lassen. Von unserem Recht, auf die erforderlichen Aufwendungen einen Vorschuss verlangen zu können, werden wir dann Gebrauch machen.

Mit freundlichen Grüßen

....

VII. Quellcodes

Die **Nacherfüllung** und die **Selbstvornahme** sind die zentralen Rechtsbehelfe, wenn es bei Softwareentwicklungsverträgen über Individualsoftware zu Vertragsstörungen im Bereich von Softwaremängeln kommt. Dem Besteller geht es i.d.R. nicht darum, nachträglich vom Vertrag zurückzutre-

C. Softwareentwicklungsvertrag

ten oder den Werklohn zu mindern. Er möchte vielmehr, insbes. wenn bei großen Software-Projektverträgen bereits aufwändige Projektvorarbeiten und Testphasen durchlaufen sind, dass die Software lauffähig ist und die vorgesehenen Funktionalitäten erfüllt. Will der Besteller die Lauffähigkeit der Software im Wege der Selbstvornahme herstellen, benötigt er für die Fehlersuche, Eingriffe und Weiterentwicklung i.d.R. den **Quellcode**. Hierunter versteht die Informatik die Originalversion der Software, die in einer Programmierern verständlichen Programmiersprache geschrieben ist, bevor sie mit Hilfe eines Kompilierers in den Objektcode übersetzt wird, der ausschließlich von einer Maschine, regelmäßig dem Computer, gelesen werden kann.

82 Der Erwerber einer **Standardsoftware** hat grds. keinen Anspruch auf die Offenlegung des Quellcodes.[88] Bei der Herstellung von Individualsoftware kommt es auf die Umstände des Einzelfalls an.[89]

Beispiele:

Höhe der Vergütung, Bestimmung der Software zur Vermarktung durch den Besteller, Notwendigkeit des Zugriffs zur Wartung und Fortentwicklung.

Der Unternehmer möchte naturgemäß sein in den Quellen enthaltenes Knowhow schützen. Es sollte daher in jedem Fall **vertraglich** geregelt werden, ob, wann und unter welchen Umständen der Unternehmer verpflichtet ist, den Quellcode an den Besteller herauszugeben:

- Welche sachlichen Gründe berechtigen den Besteller zur Herausgabeforderung (z.B. Verzug, Schlechtleistung, Insolvenz, Weiterentwicklung, Verifizierung der Software auf Vollständigkeit, Lauffähigkeit und Aktualität durch einen Sachverständigen etc.)?
- Ist hierfür eine gerichtliche Entscheidung nötig, oder reicht eine Fristsetzung mit Herausgabeandrohung aus?

In Betracht kommt hier auch eine **Software-Hinterlegungsvereinbarung**. Der Quellcode wird dann bei einem Treuhänder hinterlegt, der sie an den Besteller herausgibt, wenn die Hinterlegungsvereinbarung dies erlaubt.[90]

---

88 Vgl. LG Köln, CR 2003, 484.
89 Vgl. BGH, CR 2004, 490.
90 Ein Beispiel für eine derartige Hinterlegungsvereinbarung ist zu finden in Schulte-Nölke/Frenz/Flohr, Formularbuch Vertragsrecht, Teil 12 Rn. 69 ff.

Muster 17: Herausgabeverlangen bei Schlechtleistung

Sehr geehrte Damen und Herren,

mit Schreiben v. ……. haben wir Ihnen gegenüber folgende Mängel an der von Ihnen für uns entwickelten Software gerügt:

1. …….

2. …….

…….

Wir hatten Ihnen zur Nacherfüllung eine Frist bis zum ……. gesetzt. Bis heute ist nichts geschehen. Nach § 637 Abs. 1 BGB sind wir daher berechtigt, die oben aufgezeigten Fehler selbst oder durch einen Dritten beseitigen zu lassen. Um die Fehler in der Software zu finden und zu beseitigen, benötigen wir den Quellcode. Wir haben Sie aufzufordern, uns den Quellcode bis zum ……. zur Verfügung zu stellen. Wir sagen Ihnen gerne zu, dass der Quellcode ausschließlich zu Nachbesserungszwecken verwendet wird.

Wir weisen darauf hin, dass wir nach fruchtlosem Ablauf der oben genannten Frist gehalten sind, den Gerichtsweg zu beschreiten. Dies wird sodann auch ohne weitere Ankündigung geschehen. Die hiermit verbundenen Kosten werden zu Ihren Lasten gehen. Es dürfte in Ihrem Interesse liegen, diese unnötigen Folgen zu vermeiden und uns den Quellcode rechtzeitig zu übermitteln.

Soweit Sie eine Herausgabe des Quellcodes verweigern, kommt eine Nachbesserung nur noch durch Neuerstellung der Software in Betracht, was mit erheblichen weiteren Kosten verbunden ist, die wir Ihnen weiter belasten werden.

Nach § 637 Abs. 3 BGB können wir von Ihnen auf die durch die Selbstvornahme veranlassten erforderlichen Aufwendungen einen Vorschuss verlangen. Wir haben diese Kosten durch einen Sachverständigen schätzen lassen. Sie belaufen sich auf mindestens ……. €. Wir haben Sie aufzufordern, den Vorschuss ebenfalls innerhalb der oben gesetzten Frist an uns zu zahlen.

Mit freundlichen Grüßen

…….

C. Softwareentwicklungsvertrag

84 **Muster 18: Herausgabeverlangen bei Hinterlegungsvereinbarung**

> Sehr geehrte Damen und Herren,
>
> aufgrund der zwischen der ...., Ihnen und uns am .... abgeschlossenen Hinterlegungsvereinbarung sind der Quellcode der Software .... sowie die weiter in § .... der vorgenannten Hinterlegungsvereinbarung aufgeführten Unterlagen und Dokumente bei Ihnen hinterlegt.
>
> Gem. § .... der Hinterlegungsvereinbarung sind der Quellcode und die hinterlegten Unterlagen an uns auf schriftliches Verlangen herauszugeben, wenn .... *(z.B. bei Zustimmung des Unternehmers, Insolvenz, Schlechtleistung oder Verzug, bei Vorlage eines zumindest vorläufig vollstreckbaren Urteils etc.).*
>
> Die in § .... der Hinterlegungsvereinbarung definierten verfahrensrechtlichen Voraussetzungen liegen, wie aus der Anlage ersichtlich, vor *(z.B. vorherige Abmahnung mit Herausgabeandrohung, vorheriger Schlichtungsversuch etc.).*
>
> Wir verlangen daher die Herausgabe des Hinterlegungsguts bis spätestens zum .... Sobald Sie das Hinterlegungsgut freigegeben haben, werden wir die vereinbarte Herausgabegebühr an Sie überweisen.
>
> Mit freundlichen Grüßen
>
> ....

VIII. Sachmängel bei der Softwareentwicklung

85 Nach § 633 Abs. 2 BGB ist das vom Unternehmer abzuliefernde Werk frei von Sachmängeln, wenn es die vereinbarte Beschaffenheit aufweist. Ist eine Beschaffenheit nicht vereinbart, ist das Werk frei von Sachmängeln, wenn es sich für die nach dem Vertrag vorausgesetzte, sonst für die gewöhnliche Verwendung eignet und eine Beschaffenheit aufweist, die bei Werken der gleichen Art üblich ist und die der Besteller nach der Art des Werks erwarten kann. Einem Sachmangel steht es gleich, wenn der Unternehmer ein anderes als das bestellte Werk oder das Werk in zu geringer Menge herstellt.

Diese **abstrakte Fehlerdefinition** ist insbes. bei der Softwareentwicklung mit Leben zu füllen. Zunächst einmal unterscheidet sich der rechtliche Feh-

VIII. Sachmängel bei der Softwareentwicklung

lerbegriff fundamental vom **Fehlerbegriff der Informatik**, wonach jedes objektive technische Versagen der Software als Fehler angesehen wird. Nach dem rechtlichen Fehlerbegriff ist jedoch nicht jedes objektiv technische Versagen ein Fehler bzw. Mangel.

Beispiel:

Stürzt ein Programm bei einer selten benutzten Tastaturkombination ab, liegt aus rechtlicher Sicht nur ein geringes, unerhebliches Versagen vor, das die Gebrauchstauglichkeit des Systems kaum beeinträchtigt.

Umgekehrt kann ein Programm technisch fehlerfrei, rechtlich aber mängelbehaftet sein.

Beispiel:

Soll ein Programm nach dem Vertrag bestimmte Funktionen aufweisen, so ist das Programm bei Fehlen dieser Funktionen mangelbehaftet, auch wenn es technisch einwandfrei arbeitet.

Abseits vertraglicher Beschaffenheitsregelungen ist die **gewöhnliche Verwendung** der wichtigste Prüfmaßstab für Softwaremängel. Bei der Herstellung einer Individualsoftware ist es aber fraglich, ob es einen solchen gewöhnlichen Gebrauch überhaupt gibt.[91] Aus der Rspr. lassen sich einige typische Fehlerarten gleichwohl ableiten.

86

Eine erste typische Fehlerkategorie sind die **Funktionsdefizite**. Ein Programm muss auch ohne ausdrückliche Vereinbarungen bestimmte Funktionen enthalten.

Beispiele:

- *Ein als „UNIX-kompatibles" bezeichnetes Programm muss mehrplatzfähig sein.*[92]
- *Ein Datenbankprogramm muss das Überlaufen von Daten verhindern.*[93]
- *Allgemein muss jede Software HELP-Funktionen und Fehlerroutinen aufweisen, damit Bedienungsfehler weitgehend vermieden werden.*[94]

---

91 Vgl. OLG Stuttgart, CR 1986, 381.
92 Vgl. OLG Karlsruhe, CR 1990, 266.
93 Vgl. LG Duisburg, CR 1989, 494.
94 Vgl. LG Heilbronn, CR 1989, 604; OLG Köln, NJW 1988, 2477; OLG Hamm, CR 1990, 716.

C. Softwareentwicklungsvertrag

Kein Fehler ist es dagegen, wenn der Software der Druckertreiber fehlt.[95] Eine weitere typische Fehlergruppe ist die der **Funktionsmängel**, d.h. technisches Versagen einzelner Programmfunktionen. Eine sehr wichtige Fallgruppe ist die der **Kapazitätsmängel**. Ist eine Software so konzipiert, dass sie zu einer unerträglichen Verlangsamung des Systems führt, liegt ein Fehler vor.

Beispiele:

Ein solcher Zustand soll vorliegen, wenn die Antwortzeiten in einem Mehrplatzsystem auf 30 Sekunden herabsinken[96] oder sich die Geschwindigkeit des Druckers auf 20 % reduziert.[97]

Andererseits ist das Fehlen von 5 % Festplattenspeicher mangels Erheblichkeit kein Mangel.[98] Schließlich ist der Einbau von **Programmsperren** unzulässig, soweit damit die Begleichung der Werklohnforderung oder der Abschluss eines Softwarepflegevertrags erzwungen werden soll. Zulässig sind derartige Sperren lediglich zum Systemschutz, z.B. gegen Softwarepiraterie.

Die in der Praxis beliebteste Fehlergruppe ist das Fehlen oder die Lückenhaftigkeit der **Dokumentation**. Da sich die Gerichte mit dem Nachweis eines Programmfehlers häufig schwer tun, suchen sie in ihrer Not oft Fehler der mitgelieferten Handbücher (siehe hierzu auch oben unter VI.).

---

95 Vgl. OLG Frankfurt am Main, CR 1990, 127.
96 Vgl. LG Essen, CR 1987, 431.
97 Vgl. KG, CR 1990, 769.
98 Vgl. LG Stuttgart, CR 1994, 286.

D. Bauvertrag

I. Einführung

Der wohl größte Anwendungsbereich in der Praxis für die werkvertraglichen Vorschriften ist die Planung und Errichtung von Bauwerken. Das Bauvertragsrecht ist mittlerweile eine hochkomplexe Spezialmaterie, bei der neben den werkvertraglichen Vorschriften insbes. auch die **Vergabe- und Vertragsordnung für Bauleistungen, Teil B (VOB/B)** eine große Rolle spielt. Die öffentliche Hand etwa vergibt aufgrund von § 10 Nr. 1 Abs. 2 VOB/A Bauaufträge ausschließlich auf Basis der VOB/B.

87

Die VOB/B ist ein für eine Vielzahl von Anwendungsfällen zur Verfügung stehendes Vertragsmuster, das nur dann Anwendung findet, wenn die Werkvertragsparteien die Geltung im Vertrag vereinbaren. Die VOB/B-Regelungen erfüllen als Vertragsmuster ohne Weiteres die tatbestandlichen Voraussetzungen des § 305 BGB, es handelt sich also um Allgemeine Geschäftsbedingungen.[99] Solange die VOB/B ohne Abweichungen zur Grundlage des Bauvertrags gemacht wird (was in der Praxis selten vorkommt), findet eine Wirksamkeitsüberprüfung anhand der §§ 305 ff. BGB nicht statt. Werden jedoch Änderungen zur VOB/B vereinbart, unterliegen die einzelnen Vorschriften der AGB-rechtlichen Überprüfung.

Übersicht: Unwirksame Klauseln aus der VOB/B

§ 1 Nr. 3 VOB/B	Anordnungsrecht des Bestellers
§ 2 Nr. 8 Abs. 1 Satz 1 VOB/B	Vergütungsausschluss bei Leistungen ohne Auftrag
§ 2 Nr. 8 Abs. 2 Satz 2 VOB/B	Unverzügliches Ankündigungserfordernis
§ 12 Nr. 5 Abs. 1 und 2 VOB/B	Fiktive Abnahme
§ 13 Nr. 4 Abs. 1 und 2 VOB/B	Verkürzung der Verjährungsfrist
§ 15 Nr. 3 Satz 5 VOB/B	Anerkenntnisfiktion bei Stundenlohnzetteln

---

99 Vgl. hierzu Markus/Kaiser/Kapellmann, AGB-Handbuch Bauvertragsklauseln, Rn. 45 ff.

D. Bauvertrag

§ 16 Nr. 1 Abs. 3 VOB/B	18-tägige Prüffrist bei Abschlagsrechnungen
§ 16 Nr. 3 Abs. 1 Satz 1 VOB/B	zweimonatige Prüffrist bei Schlussrechnungen
§ 16 Nr. 3 Abs. 2 VOB/B	Schlusszahlungseinwand
§ 16 Nr. 6 Satz 1 und 2 VOB/B	Zahlung an Gläubiger des Unternehmers

88 Auch das BGB trägt in einigen speziell auf den Bauvertrag zugeschnittenen Vorschriften dem Umstand Rechnung, dass hier der größte Anwendungsbereich für den Werkvertrag liegt.

II. Besonderheiten beim BGB-Bauvertrag

1. Durchgriffsfälligkeit nach § 641 Abs. 2 BGB

89 Mit dem **Gesetz zur Beschleunigung fälliger Zahlungen** wurde eine wesentliche Neuerung hinsichtlich der Fälligkeit von Werklohnforderungen in das BGB eingefügt. Nach dem seinerzeit neu geschaffenen § 641 Abs. 2 BGB wird die Vergütung des Unternehmers für ein Werk, dessen Herstellung der Besteller einem Dritten versprochen hat, **spätestens** fällig (also auch ohne Abnahme), wenn und soweit der Besteller von dem Dritten für das versprochene Werk wegen dessen Herstellung seine Vergütung oder Teile davon erhalten hat. Hat der Besteller allerdings dem Dritten wegen möglicher Mängel des Werks eine Sicherheit geleistet, tritt die Fälligkeit nur dann ein, wenn der Unternehmer dem Besteller eine Sicherheit in entsprechender Höhe leistet. Wenngleich die Vorschrift ihrem Wortlaut nach auf alle Werkverträge anwendbar ist, zielt sie in erster Linie auf den baurechtlichen Anwendungsbereich, insbes. die dort üblichen Dreiecksbeziehungen Bauherr/Hauptunternehmer/Nachunternehmer. Ziel der gesetzlichen Regelung ist es, dass derjenige, der die Werkleistung tatsächlich erbracht hat, seine Vergütung erhält, wenn derjenige, der das herzustellende Werk letztlich erhält, für die Leistung bezahlt hat.

II. Besonderheiten beim BGB-Bauvertrag

> **Hinweis:**
> Der Anwendungsbereich soll durch das Forderungssicherungsgesetz erweitert werden.

Checkliste 3: Durchgriffsfälligkeit 90

- ☐ Es muss eine **Leistungsidentität** in den Schuldverhältnissen zwischen Nachunternehmer, Hauptunternehmer und Bauherrn bestehen. Die Leistungsverpflichtung des Bestellers gegenüber dem Dritten muss an den Unternehmer „**durchgestellt**" worden sein.
- ☐ Die Leistungen müssen vom Unternehmer **fertig** gestellt sein. Die Regelung betrifft damit nur die **abschließende Zahlung**, nicht Abschlagszahlungen.
- ☐ Der Besteller muss von dem Dritten **gerade** für diesen Leistungsgegenstand Zahlungen erhalten haben.
- ☐ Hat der Besteller dem Dritten wegen möglicher Mängel **Sicherheit** geleistet, muss der Unternehmer zur Herbeiführung der Fälligkeit ebenfalls Sicherheit in entsprechender Höhe leisten.

2. Fertigstellungsbescheinigung des Sachverständigen nach § 641a BGB

Sowohl für den BGB-Bauvertrag als auch für den VOB-Werkvertrag (mangels anderweitiger Regelung) ist das **Gutachterverfahren** gem. § 641a BGB von Interesse, hat sich allerdings in der Praxis bislang wenig bewährt. 91

> **Hinweis:**
> Das Verfahren soll daher durch das Forderungssicherungsgesetz wieder abgeschafft werden.

Die Vorschrift wird immer dann relevant, wenn der Besteller auf die Abnahmeaufforderung nicht reagiert oder die Abnahme – nach Ansicht des Unternehmers – zu Unrecht verweigert. Will der Unternehmer sich nicht darauf verlassen, dass es ihm später gelingt, die Abnahmefähigkeit i.S.v. § 640 Abs.1 Satz 3 BGB nachweisen zu können, kann er den Weg des § 641a BGB beschreiten. Dabei hat der Gesetzgeber seine positive Absicht in einer komplizierten Regelung umgesetzt.

D. Bauvertrag

92 Der **Abnahme steht es gleich**, wenn der Unternehmer von einem Gutachter eine Bescheinigung darüber erhält, dass das versprochene Werk hergestellt und frei von Mängeln ist, die der Besteller entweder behauptet hat oder für den Gutachter bei einer Besichtigung feststellbar sind. Ferner wird vermutet, dass ein **Aufmaß** oder eine **Stundenlohnabrechnung** richtig sind, wenn der Gutachter dies in der Fertigstellungsbescheinigung bestätigt.

Als **Gutachter** kommt ein Sachverständiger in Betracht, auf den sich die Parteien verständigt haben oder ein durch eine Industrie- und Handelskammer, Handwerks-, Architekten- oder Ingenieurkammer bestimmter öffentlich bestellter und vereidigter Sachverständiger. Der Gutachter ist vom Unternehmer zu beauftragen. Gleichwohl ist der Gutachter auch dem Besteller gegenüber verpflichtet, die Bescheinigung **unparteiisch** nach besten Wissen und Gewissen zu erteilen.

Der Gutachter muss mindestens einen **Besichtigungstermin** abhalten. Die Einladung hierzu muss dem Besteller unter Angabe des Anlasses mindestens **zwei Wochen** vorher zugehen. Grundlage für die Beurteilung ist der geschlossene **Bauvertrag**, wobei Änderungen nur zu berücksichtigen sind, wenn diese entweder schriftlich vorliegen oder von beiden Parteien übereinstimmend bestätigt werden. Soweit der Bauvertrag entsprechende Regelungen nicht enthält, sind die **allgemeinen Regeln der Technik** zugrunde zu legen. Vom Besteller geltend gemachte Mängel werden vom Gutachter nur berücksichtigt, wenn sie bis zum Abschluss der Besichtigung vorgebracht werden.

Der Besteller muss dem Gutachter **Zutritt** zum Bauwerk gestatten. Verweigert er die Untersuchung des Bauwerks, wird **vermutet**, dass das zu untersuchende Werk vertragsgemäß hergestellt wurde.

Dem Besteller ist eine **Abschrift** der Fertigstellungsbescheinigung zuzustellen. Die Abnahmewirkungen treten erst mit Zugang der Bescheinigung beim Besteller ein.

93 **Muster 19: Fertigstellungsbescheinigung nach § 641a BGB**

> Der Sachverständige wurde vom Unternehmer beauftragt, betreffend die Ausführung der .... gem. schriftlichem Bauvertrag vom .... für das Bauvorhaben .... die Fertigstellungsbescheinigung gem. § 641a BGB zu erteilen.

Dem Auftrag liegt der schriftliche Antrag des Unternehmers an die IHK .... vom .... sowie die Bestimmung des Sachverständigen durch die IHK gem. Schreiben v. .... zugrunde (*alternativ: Dem Auftrag liegt die schriftliche Einigung über den Sachverständigen vom .... zugrunde*).

Der Sachverständige hat beide Parteien ordnungsgemäß zur Ortsbesichtigung geladen. Die Ladungen sind den Parteien auch zugegangen. Die Ortsbesichtigung wurde am .... um .... Uhr begonnen und um .... Uhr beendet. An der Ortsbesichtigung nahmen teil: ....

Vor Beendigung der Begehung wurde der Besteller darauf hingewiesen, dass später gerügte Mängel nicht mehr berücksichtigt werden können.

Nach Begehung und Untersuchung des Bauvorhabens wurde vom Sachverständigen festgestellt, dass die Werkleistung hergestellt ist und den vertraglichen Festlegungen im schriftlichen Bauvertrag vom .... entspricht. Die vom Unternehmer erbrachte Leistung ist frei von Mängeln, sie ist weder im Wert noch in ihrer Tauglichkeit gemindert noch sind Verstöße gegen die anerkannten Regeln der Technik erkennbar. Die vom Besteller gerügten Mängel konnten in der Örtlichkeit nicht festgestellt werden.

Das vom Unternehmer vorgelegte Aufmaß, das der vorgelegten Schlussrechnung zugrunde gelegt ist, ist sachlich nicht zu beanstanden. Die vorgelegten Stundenlohnabrechnungen über die Stundenlohnzettel .... , die bei der Schlussabrechnung zugrunde gelegt werden, sind ebenfalls sachlich nicht zu beanstanden.

Die Fertigstellungsbescheinigung gem. § 641a BGB wird durch den Sachverständigen uneingeschränkt erteilt.

....
Öffentlich bestellter und vereidigter Sachverständiger

3. Sicherheitsleistung nach § 648a BGB

a) Forderung einer Sicherheit nach § 648a BGB

Die schon stets gegebene Möglichkeit, zur Sicherung einer Werklohnforderung die Eintragung einer **Sicherungshypothek** zu verlangen (§ 648 BGB), 94

D. Bauvertrag

reichte zur Absicherung der Bauunternehmer nicht aus. Das Grundbuch ist häufig hoch belastet oder der Besteller nicht Eigentümer des bebauten Grundstücks, so dass eine echte Absicherung der Forderung ins Leere lief. Darüber hinaus besteht die Möglichkeit, § 648 BGB individualvertraglich abzubedingen. In **Allgemeinen Geschäftsbedingungen** kann dagegen § 648 BGB nur bei Einräumung einer anderen Sicherheit wirksam **abbedungen** werden. Auch die **prozessuale Durchsetzung** der Eintragung ist nicht unproblematisch, insbes. dann, wenn es um Vergütungsanteile aus **Nachträgen** geht.

Durch das **Bauhandwerkersicherungsgesetz** (§ 648a BGB) sollte wirksame Abhilfe geschaffen werden. Nach § 648a BGB kann der Unternehmer eines Bauvertrags vom Besteller in Höhe der vollen Auftragssumme einschließlich Nachträgen und Nebenforderungen **Sicherheit** verlangen, soweit noch keine Zahlungen geflossen sind. Leistet der Besteller die Sicherheit trotz angemessener Frist nicht, kann der Unternehmer die Arbeiten einstellen, er muss dies dem Besteller allerdings vorher ankündigen. Verläuft auch eine weitere, unter Kündigungsandrohung gesetzte Frist fruchtlos, so gilt der Vertrag als aufgehoben (gekündigt).

95 Private Bauherrn von Einfamilienhäusern und „Öffentliche" Besteller sind von der Pflicht zur Sicherheitsleistung befreit. Als Sicherheit kommt die in § 648a BGB genannte **Bankgarantie** oder ein sonstiges **Zahlungsversprechen** (z.B. Bürgschaft) eines Kreditinstituts oder Kreditversicherers in Betracht. Voraussetzung ist, dass sich aus der Sicherheit ein unmittelbarer Zahlungsanspruch gegen den Sicherungsgeber ergibt[100] und dass die Sicherheit hinsichtlich erbrachter Leistungen insolvenzfest ist. Eine Befristung der Sicherheit scheidet grds. aus. I.Ü. ergibt sich der Inhalt einer solchen Sicherheit im Wesentlichen aus § 648a Abs. 2 und Abs. 1 Satz 3 BGB. Daneben kommen die Sicherheiten des **§ 232 BGB** (Hinterlegung, Verpfändung von Schuldbuchforderungen, Schiffshypotheken, Hypotheken und Hypothekenverpfändung) in Betracht. Das **Wahlrecht** hinsichtlich der Sicherungsart liegt beim Besteller.

Die **Kosten** der Sicherheit im Verhältnis zum Sicherungsgeber trägt der Besteller. Er hat seinerseits gegen den Unternehmer einen Anspruch auf Erstattung der Kosten bis zur Höhe von **max. 2 % p.a.**, soweit die Kosten **üblich** sind. Kosten, die dadurch entstehen, dass wegen unbegründeten Einwen-

---

[100] Vgl. BGHZ 146, 24.

II. Besonderheiten beim BGB-Bauvertrag

dungen des Bestellers gegen den Vergütungsanspruch die Sicherheit länger aufrecht erhalten werden muss, braucht der Unternehmer nicht zu erstatten.

Soweit der Unternehmer eine Sicherheit nach § 648a BGB erhalten hat, ist der Anspruch auf Einräumung einer Sicherungshypothek (§ 648 BGB) **ausgeschlossen**. Nach § 648a BGB ist jede abweichende Vereinbarung zwischen den Parteien unwirksam. Der BGH hat klargestellt, dass der Besteller § 648a BGB **in keiner Weise umgehen** kann.[101] Ob zumindest die Kostenerstattungspflicht des Unternehmers abdingbar ist, dürfte äußerst fraglich sein.[102]

Anspruchsberechtigt sind alle **Bauhandwerker** im herkömmlichen Sinn, aber auch **Architekten, Ingenieure**, nicht jedoch **Baustofflieferanten**, obwohl auch bei diesen ähnliche Sicherungsbedürfnisse bestehen können. Erfasst werden auch **Nachunternehmer**, die vor dem Bauhandwerkersicherungsgesetz praktisch ungeschützt ihre Vorleistungen erbringen mussten, da ihre Besteller i.a.R. nicht Grundstückseigentümer sind, so dass eine Sicherungshypothek von vornherein nicht in Betracht kommt.[103]

96

Der Unternehmer kann Sicherheit in voller Höhe des ihm voraussichtlich zustehenden Werklohns einschließlich der Nachträge und Nebenforderungen verlangen. Eine **Begrenzung** des Sicherungsanspruchs auf einen Teil der Werklohnforderung, wie z.B. die nächste Rate gem. Zahlungsplan, ist weder mit dem Wortlaut noch mit dem Sinn und Zweck des § 648a BGB vereinbar.[104] Erfasst sind auch die zum Zeitpunkt des Sicherungsverlangens bereits erbrachten Leistungen, solange diese nicht vom Besteller bezahlt sind. Verlangt der Unternehmer eine **zu hohe Sicherheit**, weil z.B. eine Zahlung versehentlich nicht berücksichtigt oder eine zusätzliche Leistung zu hoch bewertet wurde, ist der Besteller verpflichtet, die nach § 648a BGB richtig zu errechnende Sicherheit zu leisten – vorausgesetzt, er kann die Höhe auch selbst bestimmen.[105]

97

Umstritten war lange Zeit, ob das Recht auf Sicherheit mit der **Abnahme** endet. Insbes. dann, wenn der Besteller dem Zahlungsanspruch ein Leistungsverweigerungsrecht wegen Mängeln entgegenhält, soll der Unterneh-

98

---

101 Vgl. BGH, BauR 2001, 386.
102 Vgl. Leinemann/Klaft, NJW 1995, 2521.
103 Vgl. Kapellmann/Langen, Einführung in die VOB/B, Rn. 303.
104 Vgl. BGH, NZBau 2001, 129.
105 Vgl. BGH, BauR 2001, 386; Kapellmann/Langen, Einführung in die VOB/B, Rn. 1.

63

D. Bauvertrag

mer eine Sicherheit fordern können.[106] Wird sie nicht gestellt, wird der Werklohnanspruch unbedingt fällig.

> **Hinweis:**
> Durch das Forderungssicherungsgesetz soll die Vorschrift des § 648a BGB modernisiert werden.

99 **Muster 20: Forderung einer Bauhandwerkersicherung nach § 648a BGB**

> Sehr geehrte Damen und Herren,
>
> mit Bauvertrag vom .... haben Sie uns mit der Erstellung des Bauvorhabens .... beauftragt. Die Bruttoauftragssumme beläuft sich auf .... €.
>
> Nach § 648a BGB können wir für die von uns zu erbringenden Leistungen eine Sicherheit (z.B. Bankbürgschaft, Bankgarantie etc.) bis zur Höhe des voraussichtlichen Vergütungsanspruchs verlangen, wie er sich aus den vertraglichen Vereinbarungen oder einem nachträglichen Zusatzauftrag ergibt.
>
> Dies vorausgeschickt fordern wir Sie höflichst auf, uns eine entsprechende Sicherheit i.H.v. .... € bis zum .... im Original zu übersenden.
>
> Wir weisen Sie darauf hin, dass wir gem. § 648a BGB die Leistung verweigern werden, wenn uns innerhalb der vorgenannten Frist keine angemessene Sicherheit zugeht.
>
> Mit freundlichen Grüßen
>
> ....

b) Nachfristsetzung für Sicherheit nach § 648a BGB

100 Der Unternehmer kann zur Beibringung der Sicherheit eine **angemessene Frist** setzen, **zehn Tage** dürften i.d.R. ausreichend sein.[107]

---

106 Vgl. OLG Dresden, BauR 1999, 1314; OLG Rostock, IBR 2000, 327; OLG Stuttgart, BauR 2001, 421; a.A. KG, BauR 2000, 738.
107 Vgl. Kapellmann/Langen, Einführung in die VOB/B, Rn. 307.

II. Besonderheiten beim BGB-Bauvertrag

Leistet der Besteller die Sicherheit trotz Fristsetzung nicht, so kann der Unternehmer die Sicherheit nicht erzwingen, also **nicht einklagen**.

> **Hinweis:**
> Dies soll durch das Forderungssicherungsgesetz geändert werden.

Der Unternehmer kann dem Besteller eine **Nachfrist** mit der Androhung setzen, den Vertrag nach Ablauf auch dieser Nachfrist zu kündigen. Mit Ablauf der Frist **gilt** der Vertrag als aufgehoben, eine gesonderte Kündigungserklärung ist **nicht** erforderlich. Der Unternehmer muss sich also vor Setzung der Nachfrist mit Kündigungsandrohung genau überlegen, ob er diesen **Automatismus**, der zur Beendigung des Vertrags für die Zukunft führt, wirklich will.

Wird die Sicherheit nur teilweise nicht gestellt, ist nur eine entsprechende Teilkündigung bzgl. des ungesicherten Leistungsteils zulässig, z.b. bei strittigen Nachträgen, wobei Abgrenzungsschwierigkeiten vorprogrammiert sind, wenn z.B. eine teurere Ausführung einer vertraglich vorgesehenen Leistung angeordnet wird, für die Mehrkosten aber keine Sicherheit gestellt wird. Es stellt sich dann die Frage, ob die ganze Teilleistung oder lediglich die teurere Ausführung als gekündigt anzusehen ist.[108]

Nach Kündigung kann der Unternehmer zunächst Vergütung für alle ausgeführten Arbeiten sowie Erstattung aller schon entstandenen oder durch die Nichtausführung ungedeckten Kosten verlangen. Entgangenen Gewinn kann er nur verlangen, wenn er durch das Vertrauen auf die Gültigkeit des Vertrags entfällt, weil der Unternehmer einen anderen Auftrag wegen des später gekündigten ablehnen musste.

Nach § 648a Abs. 5 Satz 4 BGB kann der Unternehmer seinen Schaden auch **pauschal** berechnen, der mit 5 % der Vergütung vermutet wird, wobei für die Vergütung an die zum Kündigungszeitpunkt noch nicht erbrachten Leistungen angeknüpft werden sollte.[109]

---

108 Vgl. Kapellmann/Langen, Einführung in die VOB/B, Rn. 308.
109 Vgl. Kapellmann/Langen, Einführung in die VOB/B, Rn. 310; a.A. Kniffka, ZfBR 2000, 227.

D. Bauvertrag

102 **Muster 21: Nachfristsetzung für Sicherheit nach § 648a BGB**

Sehr geehrte Damen und Herren,

mit Schreiben v. .... hatten wir Sie unter Fristsetzung aufgefordert, uns eine Sicherheit gem. § 648a BGB i.H.v. .... € zu übersenden. Diese Frist haben Sie ungenutzt verstreichen lassen, eine Sicherheit liegt uns bis heute nicht vor.

Aus diesem Grund werden wir die Arbeiten am Bauvorhaben .... ab sofort einstellen.

Zur Beibringung der Sicherheit setzen wir Ihnen eine Nachfrist bis spätestens ....

Sollte uns auch innerhalb der Nachfrist keine ausreichende Sicherheit übergeben worden sein, kündigen wir den Bauvertrag vom .... gem. § 648a Abs. 5 BGB i.V.m. § 643 BGB. Vorsorglich weisen wir Sie darauf hin, dass die Aufhebung des Vertrags nur noch vom bloßen Fristablauf abhängig ist. Das bedeutet, allein durch Ihre Untätigkeit gilt der Vertrag nach fruchtlosem Ablauf der Frist als aufgehoben.

Durch das Ausbleiben der Sicherheit sind wir i.Ü. in der Ausführung behindert. Dies wird hiermit gem. § 6 Nr. 1 VOB/B angezeigt. Durch den ab sofort eintretenden Baustillstand werden Mehrkosten für Personal, Gerät etc. entstehen, die von Ihnen zu ersetzen sind. Rein vorsorglich melden wir bereits jetzt insoweit unsere Ansprüche an. Eine genaue Berechnung werden wir Ihnen zuleiten, wenn die behindernden Umstände weggefallen sind.

Mit freundlichen Grüßen

....

c) Erhöhungsverlangen der Sicherheit nach § 648a BGB

103 Dem Unternehmer steht es frei, zunächst eine Sicherheit für einen Teil des voraussichtlichen Werklohns zu fordern. Darüber hinaus kann es vorkommen, dass durch zusätzliche Vergütungsansprüche die einmal gestellte Sicherheit nicht ausreicht. Der Unternehmer kann dann eine Erhöhung der Sicherheit verlangen.

Muster 22: Erhöhungsverlangen der Sicherheit nach § 648a BGB

> Sehr geehrte Damen und Herren,
>
> für das Bauvorhaben .... haben Sie uns gem. § 648a BGB eine Sicherheit i.H.v. .... € geleistet. Aufgrund der schriftlich erteilten Nachtragsaufträge vom .... reicht dieser Betrag zur Absicherung nicht mehr aus. Die Bruttoauftragssumme der Nachträge beläuft sich auf .... €.
>
> Wir bitten Sie daher um eine weitere Sicherheit gem. § 648a BGB i.H.v. .... € bis spätestens zum ....
>
> Sollte uns wider Erwarten innerhalb der vorgenannten Frist die Sicherheit nicht vorliegen, werden wir die Arbeiten gem. § 648a BGB bis zur Vorlage der Sicherheit einstellen.
>
> Mit freundlichen Grüßen
>
> ....

d) Leistungsverweigerung nach § 648a BGB

Leistet der Besteller die Sicherheit trotz angemessener Frist nicht, so kann der Unternehmer die Sicherheit nicht erzwingen, also nicht einklagen. Er kann allerdings, was oft mehr Wirkung hat als ein Rechtsstreit, die **Arbeiten** bis zur Stellung der Sicherheit **einstellen**, wenn er dies angedroht hat.

> **Hinweis:**
>
> Auch hier ist dem Unternehmer eine **klare Sprache** zu empfehlen. Wendungen, wie „behalte ich mir vor, die Arbeiten einzustellen" o.Ä. sind fehl am Platz.[110]

Bei **streitigen Nachträgen** muss der Unternehmer sorgfältig abwägen, wie „sicher" der von ihm geltend gemachte Nachtragsanspruch nach Grund und Höhe ist. Stellt sich nachträglich heraus, dass die Forderung unbegründet war, bestand kein Leistungsverweigerungsrecht, so dass dies unter Umständen zu einer berechtigten Kündigung des Bestellers nach § 8 Nr. 3 VOB/B führen kann. Verlangt der Unternehmer lediglich eine überhöhte Sicherheit,

---

110 Vgl. Kapellmann/Langen, Einführung in die VOB/B, Rn. 306.

D. Bauvertrag

so ist dieses Verlangen nicht unwirksam, sondern verpflichtet den Besteller, fristgerecht eine Sicherheit in der gerechtfertigten Höhe anzubieten.[111]

106 **Muster 23: Mitteilung über die Einstellung der Arbeiten**

> Sehr geehrte Damen und Herren,
>
> mit Schreiben v. .... hatten wir Sie unter Fristsetzung aufgefordert, uns eine Sicherheit gem. § 648a BGB i.H.v. .... € zu übersenden. Diese Frist haben Sie ungenutzt verstreichen lassen, eine Sicherheit liegt uns bis heute nicht vor.
>
> Aus diesem Grund werden wir die Arbeiten am Bauvorhaben .... ab sofort einstellen.
>
> Durch das Ausbleiben der Sicherheit sind wir in der Ausführung behindert. Dies wird hiermit gem. § 6 Nr. 1 VOB/B angezeigt. Durch den ab sofort eintretenden Baustillstand werden Mehrkosten für Personal, Gerät etc. entstehen, die von Ihnen zu ersetzen sind. Rein vorsorglich melden wir bereits jetzt insoweit unsere Ansprüche an. Eine genaue Berechnung werden wir Ihnen zuleiten, wenn die behindernden Umstände weggefallen sind.
>
> Mit freundlichen Grüßen
>
> ....

III. Besonderheiten beim VOB/B-Bauvertrag

1. Baubeginn, Bauablauf, Bauende

a) Aufforderung zum Ausführungsbeginn nach § 5 Nr. 2 VOB/B

107 Regelmäßig wird der Beginn der Ausführung im Bauvertrag mit Datum festgelegt. Fehlt es an einer vertraglichen Festlegung des Beginns der Ausführungsfrist und lässt sich eine solche auch nicht zweifelsfrei im Wege der Vertragsauslegung ermitteln, besteht bei Vereinbarung der VOB/B seitens des Auftragnehmers die Verpflichtung, binnen **zwölf Werktagen** nach **Zu-**

---

111 Vgl. OLG Düsseldorf, BauR 1999, 47; BGH, NZBau 2001, 129.

III. Besonderheiten beim VOB/B-Bauvertrag

gang einer Aufforderung durch den Auftraggeber mit der Ausführung zu beginnen und dem Auftraggeber den tatsächlichen Beginn anzuzeigen.

> **Hinweis:**
> Beim BGB-Bauvertrag ist der Unternehmer nach § 271 Abs. 1 BGB verpflichtet und berechtigt, **sofort** mit der Ausführung zu beginnen, wenn es insoweit an einer vertraglichen Vereinbarung fehlt.

Den Vertragsparteien steht es frei, eine von § 5 Nr. 2 VOB/B abweichende Frist zu bestimmen. Die zulässige Abänderung kann auch durch **Allgemeine Geschäftsbedingungen** erfolgen. Der Auftraggeber als Verwender muss dann aber darauf achten, dass dem Auftragnehmer tatsächlich objekt- und gewerkspezifisch genügend Bauvorbereitungszeit verbleibt. Im konkreten Einzelfall kann eine Verkürzung der Beginnfrist auf **fünf Werktage** noch zulässig sein.[112] Der Auftragnehmer als Verwender muss darauf achten, dass er sich nicht unangemessen lange Fristen ausbedingt. In Allgemeinen Geschäftsbedingungen enthaltene Fristverschiebungen sind also jeweils auf ihre **Zumutbarkeit** und **Angemessenheit** zu überprüfen.

Die in § 5 Nr. 2 Satz 2 VOB/B genannte Frist für den Beginn der Ausführung ist eine **Vertragsfrist**. Vertragsfristen sind Ausführungsfristen, die verbindlich sind, also die **Fälligkeit** der Leistung begründen, und deren Überschreitung deshalb als solche sofort Folgen auslösen kann.[113] Die Ausführung wird regelmäßig mit der **Baustelleneinrichtung** begonnen, der Beginn der Ausführung muss aber nicht notwendigerweise auf der Baustelle erfolgen. Sind z.B. planmäßig vorher Fertigteile zu produzieren, beginnt der Auftragnehmer seine Ausführung rechtzeitig, wenn er in der Frist des § 5 Nr. 2 Satz 2 VOB/B mit der Produktion der Fertigteile beginnt.

108

Ist dagegen eine vertraglich vereinbarte Frist für den Beginn lediglich fruchtlos verstrichen, ist § 5 Nr. 2 VOB/B nicht einschlägig. Das Verstreichen einer vertraglichen Beginnfrist begründet nicht deren Fehlen, sondern eine **Behinderung** mit den Rechtsfolgen des § 6 VOB/B.

109

---

112 OLG Frankfurt, NJW-RR 1994, 1361.
113 Vgl. Kapellmann/Langen, Einführung in die VOB/B, Rn. 61.

D. Bauvertrag

110 **Muster 24: Aufforderung zum Ausführungsbeginn nach § 5 Nr. 2 VOB/B**

Sehr geehrte Damen und Herren,

die Voraussetzungen für den Baubeginn sind nunmehr geschaffen, mit der Ausführung der Ihnen übertragenen Arbeiten kann sofort begonnen werden. Wir dürfen Sie höflichst bitten, die Arbeiten unverzüglich, spätestens binnen zwölf Werktagen nach Eingang dieses Schreibens, aufzunehmen und uns den Erhalt dieses Schreibens kurz schriftlich zu bestätigen.

Der Beginn der Ausführung ist uns schriftlich anzeigen.

Mit freundlichen Grüßen

....

b) Abhilfeverlangen nach § 5 Nr. 3 VOB/B

111 Grds. hat der Auftragnehmer die Leistung unter eigener Verantwortung nach dem Vertrag zu erbringen. Es ist also Sache des Auftragnehmers, über den Einsatz der Arbeitskräfte, Baugeräte, Stoffe, Bauverfahren sowie den Bauablauf zu befinden. Durch § 5 Nr. 3 VOB/B erhält der Auftraggeber ein klageweise durchsetzbares **Eingriffsrecht**, das im Gegensatz zu diesem Grundsatz steht. Nach dieser Vorschrift kann der Auftraggeber verlangen, dass der Auftragnehmer unverzüglich Abhilfe schafft, wenn Arbeitskräfte, Geräte, Gerüste, Stoffe oder Bauteile so unzureichend sind, dass die Ausführungsfristen offenbar nicht eingehalten werden können.

Die Ausführungsfristen können **offenbar** nicht eingehalten werden, wenn in Anbetracht des mit den bisher eingesetzten persönlichen und sachlichen Produktionsfaktoren erreichten Baufortschritts und der zur Ausführung noch zur Verfügung stehenden Zeit die **ernsthafte Befürchtung** besteht, dass der Auftragnehmer ohne Verstärkung der Produktionsfaktoren **mit an Sicherheit grenzender Wahrscheinlichkeit** die Leistung nicht fristgerecht erbringt.[114] Bei der insoweit vorzunehmenden Prognose kommt dem **Bauzeitenplan** eine besondere Bedeutung zu, unabhängig davon, ob er Vertragsfristen i.S.v. § 5 Nr. 1 VOB/B enthält oder nicht. Anhand des Bauzeitenplans kann bestimmt werden, welcher Leistungsstand zu bestimmten Zeitpunkten

---

[114] Vgl. Ingenstau/Korbion/Döring, VOB-Kommentar, B § 5 Rn. 24; Heiermann/Riedl/Rusam, Handkommentar zur VOB, Teil B § 5 Rn. 12.

III. Besonderheiten beim VOB/B-Bauvertrag

erreicht sein muss, um aufgrund der Ausführungsabhängigkeiten zwischen den einzelnen Leistungsschritten die Fertigstellung der Gesamtleistung oder bestimmter Teile innerhalb der vereinbarten Fristen zu gewährleisten.

Das Abhilfeverlangen nach § 5 Nr. 3 VOB/B ist eine einseitige, empfangsbedürftige Willenserklärung. Eine bestimmte Form ist nicht vorgesehen, zu Beweiszwecken ist jedoch **Schriftform** zu empfehlen. Der Auftraggeber muss dem Auftragnehmer nicht den Weg und die Möglichkeiten aufzeigen, wie Abhilfe zu schaffen ist. Es ist Sache des Auftragnehmers zu bestimmen, was er unternehmen will, um seinen Verpflichtungen aus § 5 Nr. 3 VOB/B nachzukommen.

112

Ist die rechtzeitige Erfüllung des Bauvertrags durch einen mangelhaften sachlichen und/oder personellen Einsatz des Auftragnehmers auf der Baustelle ernsthaft gefährdet, und ist dem Auftraggeber ein weiteres Zuwarten nicht mehr zuzumuten, so kann der Auftragnehmer anstatt des Abhilfeverlangens dem Auftragnehmer unter Kündigungsandrohung eine angemessene Frist setzen, die fristgerechte Erfüllbarkeit des Bauvertrags nachzuweisen.[115]

113

Muster 25: Abhilfeverlangen nach § 5 Nr. 3 VOB/B

114

Sehr geehrte Damen und Herren,

gem. Bauvertrag vom .... ist die Leistung am .... fertig zu stellen. Nach dem derzeitigen Baufortschritt ist bereits jetzt absehbar, dass diese Frist offenbar nicht eingehalten werden kann. Wir fordern Sie auf, unverzüglich für Abhilfe zu sorgen und die Baustelle so mit Arbeitskräften, Geräten etc. zu verstärken, dass die vertraglich vereinbarte Fertigstellungsfrist eingehalten wird. Wir weisen Sie vorsorglich darauf hin, dass die Fertigstellungsfrist eine verbindliche Vertragsfrist darstellt, bei deren Überschreitung Sie ohne weitere Mahnung in Verzug geraten und sich nach den §§ 5 Nr. 4, 6 Nr. 6 VOB/B schadensersatzpflichtig machen.

Mit freundlichen Grüßen

....

---

115 Vgl. BGH, BauR 1983, 73.

c) Nachfristsetzung nach § 5 Nr. 4 VOB/B

115 Beginnt der Auftragnehmer nicht rechtzeitig, gerät er mit der Vollendung in Verzug oder verstärkt trotz Verpflichtung die Baustelle nicht, gibt § 5 Nr. 4 VOB/B dem Auftraggeber zwei Möglichkeiten des weiteren Vorgehens.

Der Auftraggeber kann am Vertrag festhalten und **Schadensersatz** nach § 6 Nr. 6 VOB/B verlangen oder dem Auftragnehmer eine angemessene Nachfrist mit der Erklärung setzen, dass der Vertrag nach fruchtlosem Ablauf der Frist gekündigt wird. Das **Kündigungsrecht** des Auftraggebers entsteht dabei erst nach Ablauf der Frist, vorher besteht es nicht.[116] Die Nachfrist muss grds. **angemessen** sein, kurze Fristen von ein bis zwei Tagen erfüllen diesen Tatbestand i.d.R. nicht. Für den Beginn der Ausführung sowie das Abhilfeverlangen kann als Orientierung die Frist von zwölf Werktagen des § 5 Nr. 2 VOB/B herangezogen werden. I.Ü. sind je nach Größe des Bauvorhabens Fristen von ein bis zwei Wochen gerechtfertigt. Die Frist sollte auf jeden Fall mit Datum bestimmt werden.

Der Auftraggeber kann selbstverständlich keine Rechte aus § 5 Nr. 4 VOB/B herleiten, wenn sie auf Umständen beruhen, die der **Auftraggebersphäre** zuzuordnen sind (z.B. bei Fehlen der Baugenehmigung, notwendiger Pläne, Verletzung sonstiger Mitwirkungspflichten, fehlende notwendige Vorarbeiten). Ist der Auftragnehmer nach § 9 Nr. 1 VOB/B zur Kündigung oder nach § 16 Nr. 5 Abs. 3 VOB/B wegen Zahlungsverzugs oder wegen einer verlangten, aber nicht zur Verfügung gestellten Sicherheit nach § 648a BGB zur Einstellung der Arbeiten berechtigt, stehen dem Auftraggeber die Rechte aus § 5 Nr. 4 VOB/B ebenfalls nicht zu.

116 **Muster 26: Nachfristsetzung nach § 5 Nr. 4 VOB/B**

> Sehr geehrte Damen und Herren,
>
> gem. Bauvertrag vom .... hatten Sie mit der Ausführung der Leistung am .... zu beginnen. Ein fristgemäßer Beginn der Ausführung durch Sie war jedoch nicht zu verzeichnen. Bis heute ist ein Baubeginn nicht festzustellen.

---

116 Vgl. BGH, NJW 1973, 1463.

> Gem. § 5 Nr. 4 VOB/B setzen wir Ihnen hiermit für den Ausführungsbeginn eine Frist bis zum .... Nach fruchtlosem Ablauf auch dieser Nachfrist werden wir Ihnen den Auftrag gem. § 8 Nr. 3 VOB/B entziehen.
>
> Vorsorglich weisen wir bereits jetzt darauf hin, dass wir im Falle eines Auftragsentzugs den uns entstehenden hieraus Schaden gegen Sie geltend machen werden.
>
> Mit freundlichen Grüßen
>
> ....

d) Anfrage zum voraussichtlichen Baubeginn

Lässt sich aus den vertraglichen Vereinbarungen ein Termin für den Beginn der Ausführung nicht entnehmen, muss der Auftraggeber dem Auftragnehmer auf Verlangen **Auskunft** über den voraussichtlichen Beginn erteilen.

Da ein Auftragnehmer im Rahmen seiner betrieblichen Planung den Einsatz der Produktionsfaktoren und Kapazitäten planen muss, sollte er den Auftraggeber so schnell wie möglich auffordern, Auskunft über den voraussichtlichen Baubeginn zu erteilen. Anderenfalls gibt der Auftragnehmer zu erkennen, dass er **jederzeit** in der Lage ist, binnen der in § 5 Nr. 2 Satz 2 VOB/B vorgesehenen Frist von zwölf Werktagen zu beginnen. Der Auftraggeber muss dem Auskunftsverlangen **unverzüglich** und so **konkret** wie möglich nachkommen. Ist der Auftraggeber objektiv nicht in der Lage, den voraussichtlichen Baubeginn bekannt zu geben, muss der Auftraggeber dies aus eigener Initiative nachholen, sobald er aufgrund der objektiv gegebenen Sachlage hierüber hinreichend konkrete Angaben machen kann.

Muster 27: Anfrage zum voraussichtlichen Baubeginn

> Sehr geehrte Damen und Herren,
>
> gem. Bauvertrag vom .... wurde für das Bauvorhaben .... kein Termin für den Beginn der Arbeiten vereinbart. Wir dürfen Sie daher höflichst bitten, uns möglichst umgehend mitzuteilen, wann voraussichtlich mit der Ausführung zu beginnen ist.
>
> Mit freundlichen Grüßen
>
> ....

D. Bauvertrag

119 Kann der vom Auftraggeber mitgeteilte Termin für den Baubeginn erkennbar nicht eingehalten werden, muss der Auftraggeber den Auftragnehmer davon unterrichten. Bei der Auskunftspflicht handelt es sich um eine **Mitwirkungspflicht** auf der Grundlage von § 642 BGB.[117] Kommt der Auftraggeber ihr nicht oder nicht rechtzeitig nach, können Ansprüche des Auftragnehmers auf **Verlängerung der Ausführungsfristen** und **Schadensersatz** gegeben sein. Außerdem gerät der Auftragnehmer bei Überschreiten der Frist von zwölf Werktagen nicht in Verzug, wenn er schuldlos nicht in der Lage war, sich auf einen rechtzeitigen Ausführungsbeginn einzustellen. Es kann sogar ein **Kündigungsrecht** des Auftragnehmers nach § 9 Nr. 1a VOB/B entstehen, wenn der Auftragnehmer entsprechend § 9 Nr. 2 VOB/B eine angemessene Nachfrist mit Kündigungsandrohung gesetzt hat.

e) Anzeige der Tätigkeitsaufnahme

120 Nach § 5 Nr. 2 Satz 3 VOB/B hat der Auftragnehmer dem Auftraggeber den Beginn der Ausführung anzuzeigen. Lässt sich aus den vertraglichen Vereinbarungen eine Frist für den Beginn entnehmen, ist eine Anzeige entbehrlich, gleichwohl empfiehlt sie sich zu Dokumentationszwecken auch in diesen Fällen. Die Anzeige kann **mündlich** erfolgen, aus Beweiszwecken sollte jedoch **Schriftform** gewählt werden.

121 **Muster 28: Anzeige des Ausführungsbeginns nach § 5 Nr. 2 Satz 3 VOB/B**

> Sehr geehrte Damen und Herren,
>
> mit Schreiben v. .... , das uns am .... zugegangen ist, fordern Sie uns auf, mit der Ausführung der vertraglich vereinbarten Bauleistungen zu beginnen. Unter Berücksichtigung der in § 5 Nr. 2 Satz 2 VOB/B vorgesehenen Frist von zwölf Werktagen haben wir die Arbeiten am .... aufgenommen. Wir zeigen Ihnen hiermit den Beginn der Ausführung gem. § 5 Nr. 2 Satz 3 VOB/B an.
>
> Mit freundlichen Grüßen
>
> ....

---

117 Vgl. Ingenstau/Korbion/Döring, VOB-Kommentar, Teil B § 5 Rn. 16.

III. Besonderheiten beim VOB/B-Bauvertrag

Die Anzeigepflicht ist eine vertraglich dem Auftragnehmer obliegende **Nebenpflicht**, deren Verletzung **Schadensersatzansprüche** begründen können. Ein möglicher Schaden kann sich ergeben, wenn der Auftraggeber wegen der unterlassenen Anzeige nicht rechtzeitig die für die Ausführung erforderlichen Unterlagen vorlegen kann und dadurch eine Verzögerung im Bauablauf eintritt.

122

f) Behinderungen im Bauablauf

Unter den Begriff der **Behinderung** fallen alle Störungen vorübergehender Natur, die den geplanten optimalen Produktionsprozess in sachlicher, zeitlicher oder räumlicher Hinsicht hemmen oder verzögern.[118]

123

aa) Ablaufschema bei Behinderungen

Das operative Ablaufschema soll aufzeigen, wie Störungen (Behinderungen) zu erfassen und zu managen sind.

124

(1) Abruf auftraggeberseitiger Mitwirkungsleistungen

Zunächst muss geprüft und festgestellt werden, welche auftraggeberseitigen Unterlagen, Pläne, Leistungen und Mitwirkungshandlungen benötigt werden.

125

Sofern nicht bereits der abgeschlossene Vertrag zeitliche Festlegungen für die erforderlichen Mitwirkungshandlungen des Auftraggebers enthält, muss der notwendige Zeitpunkt für die Lieferung auftraggeberseitig beizubringender Unterlagen bzw. Mitwirkungsleistungen vom Auftragnehmer so rechtzeitig vor Ausführung benannt und abgerufen werden, dass die Übergabe durch den Auftraggeber grds. **rechtzeitig** erfolgen kann.

126

> **Hinweis:**
> Es empfiehlt sich hierzu, eine projektbezogene allgemein ausreichende Vorlauffrist festzulegen. Diese könnte etwa vier Wochen vor der Ausführung betragen.

---

118 Vgl. Kapellmann/Schiffers, Vergütung, Nachträge und Behinderungsfolgen beim Bauvertrag, Bd. 1 Rn. 1202 ff.

D. Bauvertrag

127 Anschließend ist ein entsprechender **Abruf der Leistungen** vor dem Soll-Liefertermin für den Auftraggeber vorzusehen. Eine entsprechende Frist ist zu notieren. In dem Abruf sollte der Soll-Liefertermin noch einmal gesondert und mit Datum benannt werden, damit später notfalls die Verzugsvoraussetzungen geschaffen werden können.

☑ **Ablaufschema: Schritt 0**

Abruf auftraggeberseitiger Mitwirkungsleistungen
☐ **Auftraggeberseitig zu schaffende Voraussetzungen/Leistungen** müssen entweder im Vertrag, durch spätere Vereinbarung/Abstimmung oder Vorgabe entsprechend angemessener Bauablaufplanung in zeitlicher Hinsicht **genau festgelegt werden**.
☐ **Rechtzeitiger Abruf** auftraggeberseitiger Voraussetzungen/Leistungen, soweit kein ausdrücklicher Liefertermin vereinbart ist.
☐ Insb. rechtzeitiger Abruf von **zusätzlichen Plänen und Unterlagen**.

(2) Erfassung eines Störungstatbestands

128 Ein ganz wesentliches Problem bei Behinderungen besteht darin, eine Störung überhaupt als solche zu erkennen und nicht im Rahmen der Vielzahl von Baustellenproblemen zu übersehen. Das erfordert eine systematische Fortschreibung von Terminlisten/Plänen, eine Überwachung rechtzeitiger Abforderungen sowie eine Dokumentation von Störungstatbeständen bei der Feststellung. Mit der Erfassung eines Störungstatbestands ist zugleich eine Aufnahme in eine **Behinderungsliste** und die Vergabe einer laufenden Nummer für die Behinderung vorzusehen. Die Behinderungsliste ist mindestens wöchentlich zu aktualisieren und fortzuschreiben. Eine erste Dokumentation des Störungstatbestands ist vorzunehmen.

☑ **Ablaufschema: Schritt 1**

Erfassung eines Störungstatbestands
☐ **Identifikation** der Bauablaufstörung
☐ Vergabe einer Nummer und Aufnahme in eine **Behinderungsliste**
☐ **Dokumentation** der Störung

III. Besonderheiten beim VOB/B-Bauvertrag

(3) Vergleich von Ablauf-Soll und Ablauf-Ist

Um eine Aussage bei einer Störung gem. Schritt 1 treffen zu können, ist ein Vergleich mit dem ungestörten Regelzustand notwendig, also dem gem. den Vertragsunterlagen zu erwartenden Ablauf-Soll. Demzufolge muss zunächst das Ablauf-Soll dokumentiert werden, möglichst auch der gem. Ablauf-Soll vorgesehene Starttermin für die ungestörte Leistung. Demgegenüber ist das Ablauf-Ist darzustellen, wie es sich bei Feststellung des Störungstatbestandes darstellt.

Ablaufschema: Schritt 2

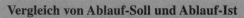

Vergleich von Ablauf-Soll und Ablauf-Ist

☐ Dokumentation **Ablauf-Soll**

☐ Dokumentation **Abweichung – Ablauf-Ist**

☐ Ergänzende Dokumentation = **Schlechtwetter**

- Witterungsverhältnisse
- Auswirkungen auf Bauablauf unter dem Gesichtspunkt „kritischer Weg"

(4) Zuordnung der Störung zur Sphäre des Auftragsgebers

Es ist innerhalb der Prüfung eines potenziellen Behinderungsanspruchs notwendig, sofort zu klären, ob die beanstandete Ablauf-Soll-/Ablauf-Ist-Abweichung (auch) im Verantwortungsbereich („Sphäre") des Auftraggebers angesiedelt ist. Die **Sphäre des Auftraggebers** ist betroffen, soweit von diesem nach dem Vertrag zu schaffende Bauumstände nicht eintreten, vorgesehene Mitwirkungshandlungen des Auftraggebers nicht rechtzeitig erfolgen oder durch sonstige vom Auftraggeber oder seinen Erfüllungsgehilfen (auch Architekten und Projektsteuerer) zu vertretende Umstände eine Störung verursachen.

Über die Verursachung und die Sphäre (das Vertretenmüssen) entsprechender Behinderungstatbestände ist eine entsprechende Dokumentation frühzeitig zu fertigen.

D. Bauvertrag

☑ **Ablaufschema: Schritt 3**

Zuordnung der Störung zur Sphäre des Auftraggebers
- ☐ Änderungen durch **vertragswidrige Bauumstände**
- ☐ Behinderungen durch unterlassene **Mitwirkungshandlungen** des Auftraggebers
- ☐ Behinderungen durch **Anordnungen des Auftraggebers** →vorsorglich Meldung zur Nachtragsverfolgungsliste bei Änderungsanordnungen
- ☐ Auftraggeber muss sich grds. Verhaltensweisen der **Projektsteuerer und Architekten/Ingenieure** zurechnen lassen
- ☐ **Dokumentation** der Auftraggeberverantwortlichkeit

(5) Behinderungsanzeige

131 Die unverzügliche Behinderungsanzeige ist nach § 6 Nr. 2 VOB/B Voraussetzung für die Geltendmachung von Behinderungsschadensersatzansprüchen. Behinderungsanzeigen müssen immer **schriftlich** erfolgen. Der Text der Behinderungsanzeige sollte einen kurzen Hinweis auf das Ablauf-Soll und auf das Ablauf-Ist, ggf. zur Zuordnung der Behinderung zur Sphäre des Auftraggebers sowie die Anzeige der Behinderung selbst enthalten.

☑ **Ablaufschema: Schritt 4**

Behinderungsanzeige
- ☐ Unverzügliche **Behinderungsanzeige**
- ☐ Insb. Hinweis auf nicht rechtzeitige **Planlieferung**
- ☐ Behinderungsanzeige immer **schriftlich**

(6) Zeitliche Verfolgung

132 Die Behinderung muss sodann zeitlich verfolgt werden. Erste Voraussetzung dafür ist die Dokumentation, dass der Auftragnehmer sich mit den eigenen Leistungen nicht im Rückstand befindet. Ferner muss dokumentiert sein, dass der Auftragnehmer zum Zeitpunkt des Behinderungseintritts grds. leistungsbereit war. Darüber hinaus muss er darlegen können, dass Umdis-

positionen nicht möglich waren, sodass sich die Behinderung tatsächlich auf den Bauablauf ausgewirkt hat.

Ablaufschema: Schritt 5

Zeitliche Verfolgung

- ☐ Dokumentation: Auftragnehmer ist mit **Eigenleistung nicht im Rückstand**
- ☐ Dokumentation: Auftragnehmer war **leistungsbereit**
- ☐ Dokumentation: **Umdisposition nicht möglich**
- ☐ **Wöchentliche Feststellung und Mitteilung an Bauherrn** betreffend Fortbestand der Behinderung

(7) **Erfassung der Behinderungsfolgen**

Ab dem Zeitpunkt der Identifikation und Anzeige der Behinderung sind alle Daten zur Dokumentation der Behinderungsfolgen, insbes. zur Schadensquantifizierung systematisch festzuhalten. Dazu gehören auch die Fakten, die auf die Dauer der Leistungen bzw. die Produktivität einen „drosselnden" Einfluss ausüben.

Beispiele:
- *Änderung von Arbeitsbedingungen*
- *Erschwernisse bei der Ausführung*
- *Verschiebung der Ausführungszeiten in Schlechtwetterperioden*
- *Witterungseinflüsse*
- *Bauverfahrensumstellungen*

Diese Fakten sollten möglichst im **Bautagebuch**, entweder als direkter Eintrag oder als Verweis auf ein weiteres – ggf. anliegendes – Dokument, z.B. Aktenvermerk mit detaillierter Sachdarstellung der Lage, dokumentiert werden.

Weiterhin sind die **Leistungsdaten** zu erfassen. Bei gleicher Kapazität wirken sich die Produktivitätsverluste durch Behinderungen als Leistungsabfall aus. Um Behinderungsfolgen in Form einer Verminderung der Bauleistung/ Produktivität sicher nachweisen zu können, sollten überschlägige Ermittlungen (ggf. auch Schätzungen) der täglichen Leistung von Anfang an, d.h.

D. Bauvertrag

auch zu Zeiten ohne Störungen, dokumentiert werden. Zu dokumentieren sind insbes. die Kapazitäten aus Arbeitskräften, Geräten, insbes. Gerätegrößen, Schichtzeit sowie Leistungsmenge je Zeiteinheit. Hierzu gehören die entsprechenden Eintragungen im Bautagebuch. Die dokumentierten Daten müssen so eindeutig sein, dass es möglich ist, einen entsprechenden Kostenansatz in der Behinderungsschadensersatzrechnung zu machen.

Beispiel:

Die Geräteangaben im Bautagebuch oder in einer Geräteliste sollten alle Angaben enthalten, die eine Eingruppierung beispielsweise in die Baugeräteliste ermöglichen.

135 Schließlich sind alle zeitabhängigen Kostenelemente zu erfassen. Grds. sind alle zeitabhängigen Kosten bzw. die entsprechenden Kostenelemente zu dokumentieren, und zwar nach Vorhaltezeit, Einsatzzeit, Betriebszeit und Stillstandszeit.

☑ **Ablaufschema: Schritt 6**

Erfassung der Behinderungsfolgen
☐ Erfassung der **Behinderungsschäden**
• Vorhaltekosten
• Betriebskosten
• Kosten örtlicher Bauleitung
• allgemeine Baukosten
☐ **Nachunternehmerkosten** (beim Einsatz von Nachunternehmern setzen Behinderungsschadensersatzansprüche eine entsprechende Geltendmachung von Schäden durch den Nachunternehmer voraus)
☐ Erfassung von Schäden für **Wiederaufnahme der Arbeiten** und **Verschiebung in andere Jahreszeit**

(8) Behinderungsende

136 Das Behinderungsende sollte jeweils mitgeteilt werden. Darüber hinaus muss geprüft werden, ob nicht nach längeren Behinderungszeiträumen eine Zwischenabrechnung erfolgt. Bei der Gesamtabrechnung und bei Zwischenabrechnungen sind die **Behinderungsschadensersatzansprüche** zu

beziffern. Dabei ist immer abzugrenzen, ob eine Behinderung nicht auch Gegenstand eines Vergütungsnachtrags sein kann. Es ist zu prüfen, welche Abrechnungsmodalität für den Auftragnehmer günstiger ist. Dies sollte ggf. vorher juristisch abgestimmt sein.

Die eingetretenen Schäden sind aufgrund der dokumentierten Behinderungsfolgen zu ermitteln und prüfbar abzurechnen. 137

Darüber hinaus sind die zeitlichen Auswirkungen der Behinderungstatbestände zu spezifizieren und ein neuer Soll-Ablauf-Plan unter Berücksichtigung der behinderungsbedingten Abweichungen an den Auftraggeber zu versenden, der nunmehr Grundlage für den weiteren Projektablauf sein soll. 138

Ablaufschema: Schritt 7 ☑

Behinderungsende
- ☐ Schriftliche Mitteilung an den Bauherrn bei Wegfall der Behinderung, bei Schlechtwettertagen Kompensationsvorschlag
- ☐ **Abrechnung** des Behinderungsschadensersatzes
- ☐ Berechnung der Fristverlängerung/Entwicklung eines neuen **Soll-Terminplans**

bb) Behinderungsanzeige

Glaubt sich der Auftragnehmer in der ordnungsgemäßen Ausführung der Leistung behindert, so hat er es dem Auftraggeber unverzüglich schriftlich anzuzeigen. Die Verletzung dieser Anzeigepflicht kann Schadensersatzansprüche des Auftraggebers auslösen. 139

Unverzüglich bedeutet, dass die Mitteilung ohne schuldhaftes Zögern (§ 121 Abs. 1 BGB) zu erfolgen hat. Der Auftragnehmer kann und muss anzeigen, sobald er vernünftige Gründe hat, anzunehmen, dass eine Behinderung aller Wahrscheinlichkeit nach eintreten wird. Damit verschafft er dem Auftraggeber die Möglichkeit, für Abhilfe zu sorgen, soweit es um Umstände geht, die in seiner Sphäre liegen.

Für die Anzeige ist **Schriftform** vorgesehen. Die Einhaltung der Schriftform dient Beweiszwecken, ist aber nicht Anspruchsvoraussetzung, so dass auch eine mündliche Anzeige wirksam ist, wenngleich aus Beweisgründen wenig

D. Bauvertrag

empfehlenswert.[119] Eine Eintragung der Behinderung in das **Bautagebuch** ist als ausreichende Anzeige anzusehen, wenn das entsprechende Blatt ohne Verzögerung dem Auftraggeber zugeleitet wird. Dies gilt erst recht, wenn im Bautagebuch eine entsprechende Rubrik für Behinderungen vorgesehen ist.[120]

Adressat sollte stets der Auftraggeber persönlich sein. Es wird zwar überwiegend angenommen, dass auch der mit der Objektüberwachung beauftragte **Architekt** empfangszuständig ist, weil gerade die Terminkoordination und Fristüberwachung zu seiner Aufgabe gehört, es sei denn, die Behinderung geht gerade auf das Verhalten des Architekten zurück oder es bestehen objektiv Zweifel, dass der Architekt die Anzeige zuverlässig dem Auftraggeber weiterleiten wird.[121]

> Hinweis:
>
> Der Auftragnehmer sollte stets den **sichersten Weg** gehen und die Anzeige an den Auftraggeber richten, dem Architekten aber sofort eine Kopie zukommen lassen, um Verzögerungen zu vermeiden.

140 Da die Behinderungsanzeige eine Informations-, Schutz- und Warnfunktion erfüllt, muss sie den Behinderungssachverhalt klar aufführen. Sie muss alle **Tatsachen** enthalten, aus denen sich für den Auftraggeber mit hinreichender **Klarheit** die Gründe für die Behinderung ergeben.[122] Lediglich „allgemeine" Angaben reichen nicht aus.

Beispiel:

Der bloße Hinweis auf das Fehlen von Plänen genügt nicht, vielmehr muss der Auftragnehmer die Auswirkungen des Fehlens solcher Pläne auf die Bauzeit darlegen sowie angeben, ob und wann seine nach dem Bauablauf geplanten Arbeiten nicht oder nicht wie vorgesehen ausgeführt werden können.[123]

---

119 Vgl. OLG Koblenz, NJW-RR 1988, 851.
120 Vgl. Kapellmann/Schiffers, Vergütung, Nachträge und Behinderungsfolgen beim Bauvertrag, Bd. 1 Rn. 1235.
121 Vgl. Kapellmann/ Schiffers, Vergütung, Nachträge und Behinderungsfolgen beim Bauvertrag, Bd. 1 Rn. 1219 m.w.N.
122 Vgl. BGH, BauR 2000, 722; OLG Celle, BauR 1995, 582, 552.
123 Vgl. BGH, BauR 2000, 722.

III. Besonderheiten beim VOB/B-Bauvertrag

Die Anzeige braucht nicht zu enthalten, welchen ungefähren Umfang und welche Höhe ein Ersatzanspruch haben wird oder haben kann.[124] Eine solche Prognose ist zwar erstrebenswert, rechtlich jedoch nicht zwingend.

Eine Behinderungsanzeige ist entbehrlich, wenn die behindernden Umstände und die hindernde Wirkung dem Auftraggeber **offenkundig** bekannt waren. Die Kenntnis des Auftraggebers von der Tatsache der Behinderung **und** ihrer hindernden Wirkung ist ausreichend, es genügt aber auch, wenn beides auf der Hand liegt, der Auftraggeber dies aber ignoriert oder aus eigener völliger Nachlässigkeit nicht wahrnimmt. Die Empfehlung kann jedoch auch bei offenkundigen Behinderungen nur lauten, auch diese schriftlich anzuzeigen. Häufig ist die Behinderungstatsache selbst offenkundig, die hindernde, auf die Bauzeit nachteilige Auswirkung jedoch nicht, dies gilt insbes. für Großbaustellen.

Muster 29: Behinderungsanzeige nach § 6 Nr. 1 VOB/B

Sehr geehrte Damen und Herren,

nach § 6 Nr. 1 VOB/B sind wir verpflichtet, dem Auftraggeber unverzüglich schriftlich anzuzeigen, wenn wir in der ordnungsgemäßen Ausführung der Leistung behindert sind.

Hiermit zeigen wir Ihnen an, dass wir in der Ausführung der nachfolgenden, planmäßig anstehenden Arbeiten behindert sind:

1. ....

2. ....

....

Die Behinderung beruht auf folgenden Gründen:

....

Wir werden alles Zumutbare tun, um die Weiterführung der Arbeiten zu ermöglichen, weisen aber bereits jetzt darauf hin, dass sich die Ausführungsfristen nach § 6 Nr. 2 VOB/B verlängern werden. Sobald die behindernden Umstände weggefallen sind, werden wir Sie benachrich-

---

124 Vgl. BGH, BauR 2000, 722; BGH, BauR 1990, 210.

D. Bauvertrag

> tigen. Wir werden dann auch dazu Stellung nehmen, wie sich die Behinderung zeitlich auf die vereinbarten Ausführungsfristen auswirkt.
>
> Durch die Behinderung werden Mehrkosten in Folge längerer Vorhaltung der Baustelleneinrichtung, des gewerblichen Baustellenpersonals, Materialdispositionen etc. entstehen, die wir Ihnen gesondert in Rechnung stellen werden.
>
> Mit freundlichen Grüßen
>
> ....

cc) Behinderungsabmeldung

143 Sind die hindernden Umstände weggefallen, ist der Auftragnehmer verpflichtet, **ohne Weiteres** und **unverzüglich** die Leistung fortzuführen. „Ohne Weiteres" bedeutet, dass der Auftragnehmer ohne besondere Aufforderung von sich aus zur Arbeitsaufnahme verpflichtet ist, wenn das Leistungshindernis beseitigt ist. Die Pflicht zur Leistungsfortführung ist bereits gegeben, wenn die Störung teilweise beseitigt ist und die Arbeit hinsichtlich der **Teilleistung** weitergeführt werden kann, vorausgesetzt, eine selbstständige und ungehinderte Bearbeitung des betreffenden Teils ist möglich.[125]

144 Nach § 6 Nr. 3 VOB/B hat der Auftragnehmer die Wiederaufnahme der Arbeiten dem Auftraggeber anzuzeigen. Die **Schriftform** ist zwar nicht vorgeschrieben, jedoch aus Beweis- und Dokumentationsgründen dringend zu empfehlen.

145 Die **Berechnung** der Fristverlängerung hat zunächst der Auftragnehmer i.S.e. vertragsändernden Angebots vorzunehmen. Zumindest muss er dem Auftraggeber die für die Berechnung wesentlichen Gesichtspunkte im Einzelnen mitteilen. Der Auftraggeber ist verpflichtet, hierzu Stellung zu nehmen und mit dem Auftragnehmer eine neue Vereinbarung zu treffen.[126]

146 Die Ausführungsfrist verlängert sich grds. nur dann, wenn die hindernden Umstände aus der **Risikosphäre des Auftraggebers** herrühren, durch **Streik** oder **Aussperrung** im Betrieb des Auftragnehmers oder in einem unmittelbar für ihn arbeitenden Betrieb verursacht werden oder auf **höherer**

---

[125] Vgl. Ingenstau/Korbion/Döring, VOB-Kommentar, Teil B § 6 Rn. 65.
[126] Vgl. Ingenstau/Korbion/Döring, VOB-Kommentar, Teil B § 6 Rn. 75.

Gewalt oder anderen für den Auftragnehmer **unabwendbaren Ereignissen** beruhen.

Dem Verantwortungs- und Einflussbereich des Auftraggebers ist es zuzuordnen, wenn die erforderlichen Genehmigungen und Erlaubnisse, Pläne, Ausführungszeichnungen, Bewehrungspläne, Statik usw. fehlen, es sei denn, der Auftragnehmer hat insoweit die Aufgaben vertraglich übernommen. Die Bereitstellung des baureifen Grundstücks, die Anordnung zusätzlicher Leistungen, Leistungs- und/oder Mengenänderungen sind ebenfalls Umstände aus dem Risikobereich des Auftraggebers.

Bei einem Streik spielt es keine Rolle, ob er legitim oder illegitim ist, ob überhaupt ein Streik im Rechtssinn vorliegt oder ob es sich um eine sonstige allgemeine oder auf den Betrieb des Auftragnehmers begrenzte Arbeitsniederlegung handelt, weil dem Auftragnehmer in jedem Fall eine Einflussnahme nicht möglich ist. Werden **Zuliefererbetriebe** des Auftragnehmers von einem Streik oder einer Aussperrung betroffen, kommt eine Fristverlängerung nur in Betracht, wenn der Auftragnehmer sich nicht anderweitig in wirtschaftlich zumutbarer Weise eindecken kann.

Höhere Gewalt sind betriebsfremde, von außen durch elementare Naturkräfte oder durch Handlungen dritter Personen herbeigeführte Ereignisse, die nach menschlicher Einsicht und Erfahrung unvorhersehbar sind, mit wirtschaftlich erträglichen Mitteln auch durch äußerste nach der Sachlage vernünftigerweise zu erwartenden Sorgfalt nicht verhütet oder unschädlich gemacht werden können und auch nicht wegen ihrer Häufigkeit vom Auftragnehmer in Kauf zu nehmen sind.[127]

Beispiele:

Erdbeben, Überschwemmungen, Hochwasser, politische Unruhen.

Der Begriff des **unabwendbaren Umstands** setzt Ereignisse voraus, die nach menschlicher Einsicht und Erfahrung in dem Sinn unvorhersehbar sind, dass sie oder ihre Auswirkungen trotz Anwendung wirtschaftlich erträglicher Mittel durch äußerste nach der Sachlage zu erwartenden Sorgfalt nicht verhütet oder in ihren Wirkungen bis auf ein erträgliches Maß unschädlich gemacht werden können.[128]

---

127 Vgl. BGHZ 7, 338.
128 Vgl. BGH, NJW 1973, 1698.

D. Bauvertrag

Witterungseinflüsse, mit denen bereits bei Abgabe des Angebots normalerweise gerechnet werden musste und daher vom Auftragnehmer vorhergesehen und einkalkuliert werden konnten, gelten nach § 6 Nr. 2 Abs. 2 VOB/B nicht als Behinderung, wirken sich also auf die Ausführungsfrist nicht aus.

147 Für die **Berechnung** der Frist ist die Dauer der Behinderung maßgebend. Ferner darf, soweit erforderlich, ein Zuschlag für die Wiederaufnahme der Arbeiten sowie für eine etwaige Verschiebung der Ausführung in eine witterungsbedingt ungünstige Jahreszeit berücksichtigt werden. Der Auftragnehmer hat allerdings zu prüfen, ob er nicht durch geeignete und ihm zumutbare Umplanungen die Folgen der Behinderung beseitigen und dadurch eine Bauverzögerung vermeiden kann. Dabei kann möglicherweise auch eine Verschiebung in eine witterungsbedingt günstigere Jahreszeit zu berücksichtigen sein.

148 Wird der gesamte Zeitplan durch Behinderungen völlig umgeworfen, entfällt ein Anspruch auf eine ggf. vereinbarte **Vertragsstrafe**.[129] Der völlige Wegfall der Vertragsstrafe setzt allerdings voraus, dass es zu einer erheblichen Beeinträchtigung der Bauabwicklung gekommen ist. Die Beeinträchtigung muss immer so gravierend sein, dass sie sich für den Auftragnehmer „fühlbar" ausgewirkt hat und dieser zu einer durchgreifenden Neuordnung des ganzen Zeitablaufs gezwungen wird. Auf gewisse Terminverschiebungen muss sich der Auftragnehmer hingegen einstellen. Sind daher die Verzögerungen des Zeitplans nicht so einschneidend, aber doch erheblich, verlängert sich lediglich die Frist für die Berechnung der Vertragsstrafe entsprechend,[130] solange die Verzögerung zeitlich überhaupt einzuordnen ist, so dass die entsprechenden Zeiten ausgeklammert werden können. Bleibt die Vertragsstrafe unter dem vorgenannten Gesichtspunkt bestehen (überschaubare Verschiebung des Zeitplans), kommt der Auftragnehmer nicht schon mit Ablauf des vertraglich vereinbarten Fertigstellungstermins in Verzug, sondern erst bei entsprechender Mahnung durch den Auftraggeber.[131]

---

[129] Vgl. BGH, NJW 1999, 1108.
[130] Vgl. OLG Düsseldorf, NJW-RR 1997, 1516; Werner/Pastor, Der Bauprozess, Rn. 2078 ff.
[131] Vgl. BGH, BauR 1999, 645.

Muster 30: Anzeige des Behinderungsendes nach § 6 Nr. 3 VOB/B

Sehr geehrte Damen und Herren,

mit Schreiben v. ……. hatten wir angezeigt, dass wir in der ordnungsgemäßen Ausführung der Bauleistung behindert wurden. Die behindernden Umstände aus dem vorgenannten Schreiben sind am ……. weggefallen. Wir haben am gleichen Tag die behinderten Arbeiten wieder aufgenommen (*alternativ: wir werden die behinderten Arbeiten am ……. wieder aufnehmen*).

Die Verlängerung der Ausführungsfrist infolge der Behinderung berechnet sich gem. § 6 Nr. 4 VOB/B wie folgt:

1. Dauer der Behinderung: ……. Arbeitstage
2. Die Wiederaufnahme der Arbeiten machte ……. Arbeitstage erforderlich.
3. Verschiebung der Arbeiten in eine ungünstigere Jahreszeit machen ……. Arbeitstage erforderlich.

Insgesamt beträgt die Fristverlängerung damit ……. Arbeitstage. Die Bauzeit verschiebt sich um diesen Zeitraum, neuer Fertigstellungstermin ist damit der ……. Wir dürfen Sie höflichst um Bestätigung des neuen Fertigstellungstermins bis spätestens zum ……. bitten.

Vorsorglich weisen wir darauf hin, dass wir uns aufgrund der Terminverschiebung an die vereinbarte Vertragsstrafe nicht mehr gebunden fühlen.

Mit freundlichen Grüßen

……………………

dd) Geltendmachung eines Behinderungsschadens

Sind die hindernden Umstände von einem Vertragsteil zu vertreten, so hat der andere Teil Anspruch auf Ersatz des nachweislich entstandenen Schadens, des entgangenen Gewinns aber nur bei Vorsatz oder grober Fahrlässigkeit.

D. Bauvertrag

> **Hinweis:**
> Für den Auftragnehmer empfiehlt es sich, seine Schadensersatzansprüche so zeitnah wie möglich abzurechnen und nicht die Abrechnung auf einen Zeitpunkt nach Abschluss der Baumaßnahme zu verschieben, da der Auftragnehmer nur in der Ausführungsphase die Durchsetzung seiner Ansprüche über mögliche Leistungsverweigerungsrechte sichern kann.

151 Umstritten war im Zusammenhang mit der Verschuldensvoraussetzung bei Schadensersatzansprüchen des Auftragnehmers wegen Behinderung, ob ein **Vorunternehmer** Erfüllungsgehilfe des Auftraggebers ist, ob also der Auftraggeber dafür haftet, dass ein von ihm beauftragter Unternehmer, der zeitlich vorrangig eine Arbeit zu erledigen hat, zögerlich oder mangelhaft arbeitet und dadurch den nachfolgenden Auftragnehmer behindert. Die **Rspr.** hatte in solchen Fällen früher stets einen Schadensersatzanspruch verneint, ausgenommen, der Auftraggeber hat im Zusammenhang mit dem verspäteten Vorunternehmer seine **Koordinationspflicht** verletzt.[132] Der langjährige Streit ist nunmehr zugunsten des Auftragnehmers geklärt. Die Rspr. bejaht seit 1999 eine Haftung des Auftraggebers für eine verspätete Vorunternehmerleistung,[133] allerdings nicht aus § 6 Nr. 6 VOB/B, sondern aus § 642 BGB, der durch § 6 Nr. 6 VOB/B nicht ausgeschlossen wird. Da § 642 BGB kein Verschulden erfordert, kommt es auf die pure Verspätung der Mitwirkungshandlung an, die darin liegt, dass der Auftraggeber dem Auftragnehmer das Grundstück derart zur Verfügung stellen muss, dass der Auftragnehmer ohne Weiteres mit seiner Leistung beginnen kann. Nach § 642 BGB erhält der Auftragnehmer eine **Entschädigung**, zu der jedoch nicht der Gewinn zählt, die aber auf Basis der Auftragskalkulation nach Vergütungsgrundsätzen berechnet wird.[134]

> **Hinweis:**
> In der Praxis sollte der Auftragnehmer, soweit möglich, seine Ansprüche auf § 642 BGB stützen, weil es dort einerseits auf Verschulden

---

132 Vgl. BGH, BauR 1985, 561.
133 Vgl. BGH, NZBau 2000, 187; OLG Düsseldorf, BauR 1999, 1309; Kapellmann/Schiffers, Vergütung, Nachträge und Behinderungsfolgen beim Bauvertrag, Bd. 1 Rn. 1365 ff.
134 Vgl. Kapellmann/Schiffers, Vergütung, Nachträge und Behinderungsfolgen beim Bauvertrag, Bd. 1 Rn. 1648 ff.

> nicht ankommt und eine Berechnung nach Vergütungsgrundsätzen einfacher ist.

Muster 31: Geltendmachung eines Behinderungsschadens nach § 6 Nr. 6 VOB/B

> Sehr geehrte Damen und Herren,
>
> mit Schreiben v. .... hatten wir angezeigt, dass wir in der Ausführung der Bauleistung behindert wurden. Mit Schreiben v. .... hatten wir Ihnen angezeigt, dass die behindernden Umstände weggefallen sind und Ihnen im Einzelnen aufgeschlüsselt, welche zeitliche Verschiebung der Bauzeit sich aus der Behinderung ergab.
>
> Da die behindernden Umstände von Ihnen zu vertreten waren, haben wir nach § 6 Nr. 6 VOB/B Anspruch auf Schadensersatz. Durch die Behinderung sind folgende Schäden entstanden:
>
> 1. Mehrkosten Baustellenvorhaltung, insbes. Containermiete,
> 2. Mehrkosten Baustellenpersonal, wie z.B. Polier,
> 3. zusätzliche Sicherungskosten der Baustelle,
> 4. ....
>
> Wegen der genauen Berechnung verweisen wir auf die beigefügten Anlagen und Nachweise. Wir fordern Sie auf, den oben ausgewiesenen Endbetrag bis spätestens zum .... auf eines unserer Konten zu überweisen.
>
> Mit freundlichen Grüßen
>
> ....

ee) Abrechnung nach § 6 Nr. 5 VOB/B bei Unterbrechung

Die **Unterbrechung** ist praktisch der Extremfall einer Behinderung und setzt einen vorübergehenden **Arbeitsstillstand** bei den unmittelbar auf die Leistungsausführung gerichteten Arbeiten voraus, nicht nur eine zeitliche Hemmung oder Einengung derselben. Eine Unterbrechung ist allerdings nicht erst dann gegeben, wenn der Auftragnehmer überhaupt keine Tätigkeit auf der Baustelle mehr entfalten kann, sich insbes. kein Arbeitnehmer des Auftragnehmers mehr auf der Baustelle befindet. Vielmehr kommt es darauf

D. Bauvertrag

an, dass nichts mehr geschehen kann, was unter Zugrundelegung der dem Auftragnehmer vertraglich auferlegten Leistungspflichten zur unmittelbaren Leistungserstellung rechnet, wozu auch die Anfertigung bzw. Vorfertigung von Bauteilen zählt[135] und damit zum Leistungsfortschritt als solchem gehört. Beschränkt sich die Tätigkeit des Auftragnehmers also auf Aufräumarbeiten, Bewachungstätigkeiten sowie Sicherungs- oder Unterhaltungsarbeiten für die bereits ausgeführte Bauleistung oder Baustelleneinrichtung, liegt gleichwohl eine Unterbrechung vor. Da auch die Unterbrechung ein Fall der Behinderung ist, gilt grds. die **Anzeigepflicht** gem. § 6 Nr. 1 VOB/B.

154 Bleibt die Leistung ausführbar, wird jedoch für **voraussichtlich längere Dauer** unterbrochen, gibt § 6 Nr. 5 VOB/B dem Auftragnehmer die Möglichkeit, die ausgeführte Leistung nach den Vertragspreisen und die bereits entstandenen Kosten, soweit sie in den Vertragspreisen des noch auszuführenden Teils enthalten sind, abzurechnen. Die hier geregelte besondere Teilfälligkeit der Vergütung ist darauf zurückzuführen, dass es dem Auftragnehmer nicht zugemutet werden kann, auf die ihm bereits zustehende Teilvergütung zu warten, also seine Vorleistungspflicht zeitlich noch länger auszudehnen. Die Beurteilung der längeren Dauer ist vom Einzelfall abhängig. Eine Unterbrechung von mehr als drei Monaten dürfte im Hinblick auf das Kündigungsrecht in § 6 Nr. 7 VOB/B die obere Grenze der längeren Dauer sein.

155 **Abzurechnen** sind die vor der Unterbrechung am Leistungsobjekt selbst ausgeführten Arbeiten zu den Vertragspreisen. Es ist daher zunächst festzustellen, welchen Leistungsstand der Auftragnehmer erreicht hat. Diese Feststellung sollte durch **gemeinsames Aufmaß** und Vergleich mit dem Vertragsinhalt, insbes. der Leistungsbeschreibung bzw. dem Leistungsverzeichnis oder auf sonst geeignete Art erfolgen. Bei einem **Einheitspreisvertrag** ergeben sich die Vertragspreise unmittelbar aus dem Leistungsverzeichnis. Liegt dagegen ein **Pauschalvertrag** vor, wird man in den Vertragsunterlagen nach Anhaltspunkten suchen müssen, um den Pauschalwert der bis zur Unterbrechung erbrachten Teilleistung zu ermitteln. Diese können sich aus einer vereinbarten Einheitspreisliste oder aus einer evtl. mit Einzelpreisen oder Einzelpauschalen versehenen Leistungsbeschreibung ergeben. Ansonsten wird man den Anteil an der Vergütung aus der vertraglich vereinbarten Gesamtpauschale durch Gegenüberstellung des bisher erledigten Leistungs-

---

135 Vgl. Ingenstau/Korbion/Döring, VOB-Kommentar, Teil B § 6 Rn. 3.

teils mit der noch nicht erstellten Bauleistung unter Zuhilfenahme der Kalkulation des Auftragnehmers oder eines nachträglich erstellten Leistungsverzeichnisses ermitteln müssen.[136]

Ferner darf der Auftragnehmer die ihm bereits entstandenen **Kosten** abrechnen, die dem Bauwerk selbst noch nicht zugute gekommen sind. Hierzu zählen letztlich alle Aufwendungen, die der Auftragnehmer im Rahmen seiner vertraglichen Leistungspflicht bereits getätigt hat.

Beispiele:

Eigens für das Bauvorhaben angefertigte oder beschaffte Bauteile, Stoffe, Materialien und Geräte, die Baustelleneinrichtung und Vorhaltung.

Auch hier bilden die Vertragspreise den Maßstab der Berechnung. Zunächst müssen die Kosten in den Vertragspreisen enthalten sein. Geht es also um Kosten, die der Auftragnehmer vergessen hat zu kalkulieren, kommt eine Abrechnung nicht in Betracht. Maßgebend ist also auch hier wiederum die Kalkulation des Auftragnehmers.

Muster 32: Abrechnung bei Unterbrechung nach § 6 Nr. 5 VOB/B

Sehr geehrte Damen und Herren,

mit Schreiben v. .... hatten wir Ihnen angezeigt, dass wir in der Ausführung der Leistung behindert sind. Mittlerweile hat sich herausgestellt, dass die Arbeiten aufgrund der Behinderung voraussichtlich für längere Dauer unterbrochen bleiben, ohne allerdings unmöglich zu sein.

Wir nehmen dies zum Anlass, gem. § 6 Nr. 5 VOB/B die bisher ausgeführte Leistung nach den Vertragspreisen sowie die Kosten abzurechnen, die uns bereits entstanden und in den Vertragspreisen des nicht ausgeführten Teils der Leistung enthalten sind.

Die Berechnung im Einzelnen entnehmen Sie bitte der beigefügten prüfbaren Abrechnung. Wir fordern Sie auf, bis zum .... die Forderung auszugleichen.

I.Ü. weisen wir in diesem Zusammenhang darauf hin, dass wir nach § 6 Nr. 6 VOB/B weitergehende Ansprüche auf Ersatz des nachweislich

---

136 Vgl. BGH, BauR 1995, 691; Ingenstau/Korbion/Döring, VOB-Kommentar, Teil B § 6 Rn. 88 ff.

> durch die Unterbrechung entstandenen Schadens haben. Nach Wegfall der Unterbrechung bzw. der behindernden Umstände werden wir diesen Schaden gesondert in Rechnung stellen.
>
> Mit freundlichen Grüßen
>
> ....

g) Aufforderung zu einer dem Auftraggeber obliegenden Handlung mit Fristsetzung nach § 9 Nr. 1 VOB/B

157 Im Gegensatz zum Auftraggeber steht dem Auftragnehmer kein allgemeines **Kündigungsrecht** zu. Eine Kündigung des Auftragnehmers kommt immer nur aus wichtigem Grund in Betracht. Die VOB/B enthält in § 9 Nr. 1 insoweit zwei Kündigungsrechte. Diese bestehen zum einen, wenn der Auftraggeber eine ihm obliegende Handlung unterlässt **und** dadurch den Auftragnehmer außerstande setzt, die Leistung auszuführen, zum anderen, wenn der Auftraggeber eine fällige Zahlung nicht leistet oder sonst in Schuldnerverzug gerät.

158 Das Kündigungsrecht in § 9 Nr. 1a VOB/B ist auf das allgemeine Werkvertragsrecht (§ 642 BGB) zurückzuführen. **Art** und **Umfang** der vom Auftraggeber zu erfüllenden **Mitwirkungspflicht** ergeben sich aus dem Inhalt des Vertrags oder der VOB/B. Davon abgesehen ist der Auftraggeber verpflichtet, alle Handlungen vorzunehmen, die nach Sinn und Inhalt des Vertrags bei oder zur Herstellung des Werks erforderlich sind und ohne die das Werk nicht hergestellt und vollendet werden kann.[137] Hierzu zählen u.a. die Bereitstellung des Grundstücks bzw. der vorhandenen baulichen Anlage, die rechtzeitige Übergabe der Ausführungsunterlagen, die Herbeiführung der erforderlichen Genehmigungen und Erlaubnisse, die Überlassung von Lager- und Arbeitsplätzen sowie Anschlüssen, die Koordination der Baumaßnahme usw.

Weitere Voraussetzung für das Kündigungsrecht des Auftragnehmers nach § 9 Nr. 1a VOB/B ist, dass der Auftragnehmer durch das Unterlassen oder Teilunterlassen der Mitwirkung des Auftraggebers **außerstande** gesetzt wird, die vertraglich von ihm geforderte Leistung auszuführen. Der Auftragnehmer ist dabei nicht nur außerstande, die Leistung auszuführen, wenn

---

[137] Vgl. Heiermann/Riedl/Rusam, Handkommentar zur VOB, Teil B § 9 Rn. 4.

sie ihm **objektiv unmöglich** wird, sondern auch, wenn zwar eine objektive Möglichkeit gegeben ist, diese aber ohne die vertragliche Mitwirkung des Auftraggebers einen derartigen Aufwand oder eine solche Verzögerung oder sonstige Erschwerung mit sich bringt, dass die weitere Durchführung der Leistung dem Auftragnehmer **nicht zumutbar** ist.[138]

Muster 33: Aufforderung zu einer dem Auftraggeber obliegenden Handlung mit Fristsetzung nach § 9 Nr. 1 VOB/B

159

> Sehr geehrte Damen und Herren,
>
> mit Schreiben v. .... hatten wir Ihnen mitgeteilt, dass zwingende Voraussetzung für die Ausführung unserer Leistungen die Vornahme bestimmter von Ihnen vertraglich geschuldeter Handlungen ist. Wir hatten Ihnen ferner mitgeteilt, bis wann wir diese Vorleistungen zur Sicherstellung eines reibungslosen Bauablaufs benötigen. Nach wie vor steht die Vornahme folgender Handlungen durch Sie aus:
>
> 1. ....
>
> 2. ....
>
> ....
>
> Wir stellen noch einmal klar, dass wir uns ohne Vornahme dieser Handlungen außerstande sehen, die vertraglich vereinbarten Leistungen auszuführen. Daher fordern wir Sie nunmehr auf, die oben aufgeführten Handlungen unverzüglich, spätestens bis zum .... vorzunehmen.
>
> Nach fruchtlosem Ablauf der vorgenannten Frist werden wir den Vertrag nach § 9 Nr. 1 VOB/B kündigen.
>
> Mit freundlichen Grüßen
>
> ....

Eine Kündigung nach § 9 Nr. 1a VOB/B ist gem. § 9 Nr. 2 VOB/B erst zulässig, wenn dem Auftraggeber zur Erfüllung der im Einzelfall verlangten Mitwirkungspflicht eine **angemessene Frist** mit der Erklärung gesetzt wird, dass nach fruchtlosem Ablauf der Frist der Vertrag gekündigt wird. Eine zu kurz bemessene Frist ist nicht wirkungslos, sondern setzt vielmehr eine

160

---

[138] Vgl. Ingenstau/Korbion/Vygen, VOB-Kommentar, Teil B § 9 Rn. 21.

D. Bauvertrag

angemessene Frist in Lauf. Die Angemessenheit der Frist richtet sich jeweils nach den Umständen des Einzelfalls sowie nach Art und Umfang der nachzuholenden Handlung. Das Kündigungsrecht entsteht dabei erst mit dem fruchtlosen Ablauf der Frist, vorher ist eine Kündigung nicht möglich.[139]

h) Bedenkenanmeldung nach § 4 Nr. 3 VOB/B

161 Wenn der Auftragnehmer **Bedenken** gegen die vorgesehene Art der Ausführung, gegen beigestellte Stoffe und Bauteile oder gegen die Leistungen anderer Auftragnehmer hat, verlangt die VOB/B, dass er dies **unverzüglich**, möglichst schon vor Beginn der Arbeiten, dem Auftraggeber **schriftlich** mitteilt.

162 Da dem vom Auftragnehmer geschuldeten Leistungserfolg Fehler oder Unzulänglichkeiten in den Vorgaben des Auftraggebers entgegenstehen können, hat der Auftragnehmer als Fachmann zu **prüfen**, ob diese sich überhaupt eignen, das Bauwerk in der vorgesehenen und geschuldeten Art und Weise zu erbringen und eventuelle Bedenken mitzuteilen. Die **Hinweispflicht** in § 4 Nr. 3 VOB/B soll eine Auswirkung von Pannen und Versehen, die bei zumutbarer Prüfung erkennbar waren, auf das Bauergebnis verhindern.[140] Die **Prüfungs- und Anzeigepflicht** dient letztlich beiden Vertragsparteien und ist Ausfluss einer allgemeinen Rechtspflicht. Sie gilt daher auch ohne Vereinbarung der VOB/B für das Werkvertragsrecht des BGB.

163 Der **Umfang** der Prüfungspflichten des Auftragnehmers hängt, wie häufig, von den Umständen des Einzelfalls ab, die für den Auftragnehmer erkennbar waren.[141] Es kommt auf die Art und den Umfang der Leistungsverpflichtungen, das Leistungsobjekt, den Wissensstand des Auftraggebers oder dessen Fachingenieur bzw. Architekten sowie das im Einzelfall beim Auftragnehmer vorauszusetzende und branchenübliche Wissen an.[142] Beim Auftragnehmer kann ein dem neuesten Stand der Technik entsprechendes Wissen erwartet werden.[143] Er ist allerdings nicht verpflichtet, kostspielige

---

139 Vgl. BGH, NJW 1973, 1463.
140 Vgl. BGH, BauR 1991, 79; Heiermann/Riedl/Rusam, Handkommentar zur VOB, Teil B § 4 Rn. 46.
141 Vgl. OLG Hamm, NJW-RR 1990, 523.
142 Vgl. OLG Saarbrücken, BauR 1970, 109; OLG Karlsruhe, BauR 1988, 598.
143 Vgl. BGH, BauR 1970, 57.

III. Besonderheiten beim VOB/B-Bauvertrag

Untersuchungen durchzuführen oder eine vorgegebene Planung im Einzelnen auf Richtigkeit zu überprüfen.

Die Anzeige hat **schriftlich** zu erfolgen, gleichwohl sind auch mündlich geäußerte Bedenken nicht unbeachtlich, allerdings naturgemäß mit **Beweisschwierigkeiten** verbunden. Der Auftragnehmer kann sich, wenn der Auftraggeber trotz zuverlässiger mündlicher Belehrung den Bedenken nicht folgt, hinsichtlich der darauf beruhenden Mängel auf ein **mitwirkendes Verschulden** des Auftraggebers berufen.[144] Die Mitteilung der Bedenken muss klar und eindeutig sein, so dass der Auftraggeber die Tragweite der Nichtbeachtung klar erkennen kann, sie muss aber keine Vorschläge für eine anderweitige und richtige Handhabung enthalten.[145] Der Auftragnehmer sollte aus Haftungsgründen möglichst eigene Vorschläge unterlassen.

164

Der Bauherr und Auftraggeber ist immer der richtige **Adressat**. Der Architekt ist zwar im Regelfall bevollmächtigt, derartige Erklärungen entgegenzunehmen, es sei denn, es handelt sich um Fehler, die der Architekt selbst begangen hat oder wenn er sich den berechtigten Einwendungen des Auftragnehmers verschließt.[146] Es empfiehlt sich jedoch auch hier, stets den sichersten Weg zu gehen und den Auftraggeber unmittelbar anzuschreiben und dem Architekten eine Kopie zuzuleiten.

165

In der Zeit, in der unter normalen Umständen mit einer Nachricht des Auftraggebers gerechnet werden kann, kann der Auftragnehmer mit der Ausführung zuwarten. Dem Bauherrn steht kein Kündigungsrecht aus wichtigem Grund zu, wenn ein Auftragnehmer (auch unberechtigt) seiner Hinweispflicht nachkommt und abwartet, wie sich der Auftraggeber verhält.[147] Der Auftragnehmer hat andererseits keinen Anspruch darauf, dass der Bauherr den Bedenken Rechnung trägt.[148] Trägt der Bauherr den Bedenken Rechnung und ändert daraufhin die Ausführung, muss der Auftragnehmer erneut prüfen.

166

---

144 Vgl. Werner/Pastor, Der Bauprozess, Rn. 1524.
145 Vgl. BGH, BauR 1975, 278; OLG Celle, NJW 1960, 102.
146 Vgl. OLG Düsseldorf, NZBau 2001, 401.
147 Vgl. OLG Düsseldorf, BauR 1995, 247.
148 Vgl. OLG Düsseldorf, NJW-RR 1988, 211.

167 Muster 34: Anmeldung von Bedenken nach § 4 Nr. 3 VOB/B

> Sehr geehrte Damen und Herren,
>
> gem. § 4 Nr. 3 VOB/B sind wir verpflichtet, Ihnen schriftlich mitzuteilen, wenn wir gegen die vorgesehene Art der Ausführung Bedenken haben.
>
> Hiermit machen wir Bedenken gegen .... geltend. Zur Begründung unserer Bedenken gilt Folgendes:
>
> 1. ....
>
> 2. ....
>
> ....
>
> Wir dürfen Sie höflichst bitten, möglichst unverzüglich zu den oben dargelegten Bedenken schriftlich Stellung zu nehmen und uns anzuweisen, wie weiter verfahren werden soll. Zur Sicherstellung eines ungestörten Bauablaufs benötigen wir Ihre Stellungnahme bis zum .... Sollte innerhalb dieser Frist eine Stellungnahme hier nicht vorliegen, gehen wir davon aus, dass Sie unsere Bedenken nicht teilen und wünschen, dass wir wie vorgesehen ausführen. Vorsorglich weisen wir für diesen Fall bereits darauf hin, dass wir eine Haftung für eventuell dadurch entstehende Mängel oder Schäden ablehnen.
>
> Mit freundlichen Grüßen
>
> ....

i) Fertigstellungsanzeige

168 Verlangt weder der Auftragnehmer noch der Auftraggeber die Abnahme, dann gilt die Leistung mit dem **Ablauf von zwölf Werktagen** nach schriftlicher Mitteilung über die Fertigstellung als abgenommen. Nimmt der Auftraggeber die Leistung kommentarlos in Benutzung, gilt die Abnahme **nach sechs Werktagen** als erfolgt, allerdings gilt die Ingebrauchnahme von Teilen einer baulichen Anlage zur Weiterführung der Arbeiten nicht als Abnahme.

169 Die Parteien können auf eine vereinbarte **förmliche Abnahme** einvernehmlich verzichten, wobei dieser Verzicht auch durch schlüssiges Verhalten er-

III. Besonderheiten beim VOB/B-Bauvertrag

folgen kann.[149] Darüber hinaus bleibt dem Auftragnehmer auch bei der Abrede einer förmlichen Abnahme im Bauvertrag die Möglichkeit offen, eine Abnahme gem. § 640 Abs. 1 Satz 3 BGB zu erreichen.[150] Danach steht es der Abnahme gleich, wenn der Auftraggeber das Werk nicht innerhalb einer ihm vom Auftragnehmer bestimmten angemessen Frist abnimmt, obwohl er dazu verpflichtet ist. Voraussetzung ist, dass der Auftraggeber auch nachweislich verpflichtet war, die Abnahme zu erklären, d.h. die Abnahmereife muss im Streitfall nach wie vor der Auftragnehmer beweisen.

> **Hinweis:**
>
> Soweit also der Auftragnehmer auf eine förmliche Abnahme keinen Wert legt, sollte er dies dem Auftraggeber ausdrücklich mit der Fertigstellungsanzeige mitteilen und ihm gleichzeitig eine Frist zur Abnahme setzen.

Muster 35: Fertigstellungsanzeige 170

> Sehr geehrte Damen und Herren,
>
> hiermit teilen wir Ihnen mit, dass die von uns gem. Bauvertrag vom .... beim Bauvorhaben .... auszuführenden Leistungen fertig gestellt worden sind. Auf eine förmliche Abnahme legen wir keinen Wert, wir werden Ihnen daher demnächst unsere Schlussrechnung zuleiten.
>
> Soweit Sie eine förmliche Abnahme verlangen, setzen wir Ihnen eine Frist zur Durchführung der Abnahme bis zum ....
>
> Mit freundlichen Grüßen
>
> ....

---

149 Vgl. BGH, BauR 1979, 56.
150 Vgl. Werner/Pastor, Der Bauprozess, Rn. 1352.

D. Bauvertrag

2. Abnahme

a) Einladung zur förmlichen Abnahme

171 Die sog. **förmliche Abnahme** ist eine besondere Form der ausdrücklich erklärten Abnahme. Bei ihr erfolgt i.d.R. eine gemeinsame Überprüfung der Bauleistung im Rahmen eines Abnahmetermins, wobei das Ergebnis protokolliert wird. Im Gegensatz zur VOB/B (dort in § 12 Nr. 4) ist die förmliche Abnahme im BGB nicht geregelt. Die Parteien können jedoch besondere Formen und Regularien für das Abnahmeverfahren vertraglich vereinbaren, so dass die Vereinbarung einer förmlichen Abnahme auch beim BGB-Bauvertrag zulässig ist, wobei eine entsprechende Abrede auch im Rahmen **Allgemeiner Geschäftsbedingungen** möglich ist.[151] Es reicht beim BGB-Bauvertrag aber nicht aus, dass eine Partei diese Variante der Abnahme einseitig verlangt.

172 Ist eine förmliche Abnahme vereinbart, kommt eine **konkludente Abnahme** grds. nicht in Betracht. Allerdings können die Parteien auf die förmliche Abnahme einvernehmlich wieder verzichten. Dieser **Verzicht** kann auch **durch schlüssiges Verhalten** erfolgen, und zwar selbst dann, wenn nach dem Vertrag jede Vertragsänderung der Schriftform bedarf. Das Verhalten der Parteien muss in solchen Fällen den Schluss zulassen, dass kein ernsthaftes Interesse an der förmlichen Abnahme mehr gegeben ist. Der BGH hat dies z.B. für den Fall angenommen, dass der Auftragnehmer die Schlussrechnung übersendet, ohne die förmliche Abnahme zu verlangen, da er hiermit erkennbar zum Ausdruck bringt, dass er auf eine förmliche Abnahme keinen Wert legt. Verlangt dann der Auftraggeber mehrere Monate nach Erhalt der Schlussrechnung ebenfalls keine förmliche Abnahme, kann aus diesem Verhalten geschlossen werden, dass beide Parteien übereinstimmend von der zunächst vorgesehenen förmlichen Abnahme Abstand genommen haben.[152] Unerheblich ist dabei, ob sich die Parteien bei dem Verzicht bewusst sind, dass eine förmliche Abnahme vorgesehen war oder dies lediglich „vergessen" wurde. In Fällen der **„vergessenen" förmlichen Abnahme** ist es allerdings schwierig, den Zeitpunkt der Abnahme genau zu fixieren.[153]

---

151 Vgl. BGH, BauR 1996, 378.
152 Vgl. BGH, BB 1977, 869.
153 Vgl. KG, BauR 1988, 230.

III. Besonderheiten beim VOB/B-Bauvertrag

Verlangt der Auftragnehmer die Abnahme, ist sie binnen zwölf Werktagen durchzuführen, eine andere Frist kann vereinbart werden. Die förmliche Abnahme kann auch in **Abwesenheit des Auftragnehmers** stattfinden, wenn der Termin entweder vereinbart war oder der Auftraggeber mit ausreichender Frist dazu eingeladen hatte. Die **Einladung** muss eindeutig erkennen lassen, welche Leistungen abgenommen werden sollen, sie muss ferner den Ort bezeichnen und die Zeit der Abnahme festlegen. Der Termin muss so angesetzt sein, dass zwischen dem Zugang der Einladung und dem Termin für den Vertragspartner hinreichend Gelegenheit besteht, sich auf den Termin einzustellen und vorzubereiten. Dabei kann die in § 12 Nr. 1 VOB/B vorgesehene Frist von zwölf Werktagen in jedem Fall als angemessen angesehen werden.[154] Die einseitige Abnahme kann nicht erfolgen, wenn der Auftragnehmer nach Vereinbarung des Termins oder Zugang der Einladung dazu aus **wichtigem Grund** (z.B. wegen plötzlicher Erkrankung, familiäre Gründe) oder wegen vorrangiger geschäftlicher Belange am Erscheinen zum Abnahmetermin verhindert ist und ihm auch kein geeigneter Vertreter zur Verfügung steht. Der Auftragnehmer ist für die **Hinderungsgründe** beweispflichtig und muss sie dem Auftraggeber unverzüglich mitteilen. Sind die Voraussetzungen für eine Terminverlegung gegeben, ist eine gleichwohl durchgeführte förmliche Abnahme wirkungslos. Der Auftragnehmer kann die einseitige Abnahme jedoch billigen, dann können die Abnahmewirkungen eintreten.

Das Ergebnis der Abnahme ist dem Auftragnehmer **alsbald**, innerhalb der in § 12 Nr. 1 VOB/B vorgesehenen Frist von zwölf Werktagen, mitzuteilen.

173

Jede Partei ist berechtigt, auf eigene Kosten einen **Sachverständigen** hinzuzuziehen. Dieser unterstützt die ihn beiziehende Partei. Seine Erklärungen sind keine Erklärungen der Partei, sie kann sich diese allerdings zu Eigen machen. Nimmt jedoch ein vom Auftraggeber oder einvernehmlich mit dem Auftragnehmer bestellter Sachverständiger die Leistung zwecks Abnahme in Augenschein und teilt den Parteien mit, dass die Leistung mängelfrei sei und als abgenommen gelten könne, muss der Auftraggeber dem unverzüglich widersprechen, wenn er die vollmachtlos abgegebene „Abnahmeerklärung" nicht gegen sich gelten lassen will.[155] Dem Sachverständigen ist **Zutritt** zur Baustelle zu gewähren.

174

---

154 Vgl. Heiermann/Riedl/Rusam, Handkommentar zur VOB, Teil B § 12 Rn. 37a.
155 Vgl. BGH, BauR 1992, 232.

D. *Bauvertrag*

175 **Muster 36: Einladung zur förmlichen Abnahme nach § 12 Nr. 4 VOB/B**

> Sehr geehrte Damen und Herren,
>
> mit Schreiben v. .... haben Sie uns mitgeteilt, dass Sie die vertraglichen Leistungen beim Bauvorhaben .... fertig gestellt haben. Vertraglich vereinbart ist eine förmliche Abnahme nach § 12 Nr. 4 VOB/B. Als Abnahmetermin bestimmen wir hiermit den .... , ... Uhr und laden Sie hierzu fristgerecht ein. Treffpunkt ist .... Es sollen folgende Leistungen abgenommen werden:
>
> 1. ....
>
> 2. ....
>
> ....
>
> Bitte achten Sie darauf, dass alle vertraglich zur Abnahme von Ihnen vorzulegenden Unterlagen, wie z.B. TÜV-Abnahmen, Bestands- und Revisionspläne, Prüfzeugnisse, behördliche Abnahmebescheinigungen, Gebrauchs- und Wartungsanweisungen etc., zum vorgenannten Abnahmetermin vorhanden sind. Wir werden zur Abnahme einen Sachverständigen hinzuziehen.
>
> Vorsorglich weisen wir Sie darauf hin, dass wir die Abnahme auch dann durchführen, wenn Sie zu dem oben genannten Termin nicht erscheinen. In diesem Fall werden wir Sie über das Ergebnis der Abnahme unverzüglich schriftlich unterrichten.
>
> Mit freundlichen Grüßen
>
> ....

b) Abnahmeprotokoll

176 Bei der förmlichen Abnahme ist das Ergebnis in Anwesenheit der Parteien oder ihrer bevollmächtigten Vertreter in einer **gemeinsamen Verhandlung** schriftlich niederzulegen. Der Inhalt des **Abnahmeprotokolls** muss also unter gleichberechtigter Mitwirkung der Parteien festgelegt werden. Diese haben sich über die Führung des Protokolls und dessen Inhalt zu einigen. Geschieht dies nicht, liegt nur eine einseitige Erklärung der das Protokoll

führenden Partei vor, die nicht die Vermutung der Richtigkeit und Vollständigkeit des Ablaufs des Abnahmetermins für sich hat.

In das **Abnahmeprotokoll** sind der Tag und der Ort der Abnahmeverhandlung, deren Teilnehmer, die vom Auftraggeber gerügten Mängel, die Vorbehalte wegen bekannter Mängel und Vertragsstrafen aufzunehmen, die grds. nur wirksam sind, wenn sie vor der Unterzeichnung der Niederschrift durch den Auftraggeber in diese aufgenommen wurden. Aufzunehmen sind ferner die wesentlichen Erklärungen der Parteien, was besonders für die Einwendungen des Auftragnehmers gilt (Stellungnahme zu den gerügten Mängeln und Vorbehalten). Anders als bei Vorbehalten des Auftraggebers, ist der Auftragnehmer mit der zukünftigen Geltendmachung von Einwendungen bei Nichtaufnahme in das Abnahmeprotokoll nicht ausgeschlossen. Schließlich muss das Protokoll die abschließende Erklärung des Auftraggebers enthalten, ob er die Leistung abnehmen will oder nicht. 177

Die **Unterschrift** unter das Abnahmeprotokoll ist Teil der förmlichen Abnahme. Mit der Unterschrift ist **kein** Anerkenntnis der Richtigkeit der von der anderen Partei abgegebenen Erklärungen verbunden, das gilt insbs. für gerügte Mängel, da das Protokoll nur den **Beweis** für den Ablauf des Abnahmetermins liefert.[156] 178

Jede Partei hat Anspruch auf eine Ausfertigung der **Niederschrift**, denn das Abnahmeprotokoll ist ein wichtiges Beweismittel, z.B. für die Fälligkeit des Werklohns, den Beginn der Gewährleistungsfrist, die Gefahrtragung und die Umkehr der Beweislast. 179

Muster 37: Abnahmeprotokoll 180

Abnahmeprotokoll
1. Bauvorhaben/Vertrag vom: ....
2. Auftragnehmer: ....
3. Gewerk: ....
4. Anwesend: ....

Nach Begehung und Überprüfung wurde die Bauleistung am heutigen Tag abgenommen.

---

156 Vgl. OLG Düsseldorf, BauR 1986, 457.

D. Bauvertrag

> Es wurden die in der Anlage 1 bis .... aufgeführten Mängel festgestellt. Der Auftragnehmer verpflichtet sich, die festgestellten Mängel bis zum .... zu beseitigen. Sofern dies nicht geschieht, ist der Auftraggeber berechtigt, auf Kosten des Auftragnehmers die Mangelbeseitigung vorzunehmen bzw. durch Dritte vornehmen zu lassen. Der Auftraggeber behält sich wegen der in der Anlage 1 bis .... aufgeführten Mängel sämtliche Rechte vor.
>
> Der Auftraggeber behält sich vor, die vereinbarte Vertragsstrafe geltend zu machen, insbes. sie von der Schlussrechnung des Auftragnehmers in Abzug zu bringen. Die Ausführung der abgenommenen Leistungen wurde am .... begonnen und am .... beendet. Die Frist für die Geltendmachung von Mängelansprüchen endet am ....
>
> Der Auftragnehmer erklärt zu den in der Anlage 1 bis .... aufgeführten Mängeln Folgendes:
>
> 1. ....
> 2. ....
> ....
>
> Ort, Datum
>
> ....
>
> (Auftragnehmer)(Auftraggeber)

c) Abnahmebestätigung des Auftraggebers

181 Erscheint der Auftragnehmer trotz Vereinbarung oder rechtzeitiger Einladung nicht zum Abnahmetermin, kann der Auftraggeber die förmliche Abnahme in Abwesenheit des Auftragnehmers durchführen.

182 Das **Ergebnis** der einseitigen förmlichen Abnahme ist dem Auftragnehmer alsbald, innerhalb von zwölf Werktagen mitzuteilen. Die Mitteilung ersetzt das Abnahmeprotokoll. Mit dem Zugang der Mitteilung ist die Abnahme durchgeführt. Der Auftraggeber muss daher etwaige **Vorbehalte** wegen Mängel oder möglicher Vertragsstrafen in die Mitteilung aufnehmen.

III. Besonderheiten beim VOB/B-Bauvertrag

Muster 38: Abnahmebestätigung des Auftraggebers 183

Sehr geehrte Damen und Herren,

mit Schreiben v. .... hatten wir Sie zur Abnahme eingeladen. Leider erschienen Sie zu diesem Termin weder persönlich noch haben Sie einen Vertreter geschickt.

Nach Begehung und Überprüfung wurde Ihre Bauleistung abgenommen. Dabei wurden die in der Anlage aufgeführten Mängel festgestellt, wegen der wir uns unsere Rechte ausdrücklich vorbehalten. Dies gilt auch für sonstige bereits bekannte Mängel. Ferner behalten wir uns vor, die vereinbarte Vertragsstrafe geltend zu machen. Die Frist für die Geltendmachung von Mängelansprüchen endet am ....

Wir fordern Sie auf, die in der Anlage aufgeführten Mängel bis zum .... zu beseitigen. Sofern dies nicht geschieht, werden wir die Mangelbeseitigung vornehmen bzw. durch Dritte vornehmen lassen und Sie mit den hieraus entstehenden Kosten belasten.

Etwaige Gegenansprüche werden wir von Ihrer Schlussrechnung in Abzug bringen.

Mit freundlichen Grüßen

....

d) Abnahmeverweigerung

Nach § 640 Abs. 1 Satz 2 BGB bzw. § 12 Nr. 3 VOB/B kann die Abnahme wegen **wesentlicher Mängel** verweigert werden. Ein wesentlicher Mangel liegt vor, wenn zugesicherte Eigenschaften fehlen, die Leistung nicht den anerkannten Regeln der Technik entspricht oder die Gebrauchstauglichkeit erheblich eingeschränkt oder sogar aufgehoben ist.[157] Dabei reicht bereits **ein** wesentlicher Mangel aus, um die Abnahme zu verweigern.[158] 184

Die Abnahme kann darüber hinaus verweigert werden, wenn zwar die erbrachte Leistung mangelfrei bzw. ohne wesentliche Mängel erstellt wurde, die Leistung aber **nicht im Wesentlichen fertig gestellt** ist. Fehlt z.B. der

---

157 Vgl. Ingenstau/Korbion/Oppler, VOB-Kommentar, Teil B § 12 Rn. 94; Kapellmann/Langen, Einführung in die VOB/B, Rn. 177.
158 Vgl. BGH, IBR 1992, 351.

Heizkessel oder sind die Außenanlagen nicht insoweit hergestellt, dass die Bewohner das Haus ohne Schwierigkeiten betreten können, ist der Bauherr nicht zur Abnahme verpflichtet.

Auch bei einer **Vielzahl von kleineren Mängeln**, die für sich genommen nicht zur Abnahmeverweigerung berechtigen, kann die Leistung als nicht im Wesentlichen mängelfrei anzusehen sein.

Allgemein formuliert kommt es letztlich darauf an, ob dem Auftraggeber die Übernahme der Leistung **zumutbar** ist.[159]

185 Bei der **Fristsetzung** ist darauf zu achten, dass dem Auftragnehmer eine **angemessene Frist** gesetzt wird. Maßgebend für die Angemessenheit ist der Zeitraum, den ein ordnungsgemäß arbeitender Auftragnehmer benötigt, um die konkret gerügten Mängel zu beseitigen. Behebt der Auftragnehmer die Mängel nicht fristgerecht, kann der Auftraggeber beim **BGB-Bauvertrag** sie selbst beseitigen lassen und Erstattung der hierzu objektiv erforderlichen Aufwendungen verlangen.[160] Beim **VOB-Vertrag** ist vor einer Ersatzvornahme der formale Weg nach § 4 Nr. 7 VOB/B einzuhalten.

186 **Muster 39: Abnahmeverweigerung**

> Sehr geehrte Damen und Herren,
>
> die von Ihnen gem. Bauvertrag vom .... am Bauvorhaben .... ausgeführten Leistungen weisen wesentliche Mängel auf. Im Einzelnen handelt es sich um die in der Anlage aufgeführten Mängel.
>
> Aufgrund dieser Mängel verweigern wir die Abnahme. Dies gilt auch, soweit wir die Leistung bereits in Benutzung genommen haben.
>
> Wir fordern Sie auf, die in der Anlage aufgeführten Mängel unverzüglich, spätestens bis zum .... zu beseitigen. Sollte die Mängelbeseitigung nicht innerhalb der vorgenannten Frist erfolgen, behalten wir uns die Geltendmachung weiterer Rechte vor.
>
> Wir weisen darauf hin, dass wir nach wie vor auf einer förmlichen Abnahme Ihrer Leistungen bestehen.
>
> Mit freundlichen Grüßen

---

159 Vgl. BGH, BauR 1996, 390; OLG Hamm, IBR 1991, 532.
160 Vgl. OLG Hamm, NJW-RR 1996, 272.

III. Besonderheiten beim VOB/B-Bauvertrag

3. Mängelansprüche

a) Mängelbeseitigungsverlangen vor Abnahme

Bei BGB-Bauverträgen kommt es bei Mängeln, anders als bei der VOB/B, für die Geltendmachung von Rechten nicht wesentlich darauf an, ob diese Mängel vor oder nach der Abnahme erkannt werden. Nach § 4 Nr. 7 VOB/B ist der Auftragnehmer für die schon während der Bauausführung auftretenden Mängel nachbesserungspflichtig, ohne dass es auf ein Verschulden ankommt. Diese Vorschrift greift bis zur Abnahme. Will der Auftraggeber vor der Abnahme eine Ersatzvornahme durchführen, **muss** er dem Auftragnehmer nach Ablauf einer unter Kündigungsandrohung gesetzten Frist den Auftrag hinsichtlich der Nachbesserung entziehen.[161] Eine Ausnahme von diesem Kündigungszwang besteht nur dann, wenn der Auftragnehmer endgültig die vertragsgemäße Fertigstellung verweigert hat.[162] Das bloße Bestreiten eines Mangels im Rahmen eines gerichtlichen Schriftsatzes reicht hierzu jedoch nicht aus.[163]

187

Hat der Auftraggeber aufgrund nicht beseitigter Mängel den Vertrag berechtigt gekündigt, kann er **Kostenerstattung** hinsichtlich der Mehrkosten der Fertigstellung und im Vorgriff auf diesen Erstattungsanspruch auch schon **Kostenvorschuss** verlangen.[164] Bei Verschulden des Auftragnehmers kann der Auftraggeber auch **Schadensersatz** statt Leistung verlangen. Nach § 284 BGB kann der Auftraggeber schließlich anstelle des Schadensersatzes auch **Ersatz der Aufwendungen** verlangen, die er im Vertrauen auf den Erhalt der Leistung gemacht hat und billigerweise machen durfte. Daneben wird § 13 Nr. 6 VOB/B von der Rspr. auch schon **vor der Abnahme** entsprechend angewendet.[165]

188

Nach § 4 Nr. 7 Satz 2 VOB/B schuldet der Auftragnehmer Schadensersatz, wenn er den Mangel zu vertreten hat. Zu den nach dieser Vorschrift zu ersetzenden Folgeschäden gehören auch **Verzugsschäden**, die auf einer verzögerten oder unterlassenen Nacherfüllung des Auftragnehmers beruhen,

189

---

161 Vgl. BGH, BauR 1986, 573.
162 Vgl. BGH, BauR 2000, 1479.
163 Vgl. OLG Düsseldorf, BauR 1998, 1011.
164 Vgl. OLG Schleswig, IBR 1995, 341.
165 Vgl. BGH, NJW-RR 1989, 849.

D. *Bauvertrag*

z.B. Mietausfallschäden. Für diese mängelbedingten Verzögerungsschäden ist § 4 Nr. 7 Satz 2 VOB/B eine § 6 Nr. 6 VOB/B verdrängende **Spezialnorm**.[166]

190 **Muster 40: Mängelbeseitigungsverlangen vor Abnahme nach § 4 Nr. 7 VOB/B**

> Sehr geehrte Damen und Herren,
>
> bei einer Begehung des Bauvorhabens haben wir festgestellt, dass folgende Leistungen mangelhaft und/oder vertragswidrig sind:
>
> 1. ....
>
> 2. ....
>
> ....
>
> Wir fordern Sie nach § 4 Nr. 7 VOB/B auf, die vorgenannten Mängel bzw. Vertragswidrigkeiten zu beseitigen und durch eine mangelfreie, vertragsgemäße Leistung zu ersetzen. Hierfür setzen wir Ihnen eine Frist bis zum .... Nach fruchtlosem Ablauf dieser Frist werden wir Ihnen insoweit den Auftrag nach § 8 Nr. 3 VOB/B entziehen und die erforderlichen Arbeiten auf Ihre Kosten vornehmen bzw. durch Dritte vornehmen lassen.
>
> Vorsorglich weisen wir Sie darauf hin, dass Sie in jedem Fall auch den uns entstehenden Schaden zu ersetzen haben.
>
> Mit freundlichen Grüßen
>
> ....

b) Mängelbeseitigungsverlangen nach Abnahme

191 **Nicht erledigte** Ansprüche nach § 4 Nr. 7 VOB/B **wandeln** sich nach der Abnahme in solche nach § 13 Nr. 5 VOB/B. Der Nachbesserungsanspruch nach § 13 Nr. 5 VOB/B verlangt eine **schriftliche** Mängelrüge. Erforderlich und ausreichend ist die Bezeichnung des Mangels seinem **äußeren Erscheinungsbild** nach, die Angabe der **technischen Ursache** ist nicht erforder-

---

166 Vgl. BGH, BauR 2000, 1189.

III. Besonderheiten beim VOB/B-Bauvertrag

lich.[167] Die Schriftform ist keine Wirksamkeitsvoraussetzung, aber dringend zu empfehlen. Die Nachbesserungspflicht umfasst auch alle erforderlichen **Neben- und Zusatzarbeiten**. Ist der Mangel anders nicht zu beseitigen, kann der Auftraggeber auch **Neuherstellung** verlangen, wenn damit keine unverhältnismäßigen Kosten verbunden sind.[168]

Neben dem Nachbesserungsanspruch kann der Auftraggeber hinsichtlich der Werklohnforderung ein **Zurückbehaltungsrecht** geltend machen, das sich im Regelfall auf mindestens das **Dreifache** der erforderlichen Mängelbeseitigungskosten beläuft, im Einzelfall also auch darüber hinausgehen kann.

192

Der Auftraggeber ist dabei **nicht** verpflichtet, die Höhe der Mängelbeseitigungskosten zu ermitteln und damit den Restwerklohn, der den dreifachen Einbehalt übersteigt, auszuzahlen. Der Auftraggeber kann vielmehr den gesamten ausstehenden Werklohn unter Hinweis auf vorhandene Mängel einbehalten. Glaubt der Auftragnehmer, dass trotz des dreifachen Druckzuschlags noch Restwerklohn auszuzahlen ist, muss **er** dies vortragen und notfalls beweisen.[169]

Kommt der Auftragnehmer einer vom Auftraggeber gesetzten angemessenen Frist nicht nach, ist der Auftraggeber zur **Ersatzvornahme** bzw. **Selbstvornahme** berechtigt. Die Fristsetzung muss sich auf die Mängelbeseitigung beziehen, eine Aufforderung, innerhalb einer bestimmten Frist die Bereitschaft zur Mängelbeseitigung zu erklären reicht zur Selbstvornahme grds. nicht aus,[170] ebenso wenig die Aufforderung, Lösungsvorschläge zu unterbreiten.[171]

193

Eine Fristsetzung ist bei endgültiger und ernsthafter Erfüllungsverweigerung **entbehrlich**, der Auftraggeber sollte sich jedoch nach Möglichkeit nicht auf Ausnahmefälle verlassen, sondern die Formalien einhalten.

---

167 Vgl. BGH, BauR 2000, 261.
168 Vgl. BGH, BauR 1986, 93.
169 Vgl. BGH, BauR 1997, 133.
170 Vgl. BGH, BauR 2000, 98.
171 Vgl. OLG Düsseldorf, BauR 2001, 645.

D. Bauvertrag

194 **Muster 41: Mängelbeseitigung nach Abnahme nach § 13 Nr. 5 VOB/B**

> Sehr geehrte Damen und Herren,
>
> nach Abnahme Ihrer Leistungen haben sich bei dem Bauvorhaben Mängel gezeigt. Hinsichtlich der genauen Beschreibung der aufgetretenen Mängel sowie der exakten Örtlichkeiten verweisen wir auf die beigefügte Anlage.
>
> Wir fordern Sie auf, bis zum .... (hier eingehend), die verbindliche Erklärung abzugeben, dass Sie die in der Anlage aufgeführten Mängel sowie Ihre Nachbesserungspflicht hierfür anerkennen und uns geeignete Vorschläge für die Mängelbehebung unterbreiten.
>
> Wir fordern Sie weiterhin auf, die Mängel bis zum .... auf Ihre Kosten zu beseitigen. Sofern dies nicht geschieht, werden wir die Mängel auf Ihre Kosten beseitigen bzw. durch Dritte beseitigen lassen. Sofern Sie der Meinung sind, dass die Mängelbeseitigung innerhalb der vorgenannten Frist nicht möglich ist, fordern wir Sie auf, uns bis zum .... mitzuteilen, bis zu welchem Zeitpunkt die Mängelbeseitigung durch Sie erfolgen wird.
>
> Schließlich fordern wir Sie auf, unverzüglich, spätestens bis zum .... , mit der Mängelbeseitigung zu beginnen.
>
> Mit freundlichen Grüßen
>
> ....

195 Bei **Insolvenz** des Auftragnehmers muss anstelle des Auftragnehmers der Insolvenzverwalter schriftlich zur Mängelbeseitigung unter Fristsetzung aufgefordert werden.[172]

c) Anforderung eines Kostenvorschusses

196 Liegen die Voraussetzungen für eine **Selbstvornahme** vor, kann der Auftraggeber den Mangel selbst beseitigen oder durch Dritte beseitigen lassen und Ersatz der **erforderlichen Aufwendungen** verlangen. Beim VOB-Werkvertrag liegen die Voraussetzungen vor Abnahme vor, wenn dem Auftragnehmer nach § 8 Nr. 3 VOB/B i.V.m. § 4 Nr. 7 VOB/B das Nachbesserungsrecht

---

[172] Vgl. OLG Düsseldorf, IBR 1993, 377.

III. Besonderheiten beim VOB/B-Bauvertrag

durch **Kündigung** wirksam entzogen wurde. Nach Abnahme ist gem. § 13 Nr. 5 Abs. 2 VOB/B ausreichend, dass der Auftragnehmer der Aufforderung zur Mängelbeseitigung in einer vom Auftraggeber gesetzten angemessenen Frist nicht nachkommt.

Eine Fristsetzung ist **entbehrlich**, wenn der Auftragnehmer **ernsthaft** und **endgültig** eine Nachbesserung **verweigert** hat oder bei Vorliegen **besonderer Umstände**, die bei Interessenabwägung die sofortige Ersatzvornahme rechtfertigen, z.b. drohende Geschäftsschließung durch Behörde wegen des Mangels.[173]

Wegen der erforderlichen Aufwendungen der Selbstvornahme kann der Auftraggeber einen **Kostenvorschuss** verlangen. Der Kostenvorschuss muss nicht genau berechnet werden. Der Anspruch besteht in Höhe der **voraussichtlichen** oder **mutmaßlichen** Kosten für die Mängelbeseitigung. An die Darlegung zur Anspruchshöhe dürfen dabei nicht gleich strenge Anforderungen gestellt werden wie bei den tatsächlichen Kosten der Selbstvornahme, die abschließend und im Einzelnen vorgetragen und nachgewiesen werden müssen. Ein Vorschuss dagegen kann, eben weil es nur um voraussichtliche Aufwendungen geht, nicht im gleichen Maße genau begründet werden. Der Auftraggeber muss daher die Mängelbeseitigungskosten auch nicht vorprozessual durch ein Sachverständigengutachten ermitteln. Es genügt, wenn er die Kosten **schätzt** und bei Bestreiten ein Sachverständigengutachten als Beweis anbietet.[174]

197

Muster 42: Anforderung eines Kostenvorschusses 198

Sehr geehrte Damen und Herren,

mit Schreiben v. .... hatten wir Ihnen mitgeteilt, dass sich an der von Ihnen erbrachten Leistung Mängel gezeigt haben. Eine Kopie unseres Schreibens fügen wir in der Anlage noch einmal bei. Wir hatten Sie aufgefordert, die Mängel innerhalb einer angemessenen Frist zu beseitigen. Dieser Aufforderung sind Sie nicht nachgekommen, Sie haben bis heute noch nicht einmal mit den Nachbesserungsarbeiten begonnen.

Wir werden daher wie angekündigt nunmehr die Mängel im Wege der Ersatzvornahme auf Ihre Kosten beseitigen lassen. Wegen der hierfür

---

173   Vgl. BGH, NJW-RR 2002, 666.
174   Vgl. BGH, BauR 2001, 789.

D. Bauvertrag

> erforderlichen Kosten haben wir Angebote bei Fachfirmen eingeholt, die wir in Kopie beifügen. Danach hat sich gezeigt, dass die Mängelbeseitigung voraussichtlich .... € zzgl. der gesetzlichen USt kosten wird.
>
> Wir fordern Sie auf, uns den vorgenannten Betrag i.H.v. .... € als Vorschuss bis zum .... auf eines unserer Konten zu überweisen. Nach Abschluss der Arbeiten werden wir mit Ihnen die Kosten abrechnen. Sollte die Zahlung in der gesetzten Frist bei uns nicht eingegangen sein, werden wir den Kostenvorschussanspruch gerichtlich durchsetzen. Dies wird sodann auch ohne weitere Ankündigung geschehen.
>
> Mit freundlichen Grüßen
>
> ....

199 Nach Abschluss der Ersatzvornahme muss der Auftraggeber mit dem Auftragnehmer nach den tatsächlichen Kosten (genau) **abrechnen**. Auf den Vorschuss gezahlte **Zinsen** bleiben bei der Abrechnung außer Betracht, soweit der bezahlte Vorschuss die tatsächlichen Mängelbeseitigungskosten nicht übersteigt.[175]

d) Geltendmachung einer Minderung nach § 13 Nr. 6 VOB/B

200 Ist die Beseitigung eines Mangels unmöglich oder würde sie einen unverhältnismäßig hohen Aufwand erfordern **und** wird sie deshalb vom Auftragnehmer verweigert, kann der Auftraggeber durch **Gestaltungserklärung** eine Wertminderung verlangen. Eine Zustimmung des Auftragnehmers zur Wertminderung ist nicht erforderlich.

Für die Frage der **Unverhältnismäßigkeit** kommt es auf das Wertverhältnis zwischen dem zur Nachbesserung erforderlichen Aufwand und dem **Vorteil** an, den die Mängelbeseitigung dem Auftraggeber gewährt.[176] Hinsichtlich des zur Nachbesserung erforderlichen Aufwands kommt es darüber hinaus auf den **Zeitpunkt** an, in dem die vertragsgemäße Erfüllung geschuldet war, anderenfalls würde der Auftragnehmer für die Nichtbeseitigung belohnt, wenn sich der Aufwand während der Gewährleistungszeit erhöht.[177]

---

175 Vgl. BGH, NJW 1985, 2325.
176 Vgl. BGH, BauR 1997, 638; OLG Düsseldorf, BauR 1993, 82.
177 Vgl. BGH, BauR 1995, 541.

III. Besonderheiten beim VOB/B-Bauvertrag

Der **Minderwert** ist regelmäßig nach den Kosten zu berechnen, die an sich für die Mängelbeseitigung erforderlich wären. Wird die Mängelbeseitigung wegen des unverhältnismäßigen Aufwands verweigert, berechnet sich der Minderwert allerdings danach, in welcher Höhe die Gesamtleistung durch den Mangel tatsächlich gemindert wird. Notfalls muss dieser Minderwert durch einen **Sachverständigen** geschätzt werden.[178]

201

Ausnahmsweise besteht ein Minderungsrecht auch dann, wenn die Mängelbeseitigung für den **Auftraggeber** unzumutbar ist, obwohl in der VOB/B 2002 der Satz in § 13 Nr. 6 VOB/B gestrichen wurde.

202

Muster 43: Geltendmachung einer Minderung nach § 13 Nr. 6 VOB/B

203

Sehr geehrte Damen und Herren,

wegen der Ihnen aus unserem Schreiben .... bekannten Mängel haben Sie eine Nachbesserung wegen Unzumutbarkeit abgelehnt.

Wir verlangen nunmehr nach § 13 Nr. 6 VOB/B eine Minderung Ihrer Vergütung um .... € auf .... €. Die Höhe der Minderung berechnet sich nach den voraussichtlichen Mängelbeseitigungskosten eines Drittunternehmers zuzüglich eines weiteren Abschlags Ihrer Vergütung für den auch nach der Mängelbeseitigung verbleibenden Minderwert.

Wir fordern Sie auf, bis zum .... mitzuteilen, ob Sie mit der vorgenannten Minderung einverstanden sind. Anderenfalls wären wir gezwungen, die Minderung gerichtlich einzuklagen.

Mit freundlichen Grüßen

....

e) Geltendmachung von Schadensersatz nach § 13 Nr. 7 VOB/B

Die Vorschrift des § 13 Nr. 7 VOB/B wurde durch die VOB/B 2002 in weiten Teilen neu gefasst. Der dort geregelte **Schadensersatzanspruch** des Auftraggebers setzt in allen Fällen ein **Verschulden** des Auftragnehmers oder dessen Erfüllungsgehilfen voraus. Verschulden bedeutet ein vorsätzliches oder zumindest fahrlässiges Verhalten.

204

---

178 Vgl. BGH, BauR 1999, 498; OLG Düsseldorf, BauR 1993, 733.

D. Bauvertrag

Kommt es durch einen schuldhaft verursachten Mangel zu einer **Verletzung des Lebens, des Körpers oder der Gesundheit** des Auftraggebers, ist der Auftragnehmer uneingeschränkt schadensersatzpflichtig. Durch diese Änderung in § 13 Nr. 7 VOB/B wird dem § 309 Nr. 7 BGB Rechnung getragen, wonach bei **vorformulierten** Vertragsbedingungen eine Haftungsbeschränkung in solchen Fällen unzulässig ist.

205 Liegt ein schuldhaft verursachter **wesentlicher** Mangel vor, der die **Gebrauchsfähigkeit** erheblich beeinträchtigt, hat der Auftragnehmer i.Ü. den Schaden an der **baulichen Anlage** zu ersetzen. Den über den Schaden an der baulichen Anlage hinausgehenden Schaden hat der Auftragnehmer zu ersetzen, wenn der Mangel auf einem Verstoß gegen die **anerkannten Regeln der Technik** beruht, im Fehlen einer vertraglich **vereinbarten Beschaffenheit** liegt oder durch eine Versicherung hätte **versichert** werden können.

206 Werden Ansprüche wegen bekannter Mängel bei der Abnahme nicht **vorbehalten**, erlischt der Nachbesserungs- und Minderungsanspruch. Ein Schadensersatzanspruch bleibt **dagegen** erhalten. Ist der Mangel, was die Regel ist, vom Auftragnehmer verschuldet, kann der Auftraggeber auch bei fehlendem Vorbehalt Schadensersatz im Hinblick auf die Mängelbeseitigungskosten sowie mögliche Folgeschäden verlangen.[179]

207 **Muster 44: Geltendmachung von Schadensersatz nach § 13 Nr. 7 VOB/B**

> Sehr geehrte Damen und Herren,
>
> mit Schreiben v. .... hatten wir Ihnen Mängel an der von Ihnen erbrachten Leistung angezeigt. Wir haben mittlerweile einen öffentlich bestellten und vereidigten Sachverständigen die Mängel begutachten lassen. Der Sachverständige kommt in seinem Gutachten, das wir in der Anlage beifügen, zu dem Ergebnis, dass Ihre Leistungen mit wesentlichen Mängeln behaftet sind, die die Gebrauchstauglichkeit erheblich beeinträchtigen. Wegen der technischen Begründung im Einzelnen verweisen wir auf das beigefügte Gutachten.
>
> Nach § 13 Nr. 7 Abs. 3 VOB/B sind Sie verpflichtet, uns wegen dieser Mängel sämtliche Schäden an der baulichen Anlage zu ersetzen. Hierbei handelt es sich um folgende Schäden, deren Bewertung der Sachverständige ebenfalls vorgenommen hat:

---

179 Vgl. OLG Köln, NJW-RR 1993, 211.

III. Besonderheiten beim VOB/B-Bauvertrag

> 1. ......
> 2. ......
> ......
>
> Wegen des offensichtlichen Verstoßes gegen die anerkannten Regeln der Technik sind Sie darüber hinaus nach § 13 Nr. 7 Abs. 3a VOB/B verpflichtet, uns auch die weiteren Schäden zu ersetzen, die über den unmittelbaren Mangelschaden hinausgehen. Es handelt sich hierbei in erster Linie um Folgeschäden in weiteren Räumlichkeiten sowie bereits angekündigte Mietminderungen. Sobald eine genaue Schadensermittlung insoweit möglich ist, werden wir diesen noch der Höhe nach beziffern.
>
> Wir fordern Sie auf, den oben ausgewiesenen bereits bekannten Schaden i.H.v. ...... € bis spätestens zum ...... auf eines unserer Konten zu überweisen. Wir fordern Sie ferner auf, innerhalb der gleichen Frist anzuerkennen, dass Sie verpflichtet sind, auch den weiterhin entstehenden, noch nicht abschließend bezifferbaren Schaden zu ersetzen.
>
> Sollten Sie die vorgenannte Frist nicht einhalten, werden wir unsere Ansprüche gerichtlich durchsetzen. Dies wird sodann auch ohne weitere Ankündigung geschehen.
>
> Mit freundlichen Grüßen
>
> ....

f) Zuschuss wegen Mithaftung des Auftraggebers

Hat der Auftraggeber oder sein **Architekt** bzw. **Erfüllungsgehilfe** die Entstehung eines Mangels **mitverursacht**, kann der Auftragnehmer zu den Kosten der Nachbesserung einen **Zuschuss** verlangen.[180] Ein Zuschussanspruch erwächst dem Auftragnehmer auch dann, wenn sich im Zuge der Nachbesserungsarbeiten zeigt, dass Leistungen für eine ordnungsgemäße Ausführung **notwendig** und zu erbringen sind, die der Auftragnehmer vertraglich **nicht** schuldet.[181] Der Aufwendungs- bzw. Schadensersatzanspruch des Auftraggebers ist stets um die Kosten zu kürzen, um die die Bauleistung bei einer

208

---

180 Vgl. BGH, NJW 1999, 416.
181 Vgl. Werner/Pastor, Der Bauprozess, Rn. 1563.

D. Bauvertrag

ordnungsgemäßen Ausführung von vornherein teurer geworden wäre (sog. **Sowiesokosten**).

209 Die Zuschusspflicht des Auftraggebers führt dazu, dass er auf Verlangen des Auftragnehmers eine **Sicherheitsleistung** (z.B. Bürgschaft) stellen muss,[182] er muss den Zuschussbetrag **vor** Durchführung der Nachbesserungsarbeiten also **nicht** (zwingend) bezahlen. Bietet der Auftragnehmer die Mängelbeseitigung an, kommt der Auftraggeber in **Annahmeverzug**, wenn er dem berechtigten Verlangen nach einer Zuschusszahlung nicht zumindest in Form einer Sicherheitsleistung nachkommt. Lässt der Auftraggeber in diesen Fällen die Mängel durch ein Drittunternehmen beseitigen, steht ihm ein Ersatzanspruch gegen den gewährleistungspflichtigen Auftragnehmer nicht zu.[183]

210 **Muster 45: Anforderung einer Zuschusszahlung wegen Mithaftung des Auftraggebers**

> Sehr geehrte Damen und Herren,
>
> Ihre Mängelrüge vom .... haben wir heute erhalten. Grds. erkennen wir unsere Gewährleistungsverpflichtung für die gerügten Mängel an und sind bereit, die erforderlichen Nachbesserungsarbeiten vorzunehmen. Dies betrifft insbes. die festgestellten handwerklichen Fehler. Wie wir der Mängelrüge, insbes. den beigefügten Anlagen, jedoch entnehmen, war mit der ausgeschriebenen Leistung ein fehlerfreies Werk nicht zu erbringen. Hierzu wären von vornherein weitere zusätzliche Arbeiten notwendig gewesen, die von uns vertraglich jedoch nicht geschuldet werden. Sicher haben Sie Verständnis dafür, dass wir derartige Leistungen auch nicht im Rahmen von Nachbesserungsarbeiten kostenfrei erbringen können. Zu der von Ihnen geforderten Nachbesserung hat mithin eine Zuzahlung durch Sie i.H.v. .... € zu erfolgen. Die Berechnung im Einzelnen entnehmen Sie bitte der beigefügten Aufstellung.
>
> Wir dürfen Sie höflichst bitten, uns den entsprechenden Betrag zu überweisen oder uns zumindest hierüber eine Bankbürgschaft oder Bankgarantie in üblicher Form zukommen zu lassen. Wir werden sofort nach Erhalt der Zahlung bzw. der Bankbürgschaft die erforderlichen Mängelbeseitigungsmaßnahmen beginnen und zügig durchführen.

---

182 Vgl. OLG Nürnberg, NJW-RR 2000, 99.
183 Vgl. OLG Hamm, BauR 199, 756.

III. Besonderheiten beim VOB/B-Bauvertrag

Mit freundlichen Grüßen

....

g) Unverhältnismäßigkeit der Nachbesserung

Der Auftragnehmer ist berechtigt, eine Nachbesserung zu **verweigern**, wenn sie einen **unverhältnismäßigen Aufwand** erfordert. Dies muss vom Auftragnehmer erklärt und begründet werden.[184]

211

Unverhältnismäßig sind Aufwendungen für die Beseitigung eines Mangels dann, wenn der damit in Richtung auf die Beseitigung des Mangels erzielte Erfolg oder Teilerfolg bei Abwägung aller Umstände des Einzelfalls in keinem vernünftigen Verhältnis zur Höhe des dafür gemachten Geldaufwands steht. In diesen Fällen ist es nach **Treu und Glauben** nicht gerechtfertigt, wenn der Auftraggeber diese Aufwendungen dem Auftragnehmer anlasten kann. Dies wäre dem Auftragnehmer nicht zumutbar.[185] Das Bestehen auf ordnungsgemäße Vertragserfüllung muss sich also im Verhältnis zum dafür erforderlichen Aufwand unter Abwägung aller Umstände als treuwidrig darstellen. Dies ist der Fall, wenn nur ein **objektiv geringes Interesse** an der Mängelbeseitigung besteht und diesem ein vergleichsweise unangemessener Kostenaufwand gegenübersteht, z.B. unerhebliche **Farbabweichungen**, geringfügige **Schönheitsfehler**.

Ein **objektives Interesse** an der ordnungsgemäßen Vertragserfüllung steht demgegenüber einem Einwand der Unverhältnismäßigkeit auch dann nicht entgegen, wenn die Mängelbeseitigung hohe Kosten verursacht. Dies gilt insbes. dann, wenn die **Funktionsfähigkeit** des Bauwerks spürbar beeinträchtigt ist. Keine Rolle spielt in diesem Zusammenhang das Verhältnis der Nachbesserungskosten zur Höhe des Werklohns.

Muster 46: Ablehnung der Mängelbeseitigung wegen Unverhältnismäßigkeit nach § 13 Nr. 6 VOB/B

212

Sehr geehrte Damen und Herren,

Ihre Mängelrüge vom .... ist uns am .... zugegangen. Wie wir der Mängelrüge, insbes. den Anlagen, entnehmen, geht es um geringfü-

---

184 Vgl. OLG Düsseldorf, BauR 1987, 572.
185 Vgl. BGH, BauR 2002, 613.

D. Bauvertrag

> gige optische Mängel in vereinzelten Bereichen des Bauvorhabens. Die Gebrauchstauglichkeit ist dabei uneingeschränkt gegeben. Gleichwohl verlangen Sie den vollständigen Austausch der von uns erbrachten Leistung unter laufendem Betrieb des Objekts. Dies ist uns angesichts der erheblichen Kosten einer derartigen Maßnahme nicht zumutbar.
>
> Wir verweigern daher eine Mängelbeseitigung nach § 13 Nr. 6 VOB/B. Als Minderung für die optischen Mängel schlagen wir einen Betrag i.H.v. .... € vor. Wir halten diesen Betrag für angemessen und erbitten Ihr Einverständnis hierzu. Wir werden dann umgehend den entsprechenden Betrag anweisen.
>
> Mit freundlichen Grüßen
>
> ....

h) Verjährungseinrede

213 Durch das Schuldrechtsmodernisierungsgesetz ist das **Verjährungsrecht** für Mängelansprüche beim **Werkvertrag** erheblich verändert worden.

Im Rahmen der Schuldrechtsmodernisierung sah sich auch der DVA zu einer Anpassung der **Verjährungsregelungen in der VOB/B** veranlasst. Der § 13 Nr. 4 VOB/B bestimmt nunmehr:

- Regelverjährungsfrist für Bauwerke beträgt **vier Jahre**.
- Für Arbeiten an einem Grundstück und für vom Feuer berührte Teile von Feuerungsanlagen beträgt die Verjährungsfrist **zwei Jahre**.
- Bei maschinellen und elektrotechnischen/elektronischen Anlagen oder Teilen davon, bei denen die Wartung Einfluss auf die Sicherheit und Funktionsfähigkeit hat, beträgt die Verjährungsfrist **zwei Jahre**, wenn der Auftraggeber dem Auftragnehmer während der Verjährungsfrist **nicht** die Wartung übertragen hat, ansonsten verbleibt es bei der Regelverjährungsfrist von vier Jahren.
- Schließlich beträgt die Verjährungsfrist für feuerberührte und abgasdämmende Teile von industriellen Feuerungsanlagen **ein Jahr**.

214 Die Frist beginnt mit der **Abnahme**, bei einer rechtsgeschäftlichen Teilabnahme mit dieser **Teilabnahme**.[186]

---

[186] Vgl. Kapellmann/Langen, Einführung in die VOB/B, Rn. 241.

III. Besonderheiten beim VOB/B-Bauvertrag

Neben der Regelverjährungsfrist ist auch die **"Quasi-Verjährungsunterbrechung"** gem. § 13 Nr. 5 Abs. 1 Satz 2 und 3 VOB/B verändert worden. Nach dieser Vorschrift verjährt der Anspruch auf Beseitigung eines gerügten Mangels in **zwei Jahren**, gerechnet vom **Zugang** des schriftlichen Nachbesserungsverlangens, allerdings **nicht vor Ablauf** der in § 13 Nr. 4 VOB/B bestimmten Regelverjährungsfristen **oder** einer an deren Stelle tretende vertraglich vereinbarte Frist.

215

> **Hinweis:**
> Wichtig ist, dass nur die **erste** schriftliche Rüge zu der Rechtsfolge des § 13 Nr. 5 Abs. 1 Satz 2 und 3 VOB/B führt.[187] Die erste schriftliche Mängelrüge sollte daher stets aus Beweisgründen als Einschreiben mit Rückschein/Telefax erfolgen. Darüber hinaus muss die Mängelrüge gegenüber dem **Auftragnehmer** unmittelbar erfolgen, nur dieser ist der richtige Adressat.

Hat der Auftraggeber vor Ablauf der Verjährungsfrist Mängel gerügt, bleibt ihm die **Mängeleinrede** auch nach eingetretener Verjährung gegenüber dem Restzahlungsanspruch erhalten.[188] Der Auftraggeber ist dann auch berechtigt, eine noch vorhandene **Sicherheit** zurückzuhalten und sich aus der Sicherheit zu befriedigen, obwohl seine Gewährleistungsansprüche an sich verjährt sind.[189]

216

Erbrachte **Nachbesserungsarbeiten** unterliegen nach § 13 Nr. 5 Abs. 1 Satz 3 VOB/B wiederum einer **Verjährung von zwei Jahren**, eine Regelung, die unter AGB-Gesichtspunkten (wenn die VOB/B nicht als Ganzes vereinbart ist) unwirksam ist,[190] weil das Werkvertragsrecht des BGB keine selbstständige Verjährungsfrist für Nachbesserungsarbeiten kennt. Die Verjährungsfrist für die Nachbesserungsleistung beginnt mit deren **Abnahme** und kann wiederum durch **erste** schriftliche Mängelrüge unterbrochen werden.[191]

217

---

187 Vgl. OLG Düsseldorf, BauR 1998, 549.
188 Vgl. Kapellmann/Langen, Einführung in die VOB/B, Rn. 244.
189 Vgl. BGH, BauR 1993, 335.
190 Vgl. OLG Hamm, IBR 1994, 316.
191 Vgl. OLG Hamm, BauR 1993, 86; OLG Düsseldorf, IBR 1994, 13.

D. Bauvertrag

218 **Muster 47: Geltendmachung der Verjährungseinrede**

> Sehr geehrte Damen und Herren,
>
> wir nehmen Bezug auf Ihre Mängelrüge vom ...., die uns am .... zugegangen ist. Zu unserem Bedauern müssen wir Ihnen mitteilen, dass ein Anspruch auf Nachbesserung verjährt ist. Die Leistungen wurden am .... abgenommen. Die vertraglich vereinbarte Verjährungsfrist belief sich auf .... Jahre. Damit sind etwaige Mängelansprüche am .... verjährt.
>
> Wir berufen uns ausdrücklich auf die Einrede der Verjährung und werden im Rahmen der Gewährleistung keine Arbeiten mehr ausführen.
>
> Mit freundlichen Grüßen
>
> ....

4. Vergütung, Abrechnung, Nachträge

a) Begriff „Nachträge"

219 Nachträge sind nur Ansprüche auf **Mehrvergütung** wegen **geänderter** oder **zusätzlicher** Leistung. Voraussetzung ist eine Soll-Ist-Abweichung. Solche „Nachtragsansprüche" werden auf der Basis der Auftragskalkulation berechnet, sie sind also weiterentwickelte Vergütungsansprüche.

Im allgemeinen Sprachgebrauch gibt es auch „Behinderungsnachträge". Dieser Ausdruck sollte aber **vermieden** werden, um deutlich zu machen, dass Ansprüche des Auftragnehmers wegen Behinderungen durch den Auftraggeber zu Schadensersatzansprüchen, nicht zu Mehrvergütungsansprüchen führen. Bei Schadensersatzansprüchen besteht **keine** Bindung an die Auftragskalkulation. Es kann der tatsächlich entstehende Mehraufwand geltend gemacht werden.

b) Operatives Ablaufschema bei Nachträgen

aa) Änderungsauftrag des Auftraggebers

220 Die VOB/B weist dem Auftraggeber das Recht zu, Änderungsanordnungen im Hinblick auf modifizierte und zusätzliche Leistungen auszusprechen.

III. Besonderheiten beim VOB/B-Bauvertrag

Weder die VOB/B noch das BGB sehen allerdings vor, dass der Auftraggeber von dem Auftragnehmer eine zeit- und kostenintensive Unterstützung im Hinblick auf seine Entscheidungsfindung verlangen kann. Der Auftragnehmer ist grds. nicht verpflichtet, für den Auftraggeber Beratungsleistungen im Hinblick auf die Entscheidungsfindung zur Anordnung von Nachträgen zu erbringen.

Als vertragliche Nebenverpflichtung kann sich zwar eine Auskunftspflicht dergestalt ergeben, dass kalkulatorische Grundlagen etwaiger Änderungsanordnungen zu benennen sind. Eine unentgeltliche Analyse und Planungsarbeiten schuldet der Auftragnehmer jedoch nach der VOB/B nicht. Daher muss der Auftragnehmer bei einer Änderungsanfrage stets prüfen, ob mit der Änderungsanfrage Planungs- und Analyseaufgaben verbunden sind, die im nennenswerten Umfang **Kosten- und Zeitaufwand** verursachen. Nur soweit die Änderungsanfrage einfach beantwortet werden kann, ohne dass nennenswerter Aufwand entsteht, ist zu empfehlen, die Änderungsanfrage zu beantworten. In diesem Fall müssen die weiteren Prüfungsschritte allerdings gedanklich durchlaufen, insbes. der Mehranspruch hinsichtlich Vergütung und Zeit rechtzeitig angekündigt werden. Ist die Änderungsanfrage mit komplizierten Analysen und Planungen verbunden, die einen nennenswerten Kosten- oder Zeitaufwand verursachen, kann eine Änderungsanfrage dahingehend beantwortet werden, dass der Auftraggeber gebeten wird, die Entscheidung über die Änderungsanordnung selbst zu treffen, wobei man die notwendigen Auskünfte für vergütungsrelevante Entscheidungen erteilen werde, jedoch derzeit keine Ressourcen zur Verfügung habe, um ohne Zeit- und Kostenauswirkungen bei der Entscheidungsfindung unterstützend mitzuwirken. Dem Auftraggeber kann jedoch auch mitgeteilt werden, dass man grds. bereit sei, den Auftraggeber im Entscheidungsmanagement für Änderungsanordnungen zu unterstützen, dass diese Tätigkeit allerdings einen Zeit- und Kostenaufwand verursache, der **zusätzlich vergütet** werden müsse. In einem solchen Fall ist sogleich ein Angebot, das die zeit- und kostenmäßigen Auswirkungen enthält, mitzuteilen. Der Auftraggeber kann dann die zusätzliche Leistung anfordern oder davon Abstand nehmen. Im letzteren Fall findet eine Bearbeitung der Änderungsüberlegungen des Auftraggebers dann im Weiteren nicht statt, es werden allenfalls Einzelauskünfte erteilt.

221

222 In jedem Fall ist bei Eingang einer Änderungsanfrage zu untersuchen, ob damit **Auswirkungen** auf den Bauablauf in **terminlicher Hinsicht** verbunden sind, etwa ein Planungsstopp impliziert ist. Dann muss der Auftraggeber darauf hingewiesen werden, dass entweder wegen der ungeklärten Auswirkungen in seiner Anfrage zunächst weiter geplant wird, mit der Konsequenz, dass der hierdurch entstehende Mehraufwand später ggf. überflüssig wird, es sei denn, der Auftraggeber ordnet einen Planungsstopp ausdrücklich an. Soweit die Anfrage derart verbindlich und deutlich ist, dass sie bereits als Planungsstopp aufgefasst werden muss, ist sofort Behinderung anzuzeigen.

☑ **Ablaufschema: Schritt 0**

Änderungsanfrage des Auftraggebers

☐ Wenn der Auftragnehmer auf die Anfrage inhaltlich antworten will, muss er eine spätere Beauftragung unterstellen und vorsorglich den Prüfablauf gedanklich durchschreiten, insbes. die Erfassung nach Schritt 1 vornehmen; der Auftraggeber wird ggf. später den Abschluss eines entsprechenden Nachtrags verlangen.

☐ Der Auftragnehmer schuldet grds. keine Untersuchungen zur Vergütungsoptimierung des Auftraggebers. Deshalb muss bei einer Änderungsüberlegung geprüft werden, ob er für die Planungsleistungen eine Vergütung verlangt. Dem Auftraggeber kann anheimgestellt werden, die Prüfung selbst vorzunehmen, wobei der Auftragnehmer ggf. kalkulatorische Auskünfte erteilt.

☐ Der Auftragnehmer prüft, ob und ggf. wann die Untersuchung der Änderungsanfrage eine Behinderung mit sich bringt (z.B. bei Planungsstopp) und weist den Auftraggeber auf Behinderungen oder auf planungs- und bauablaufbezogene Konsequenzen der Änderung hin.

bb) Erfassung

223 Das erste Problem in der Baupraxis ist, Anhaltspunkte für Nachträge nicht zu übersehen. Dies erfordert eine **systematische Prüfung** dahingehend, ob auftraggeberseitige Anordnungen oder Bauumstände nachtragsrelevant sein können.

III. Besonderheiten beim VOB/B-Bauvertrag

Besteht ein derartiger „Nachtragsverdacht", erfolgt zunächst eine Aufnahme in eine **Nachtragsverfolgungsliste**. Der vermeidliche Nachtrag erhält eine Bearbeitungsnummer und der zugrunde liegende Sachverhalt wird erfasst. 224

Soweit eine auftraggeberseitige Anordnung vorliegt, muss deren **Ordnungsmäßigkeit** sofort überprüft werden. Dabei ist zu klären, ob eine klare und unmissverständliche Anordnung vorliegt, die ggf. angefordert werden sollte. Es muss geklärt werden, ob die **Vertretungsmacht** des Anordnenden (Handelnden) gegeben ist. Schließlich sollte jede Anordnung **schriftlich** dokumentiert sein. 225

Liegt keine klare, schriftliche oder mit Vertretungsmacht ausgestattete Anordnung des Auftraggebers vor, ist zu prüfen, ob die Leistung gleichwohl durchgeführt werden muss. Dies ist der Fall, wenn sich bei Schritt 2 (vgl. Rn. 227 f.) herausstellen sollte, dass eine Abweichung zum vertraglichen Bau-Soll überhaupt nicht vorliegt. Wird eine klare Anordnung nicht erteilt bzw. verweigert, muss geprüft werden, ob ein Leistungsverweigerungsrecht besteht und geltend gemacht werden soll. 226

Ablaufschema: Schritt 1 ☑

Erfassung
☐ Erfassung **auftraggeberseitiger Anordnungen** und sonstiger Erkenntnisse über geänderte Leistungsanforderungen bzw. zusätzliche Leistungen
☐ Vergabe einer Nummer und Aufnahme des Sachverhalts in eine **Nachtragsverfolgungsliste**
☐ Prüfung, ob Vertretungsmacht des Auftraggebers gegeben ist, soweit schriftliche auftraggeberseitige Anordnungen vorliegen; ansonsten Zurückweisung aus formalen Gründen
☐ Anforderung schriftlicher Anordnungen des Auftraggebers hinsichtlich der Ausführung, soweit **keine** klare, schriftliche oder wirksame Auftraggeber-Anordnung vorliegt; weigert sich der Auftraggeber, ggf. Zurückbehaltungsrechte prüfen

cc) **Vergleich Bau-Soll und Bau-Ist**

Das Bau-Soll, also die vertraglichen Vorgaben, die die Leistungspflichten des Auftragnehmers vorgeben, sind für den betreffenden Bereich anhand 227

D. Bauvertrag

einer ganzheitlichen Auslegung der Vertragsunterlagen festzulegen bzw. festzustellen. Dem ist das Bau-Ist gegenüberzustellen. Geänderte Anforderungen können sich z.b. aus Korrespondenz des Auftraggebers oder der von ihm eingeschalteten Bevollmächtigten, eingehenden Plänen, mündlichen Anweisungen oder endgültig festgestellten örtlichen Bedingungen ergeben. Stimmen (künftiges) Bau-Ist und Bau-Soll überein, so gibt es keine Abweichung; der Auftragnehmer baut nach seiner vertraglichen Verpflichtung. Ein Nachtrag liegt in einem solchen Fall nicht vor. Die operative Prüfung ist beendet.

228 Ergibt sich eine Bau-Soll/Bau-Ist-Abweichung, ist diese zu **dokumentieren**.

Beispiele:

- *Fortschreibung der Objektplanung,*
- *Markierung und Auflistung aller im Zusammenhang mit den Änderungen geänderten Planungsunterlagen, Zeichnungen, Beschreibungen, Berechnungen, Muster,*
- *die Fortschreibung der Arbeitsplanung,*
- *Markierung und Auflistung aller im Zusammenhang mit der Änderung geänderten Arbeitsvorbereitungsplanungen,*
- *Bauverfahren,*
- *Ablaufplanung,*
- *Preisermittlungsgrundlagen,*
- *Dokumentation der Aufwendungen von Ingenieurstunden für technische Bearbeitung, Koordination, Planung und Überwachung.*

☑ **Ablaufschema: Schritt 2**

Vergleich Bau-Soll und Bau-Ist

☐ Feststellung des **Bau-Solls** anhand der Vertragsunterlagen

☐ Feststellung, ob aufgrund einer Änderung eine **Ist-Abweichung** vorliegt/zu erwarten ist, und Prüfung, ob die Soll-Ist-Abweichung aus der **Sphäre des Auftraggebers** stammt

☐ **Dokumentation** der Bau-Soll/Bau-Ist-Abweichung

☐ Soweit keine dem Auftraggeber zuzurechnende Bau-Soll/Bau-Ist-Abweichung vorliegt = kein Nachtrag

III. Besonderheiten beim VOB/B-Bauvertrag

dd) Kosten und Terminverlängerungsanzeige

Steht fest, dass eine Bau-Soll/Bau-Ist-Abweichung vorliegt, ist ein etwaiger Anspruch auf geänderte/zusätzliche Vergütung **sofort** anzuzeigen, und zwar **vor Ausführung**. Aus Sicherheitsgründen hat die rechtzeitige Ankündigung von Mehrvergütungsansprüchen nicht nur bei zusätzlichen Leistungen, sondern auch bei angeordneten Leistungsänderungen zu erfolgen. Ferner hat eine Ankündigung von Mehrvergütungsansprüchen bei geänderten Bauumständen zu erfolgen. Zeitliche Auswirkungen der Änderungsanordnung oder der geänderten Bauumstände sind immer mit anzugeben, zumindest in der Form, dass die erwarteten zeitlichen Verzögerungen genannt werden. Auch dieser Hinweis hat in Schriftform zu erfolgen und muss zumindest die voraussichtliche Verzögerungsdauer angeben.

229

Die entsprechenden Mehrkosten- und Terminverlängerungsanzeigen sollten spätestens innerhalb einer Woche, jedenfalls **vor Ausführung** erfolgen. Gleichzeitig sollte ein Konto als Kostenträger zur internen Erfassung und Zuordnung aller relevanten Mehr- und Minderkosten eingerichtet werden.

230

Ablaufschema: Schritt 3 ☑

Kosten und Terminverlängerungsanzeige

☐ Liegt eine maßgebliche Bau-Soll/Bau-Ist-Abweichung vor, **zeigt der Auftragnehmer** die Notwendigkeit der Leistungsänderung bzw. zusätzlichen Leistung an:

- unter ausdrücklichem Hinweis auf:
  - **Ansprüche wegen Mehrvergütung** – Anzeige sowohl bei geänderten als auch bei zusätzlichen Leistungen
  - **Ansprüche wegen Terminverlängerung** unter Angabe der voraussichtlichen Verzögerung, wenn bereits möglich
  - **innerhalb einer Woche**, jedenfalls vor Ausführung

☐ Einrichtung eines Kontos als Kostenträger interner Erfassung und Zuordnung aller relevanten Mehr- und Minderkosten

ee) Nachtragsangebot

Vor Ausführung sollte ein Nachtragsangebot erarbeitet werden. Es besteht eine Berechtigung, die Leistung zu verweigern, wenn der Auftraggeber eine

231

D. Bauvertrag

Preisvereinbarung schuldhaft verzögert oder unterlässt. Dieses Leistungsverweigerungsrecht ist nur dann ausgeschlossen, wenn der Auftraggeber zumindest dem Grunde nach bestätigt, dass es sich um geänderte oder zusätzliche Leistungen handelt, und vor Ausführung mitteilt, welche neue Vergütung er als Mindestbetrag derzeit akzeptiert.

232 Der Auftragnehmer sollte stets die Initiative hinsichtlich der Verhandlungen über den Abschluss eines Nachtragsvertrags übernehmen. Es sollte darauf hingewirkt werden, Nachtragsfragen möglichst in eine Vertragsform zu bringen. Grds. sollten die Arbeiten erst nach Abschluss einer Nachtragsvereinbarung ausgeführt werden. Kommt es zum Abschluss einer Nachtragsvereinbarung, sollte diese zwingend **schriftlich** erfolgen, eine **Preisvereinbarung** enthalten und die **Auswirkungen auf die Bauzeit** feststellen. Der Terminplan ist dann entsprechend zu überarbeiten und dem Auftraggeber zur Genehmigung neu vorzulegen. Kommt keine Nachtragsvereinbarung zustande, bestätigt der Auftraggeber jedoch die grundsätzliche Vergütungsfähigkeit der geforderten Leistung, können die Arbeiten ausgeführt werden. Kommt eine Nachtragsvereinbarung oder eine ausdrückliche Anordnung deswegen nicht zustande, weil der Auftraggeber geltend macht, die Leistung sei ohnehin im Bau-Soll enthalten, ist vor Ausführung eine juristische Klärung dringend zu empfehlen.

233 Nach Ausführung einer Nachtragsleistung sollte unverzüglich abgerechnet werden, um ggf. auch wegen der Nichtzahlung Zurückbehaltungsrechte geltend machen zu können.

234 Ein **Nachtragsangebot** sollte folgende **Bestandteile** haben:
- Anschreiben mit Hinweis auf zuvor erfolgte Ankündigung des Anspruchs,
- Beschreibung der Leistung ggf. mit einer über den Leistungstext hinausgehenden Darstellung der technischen Sachverhalte und Leistungsbestandteile,
- Leistungsverzeichnis des Nachtrags in der äußeren Form des Hauptangebots,
- Kalkulation der Nachtragspreise ggf. auf Basis der Auftragskalkulation oder der Einheitspreisliste,
- Anlagen wie z.B. Aufmaße, Zeichnungen, Schriftverkehr, Lieferanten-/Produktunterlagen.

III. Besonderheiten beim VOB/B-Bauvertrag

Das **Anschreiben zu einem Vergütungsnachtrag** sollte folgende Informationen enthalten: 235
- eindeutige Zuordnung zum Hauptvertrag,
- Zuordnung zum Objektbereich,
- lfd. Nummer des Nachtrags und Nennung des Nachtragsleistungsgegenstands,
- Benennung der Mehrkostenankündigung mit Datum,
- Benennung der vertraglichen Anspruchsgrundlagen,
- Benennung des die Nachtragsleistung auslösenden Tatbestands, z.B. Anordnung des Auftraggebers, geänderte Planungsvorgaben etc.

Zur eindeutigen Abgrenzung der Nachtragsleistung vom Leistungsumfang des Hauptvertrags ist ggf. eine (kurze) Beschreibung der Nachtragsleistung anzufertigen. Es ist dabei sinnvoll, die dort gegebene Beschreibung in der Struktur ähnlich der im Leistungsverzeichnis beigefügten technischen Vorbemerkungen abzufassen. Sollten zur Darlegung weitere technische Unterlagen, z.B. Montagezeichnungen, Produktunterlagen, Berechnungen, notwendig sein, sind sie an dieser Stelle zu benennen bzw. auf die entsprechenden Anlagen zu verweisen. 236

Das Leistungsverzeichnis (LV) des Nachtrags sollte möglichst in der Struktur des Hauptvertrags abgefasst sein und eine Zuordnung zu LV-Titeln des Hauptvertrags und der Leistungsbeschreibung haben. 237

Vor Einreichung des Nachtragsangebots sollte juristisch geklärt sein, ob der Nachtrag auf Basis einer **Einheitspreisliste** oder der **Auftragskalkulation** abgerechnet wird. Soweit der Nachtrag aus der **Auftragskalkulation** abzuleiten ist, sollten folgende **Anforderungen an die Kalkulation** erfüllt werden: 238

- Mindestdifferenzierung der Einzelkostenarten nach Baustoff- bzw. Materialkosten,
- Gerätekosten, Hilfsstoffe u.a.,
- Fremdleistungen,
- auftragsbezogene, differenzierte Kalkulation der Baustellengemeinkosten,
- Unterscheidung der Baustellengemeinkosten nach zeitabhängigen, zeitunabhängigen, variablen und fixen Kosten,

D. Bauvertrag

- Mindestdifferenzierung der umsatzbezogenen Zuschläge,
- Angabe der Zuschlagssätze (Einzelkosten),
- Deckungsbeitrag der Einzelkosten,
- Angabe der Leistungs- bzw. Aufwandsansätze.

☑ **Ablaufschema: Schritt 4**

Nachtragsangebot

☐ Der Auftragnehmer erarbeitet ein Nachtragsangebot vor **Ausführung**

☐ Der Auftragnehmer initiiert **Verhandlungen** über den Abschluss eines Nachtragsvertrags; grds. erfolgt keine Ausführung vor Abschluss des Nachtragsvertrags, es sei denn, der Auftraggeber bestätigt unter Benennung eines Mindestpreises die Vergütungsrelevanz seines Verhaltens

c) Ankündigung einer geänderten/zusätzlichen Leistung

239 Sowohl beim VOB-Werkvertrag als auch beim BGB-Bauvertrag kann der Auftraggeber auf der Bauausführungsebene **Änderungen** und **Zusatzleistungen** anordnen, der Auftragnehmer muss sie grds. ausführen.[192] Das Recht des Auftraggebers, auf der Realisierungsebene Änderungen des Bauentwurfs anzuordnen, ist allerdings nicht unbegrenzt. Der **Kern** der bisherigen Planung muss vielmehr auch innerhalb einer solchen Anordnung unberührt bleiben, die Änderungen müssen sich immer noch als **Weiterentwicklung** oder **Korrektur** des bisherigen Bauvorhabens darstellen, es dürfen für das Objekt jetzt keine grds. verschiedenen Anforderungen gegenüber der ursprünglichen Planung gestellt werden.[193]

240 Anders als beim BGB-Bauvertrag und bei geänderten Leistungen i.S.v. § 2 Nr. 5 VOB/B setzt ein Vergütungsanspruch wegen zusätzlicher Leistungen nach § 2 Nr. 6 VOB/B voraus, dass der Auftragnehmer den Anspruch dem Auftraggeber **ankündigen** muss, **bevor** er mit der Ausführung beginnt. Die

---

[192] Vgl. BGH, BauR 1996, 378.
[193] Vgl. Kapellmann/Schiffers, Vergütung, Nachträge und Behinderungsfolgen beim Bauvertrag, Bd. 2 Rn. 1020.

III. Besonderheiten beim VOB/B-Bauvertrag

vorherige Ankündigung ist **Anspruchsvoraussetzung**, ohne sie gibt es keine Vergütung.[194]

> **Hinweis:**
> Es empfiehlt sich, den sichersten Weg zu gehen und daher bei leistungserweiternden Eingriffen des Auftraggebers in der Realisierungsphase **immer** den Mehrvergütungsanspruch vor Ausführung anzukündigen, da die Abgrenzung zwischen einer geänderten und zusätzlichen Leistung nicht immer ohne intensiven Prüfungsaufwand zu klären ist. Häufig enthalten die Vertragsunterlagen darüber hinaus auch für geänderte Leistungen ein Ankündigungserfordernis.

Vom Ankündigungserfordernis gem. § 2 Nr. 6 Abs. 1 Satz 2 VOB/B gibt es **Ausnahmen**. Ordnet der Auftraggeber explizit eine pure **Mengenmehrung** an, löst dies Ansprüche nach § 2 Nr. 6 VOB/B aus. Kein Auftraggeber kann davon ausgehen, dass er aufgrund nachträglicher Entscheidung von derselben Leistung mehr verlangen kann, ohne dafür auch mehr bezahlen zu müssen. Die Warnfunktion des Ankündigungserfordernisses ist hier entbehrlich. Kündigt der Hauptauftragnehmer dem Bauherrn einen Mehrvergütungsanspruch an, hat er bei parallelem Vertragsinhalt **positive Kenntnis** davon, dass auch ihm gegenüber eine Zusatzleistung gegeben ist. Auch hier entfällt die Warnfunktion, allerdings nur für den Nachunternehmer. Der „frivole" **Auftraggeber** kann sich nicht auf die fehlende Ankündigung stützen, wenn die Leistung nur deshalb zusätzlich ist, weil sie vom Auftraggeber absichtlich nicht in den Angebotsunterlagen als Bau-Soll kenntlich gemacht war und daher vom Bieter nicht berücksichtigt wurde. Auch hier entfällt die Warnfunktion. Ordnet der Auftraggeber eine **Eventualposition** an, die wegen eines Verstoßes gegen § 19 VOB/A oder § 308 Nr. 1 BGB unwirksam ist und damit die auszuführende Leistung zusätzlich macht, ist eine Ankündigung ebenfalls überflüssig.[195]

Allgemein ist eine Ankündigung immer entbehrlich, wenn der Auftraggeber sich nicht im Unklaren darüber sein kann, dass eine Zusatzleistung vorliegt und dass der Auftragnehmer sie nicht ohne Vergütung erbringen wird. Die

---

[194] Vgl. BGH, BauR 1991, 210; Kapellmann/Schiffers, Vergütung, Nachträge und Behinderungsfolgen beim Bauvertrag, Bd. 1 Rn. 1101.
[195] Vgl. Kapellmann/Schiffers, Vergütung, Nachträge und Behinderungsfolgen beim Bauvertrag, Bd. 1 Rn. 1102 ff.

D. Bauvertrag

unterlassene Ankündigung schadet auch dann nicht, wenn der Auftragnehmer sie unverschuldet unterlassen hat.[196]

241 Sowohl bei einem Vergütungsanspruch gem. § 2 Nr. 5 VOB/B als auch bei einem solchen aus § 2 Nr. 6 VOB/B wird zur Bildung des neuen Preises grds. auf den alten Preis zurückgegriffen, die Auftragskalkulation ist **„fortzuschreiben"**, die Vergütung wird auf Basis des bisherigen **Preisniveaus** der vertraglich vereinbarten Vergütung ermittelt.[197]

242 **Muster 48: Ankündigung eines Vergütungsanspruchs wegen geänderter/ zusätzlicher Leistungen**

> Sehr geehrte Damen und Herren,
>
> bei dem Bauvorhaben .... haben Sie folgende Leistungen von uns gefordert:
>
> 1. ....
>
> 2. ....
>
> ....
>
> Da diese Leistungen im Leistungsumfang des mit Ihnen geschlossenen Bauvertrags nicht enthalten sind, haben wir Anspruch auf eine besondere Vergütung bzw. Preisanpassung.
>
> Vorsorglich kündigen wir hiermit einen Anspruch auf zusätzliche Vergütung an.
>
> In der Anlage erhalten Sie unser Nachtragsangebot mit der Bitte, dieses unverzüglich anzunehmen, um einen reibungslosen Ablauf der Bauleistungen sicherzustellen. Für die Ausführung der von Ihnen geforderten Leistungen benötigen wir .... Werktage. Vorsorglich weisen wir darauf hin, dass es nicht möglich ist, diese Arbeitszeit durch Umdispositionen im Bauablauf oder noch vorhandene Pufferzeiten aufzufangen. Die vereinbarte Ausführungsfrist verlängert sich daher um die oben aufgezählten Werktage.

---

196 Vgl. BGH, BauR 1996, 542.
197 Einzelheiten der Neuberechnung der Vergütung bei Kapellmann/Schiffers, Vergütung, Nachträge und Behinderungsfolgen beim Bauvertrag, Bd. 1 Rn. 1146 ff. m.w.N.

> Vorsorglich weisen wir darauf hin, dass wir uns aufgrund der Terminverschiebung an die vereinbarte Vertragsstrafe nicht mehr gebunden fühlen.
>
> Die Preise des Nachtragsangebots sind, soweit im Hauptauftrag vorhanden, auf den Grundlagen der Preisermittlung für die vertragliche Leistung kalkuliert.
>
> Mit freundlichen Grüßen
>
> ....

d) Preisanpassungsverlangen nach § 2 Nr. 3 VOB/B

aa) Grundsatz

Weicht die ausgeführte Menge **ohne Anordnungen** des Auftraggebers von der ausgeschriebenen Menge beim Einheitspreisvertrag nach oben oder unten ab, weil z.b. die ausgeschriebene Menge falsch ermittelt wurde, ändert sich bei Über- oder Unterschreitungen bis zu 10 % der ausgeschriebenen Menge der vertraglich vereinbarte Preis pro Einheit nicht. Natürlich ändert sich die Gesamtvergütung. 243

Durch vertragliche Vereinbarung, auch im Wege Allgemeiner Geschäftsbedingungen, kann § 2 Nr. 3 VOB/B ausgeschlossen werden, beim öffentlichen Auftraggeber ist eine derartige Klausel jedoch ein Vergabeverstoß und unzulässig.[198] 244

bb) Mengenüberschreitung um mehr als 10 %

Weicht die Menge um mehr als 10 % **nach oben** von dem im Vertrag vorgesehenen Vordersatz ab, ist für die über 110 % hinausgehende Menge auf **Verlangen** ein neuer Einheitspreis unter Berücksichtigung der Mehr- oder Minderkosten zu bilden, so dass im Ergebnis zwei Preise für ein und dieselbe Leistungsposition vorhanden sind.[199] Dieser neue Einheitspreis wird im Normalfall niedriger sein als der vertraglich vereinbarte Einheitspreis, weil die gesamten Baustellengemeinkosten i.d.R. auf Basis des ursprünglichen Einheitspreises bereits vollständig gedeckt sind. War der ursprüng- 245

---

198 Vgl. Kapellmann/Langen, Einführung in die VOB/B, Rn. 39.
199 Vgl. Kapellmann/Langen, Einführung in die VOB/B, Rn. 37.

liche Preis mit **Verlust** kalkuliert, setzt sich dieser Verlust grds. auch für den neuen Einheitspreis fort.

246 Muster 49: Preisanpassungsverlangen bei einer Mengenüberschreitung um mehr als 10 %

> Sehr geehrte Damen und Herren,
>
> wir haben festgestellt, dass bei den nachfolgenden Positionen der im Leistungsverzeichnis ausgewiesene Mengenansatz um mehr als 10 % überschritten wurde:
>
> ....
>
> Die Vorschrift des § 2 Nr. 3 VOB/B sieht für diesen Fall vor, dass auf Verlangen ein neuer Preis unter Berücksichtigung der Mehr- und Minderkosten zu vereinbaren ist.
>
> Auf der Grundlage der Kalkulation der entsprechenden Positionen des Hauptangebots ergeben sich für die betroffenen Positionen unter Berücksichtigung der Mehr- bzw. Minderkosten die nachfolgend aufgeführten neuen Einheitspreise:
>
> ....
>
> Wegen der Berechnung verweisen wir auf die beigefügten Anlagen. Wir bitten um Prüfung und Bestätigung der neuen Einheitspreise bis spätestens zum .... , um mögliche Behinderungen im Bauablauf zu vermeiden.
>
> Für Rückfragen stehen wir jederzeit zur Verfügung.
>
> Mit freundlichen Grüßen
>
> ....

cc) Mengenunterschreitung um mehr als 10 %

247 Bei **Mindermengen** von mehr als 10 % ist für die insgesamt tatsächlich ausgeführte Menge auf Verlangen der Einheitspreis zu erhöhen, soweit der Auftragnehmer nicht einen Ausgleich erhält, z.B. durch die Erhöhung der Mengen bei anderen Leistungspositionen. Die Erhöhung des Einheitspreises soll im Wesentlichen dem Mehrbetrag entsprechen, der sich durch die Verteilung der **Baustelleneinrichtungs-, Baustellengemeinkosten** und der **Allgemeinen Geschäftskosten** auf die verringerte Menge ergibt. Die USt wird dem neuen Preis entsprechend vergütet. Dem Auftragnehmer soll letztlich die einmal vertraglich vereinbarte „Deckung" erhalten bleiben.

Muster 50: Preisanpassungsverlangen bei einer Mengenunterschreitung um mehr als 10 %

248

Sehr geehrte Damen und Herren,

wir haben festgestellt, dass bei den nachfolgenden Positionen der im Leistungsverzeichnis ausgewiesene Mengenansatz um mehr als 10 % unterschritten wurde:

....

Die Vorschrift des § 2 Nr. 3 VOB/B sieht für diesen Fall vor, dass auf Verlangen der Einheitspreis für die tatsächlich ausgeführte Menge zu erhöhen ist, soweit der Auftragnehmer nicht durch Erhöhung der Mengen bei anderen Positionen oder in anderer Weise einen Ausgleich erhält. Dabei soll die Erhöhung im Wesentlichen dem Mehrbetrag entsprechen, der sich durch Verteilung der Baustelleneinrichtungs- und Baustellengemeinkosten sowie der Allgemeinen Geschäftskosten auf die verringerte Menge ergibt.

Eine Erhöhung der Mengen bei anderen Positionen ist nicht gegeben, auch in anderer Weise fließt uns kein Ausgleich zu.

Dies vorausgeschickt ergeben sich für die betroffenen Positionen die nachfolgenden neuen Einheitspreise:

....

Wegen der Berechnung verweisen wir auf die beigefügten Anlagen. Wir bitten um Prüfung und Bestätigung der neuen Einheitspreise bis spätestens zum .... , um mögliche Behinderungen im Bauablauf zu vermeiden.

Für Rückfragen stehen wir jederzeit zur Verfügung.

Mit freundlichen Grüßen

....

D. Bauvertrag

e) Anzeige von Stundenlohnarbeiten

249 Nach § 2 Nr. 10 VOB/B werden Stundenlohnarbeiten nur vergütet, wenn sie als solche vor ihrem Beginn ausdrücklich vereinbart worden sind. Bei fast jedem Bauvorhaben kommen sog. **angehängte Stundenlohnarbeiten**, z.B. kleinere Reparatur-, Aufräum- oder Nachbesserungsarbeiten, für von Dritten hinterlassene Mängel vor, die fast immer bei der Abrechnung zu Streitigkeiten führen, weil sich eine Vereinbarung i.S.v. § 2 Nr. 10 VOB/B vor Durchführung der Arbeiten nicht nachweisen lässt. Die Vereinbarung muss **ausdrücklich und zweifelsfrei** erfolgen, die Leistungsteile, die im Stundenlohn ausgeführt werden sollen, müssen genau und eindeutig bezeichnet werden. Das reine **Dulden** der Arbeiten reicht nicht aus, weil häufig unklar ist, ob die Arbeit überhaupt zu vergüten ist oder eine nicht gesondert zu vergütende Nebenleistung darstellt. Der Auftragnehmer ist für die Vereinbarung von Stundenlohnarbeiten beweispflichtig, weshalb die Einhaltung der an sich nicht notwendigen **Schriftform** anzuraten ist. Die erforderliche Vereinbarung wird auch nicht durch die Unterschrift auf den Stundenlohnzetteln ersetzt, durch die lediglich Art und Umfang der tatsächlich erbrachten Leistung bescheinigt werden. Nicht vereinbarte Stundenlohnarbeiten werden als solche nicht vergütet, allerdings kommen bei angehängten Stundenlohnarbeiten zumindest Bereicherungsansprüche in Betracht.

250 Damit der Auftraggeber den Aufwand kontrollieren kann, muss der Auftragnehmer den Beginn der Stundenlohnarbeiten **anzeigen**. Da der Auftraggeber sich i.d.R. des **Architekten** zur Kontrolle des Aufwands bedient, ist anzunehmen, dass die originäre Vollmacht des Architekten auch die Entgegennahme der Anzeige sowie der Stundenlohnzettel umfasst. Der sicherste Weg ist allerdings auch hier, den Auftraggeber unmittelbar zu informieren. Die Anzeige muss den Tag des Arbeitsbeginns und die zu erbringende Leistung enthalten. Soweit dies für die Abrechnung von Bedeutung ist, muss sie Angaben darüber enthalten, welche Geräte eingesetzt werden, welche Qualifikation die eingesetzten Arbeiter haben und welcher sonstige Aufwand erfolgen soll. Die Erfüllung der Anzeigepflicht ist keine Vergütungsvoraussetzung, sie dient lediglich Beweiszwecken.

251 Über die geleisteten Arbeitsstunden sind, wenn es hierzu keine vertragliche Regelung gibt, je nach Verkehrssitte werktäglich oder wöchentlich beim Auftraggeber Stundenlohnzettel **einzureichen**. Der Auftraggeber ist verpflichtet, die von ihm bescheinigten Stundenlohnzettel unverzüglich, spä-

testens innerhalb von sechs Werktagen nach Zugang zurückzugeben. Dabei kann der Auftraggeber Einwendungen auf den Stundenlohnzetteln vermerken oder gesondert schriftlich erheben. Nicht fristgemäß zurückgegebene Stundenlohnzettel gelten als anerkannt. Das Anerkenntnis erfasst jedoch, wie auch bei bescheinigten Stundenlohnzetteln, nur die dort aufgeführten Leistungsangaben. Anerkannt werden also stets nur Art und Umfang der tatsächlich erbrachten Leistung.[200] Mit allen übrigen Einwendungen ist der Auftraggeber nicht ausgeschlossen. Will der Auftraggeber darüber hinaus auch die Leistungsangaben trotz Anerkenntnis angreifen, muss er darlegen und beweisen, dass die Angaben übersetzt sind. Ferner muss er dartun und beweisen, dass er die Unrichtigkeit der Stundenlohnzettel bei Unterzeichnung nicht gekannt hat.[201]

Muster 51: Anzeige von Stundenlohnarbeiten nach § 15 Nr. 3 VOB/B 252

> Sehr geehrte Damen und Herren,
>
> am .... haben Sie uns auf der Baustelle angewiesen, folgende Leistungen als Stundenlohnarbeiten auszuführen:
>
> 1. ....
>
> 2. ....
>
> ....
>
> Gem. § 15 Nr. 3 VOB/B sind wir verpflichtet, Ihnen die Ausführung von Stundenlohnarbeiten vor deren Beginn anzuzeigen. Hiermit teilen wir Ihnen mit, dass wir mit den vorgenannten Stundenlohnarbeiten am .... beginnen werden.
>
> Über die jeweils erbrachten Arbeiten werden wir Ihnen rechtzeitig Stundenlohnzettel zur Bescheinigung vorlegen.
>
> Mit freundlichen Grüßen
>
> ....

---

200 Vgl. BGH, BauR 1994, 760.
201 Vgl. OLG Düsseldorf, OLG-Report 1994, 215.

D. Bauvertrag

f) Aufforderung zur Schlussrechnung mit Fristsetzung

253 Solange der Auftragnehmer bzgl. seiner Leistungen keine prüffähige Rechnung vorlegt, ist sein Werklohnanspruch **nicht fällig**. Der Auftraggeber hat ein Interesse daran, alsbald nach Abnahme der Bauleistung eine **Klärung** der Vergütungsfrage herbeizuführen, insbes. wenn er in einer **Vertragskette** steht. Je später die Abrechnung erfolgt, umso schwieriger ist es wegen des Verlusts von Beweismitteln, die Abrechnung zu überprüfen. Öffentliche Auftraggeber sind häufig aus **haushaltsrechtlichen Gründen** gezwungen, Mittel für ein Bauvorhaben innerhalb einer bestimmten Zeit auszugeben. Darüber hinaus ist beim VOB-Werkvertrag die Schlussrechnungslegung für den **Verjährungsbeginn** von Bedeutung. Schließlich ist eine Schlussrechnung erforderlich, um die **Ausschlusswirkung** nach § 16 Nr. 3 Abs. 2 VOB/B zu begründen. Die VOB/B gibt daher dem Auftraggeber das Recht, **auf Kosten** des Auftragnehmers eine prüffähige Rechnung zu erstellen, wenn der Auftragnehmer eine prüfbare Rechnung nicht einreicht, obwohl ihm hierfür vom Auftraggeber eine angemessene Frist gesetzt wurde. Auch beim BGB-Bauvertrag kann der Auftraggeber ein entsprechendes Recht haben.[202]

254 Hinsichtlich der zu setzenden **Nachfrist** kann der Auftraggeber sich an § 14 Nr. 3 VOB/B orientieren. Bei Leistungen mit einer vertraglichen Ausführungsfrist von höchstens drei Monaten muss die Schlussrechnung spätestens zwölf Werktage nach Fertigstellung eingereicht werden. Diese Frist verlängert sich um je sechs Werktage für je weitere drei Monate Ausführungsfrist. Allgemein kommt es auf Art und Umfang der Bauleistung und den sich daraus ergebenden Aufwand für die Aufstellung einer prüfbaren Rechnung an. Die Setzung der Nachfrist bedarf keiner bestimmten Form, aus Beweisgründen empfiehlt sich jedoch die Schriftform.

255 Zu ersetzen hat der Auftragnehmer die **notwendigen Kosten**. Dies gilt auch für die Kosten, die der Auftraggeber selbst aufwenden musste. Notwendig sind die Kosten, die ein wirtschaftlich denkender Auftraggeber aufgrund sachkundiger Beratung aufwenden konnte und musste. Der Auftraggeber ist für die Notwendigkeit beweispflichtig. Nicht zu erstatten sind die Kosten in der Höhe, in der sich der Auftraggeber durch Erstellung der Schlussrechnung zugleich einen Teil der sonst notwendigen Prüfungstätigkeit erspart hat.[203] An die **Prüffähigkeit** der vom Auftraggeber erstellten Schlussrechnung

---

[202] Vgl. OLG Düsseldorf, BauR 1999, 655.
[203] Vgl. OLG Düsseldorf, BauR 1986, 612.

sind die gleichen Anforderungen zu stellen, als wenn der Auftragnehmer diese Rechnung aufgestellt hätte. Erfüllt die Schlussrechnung diese Anforderungen nicht, hat der Auftragnehmer auch nicht die hierfür aufgewandten Kosten zu erstatten.

Muster 52: Aufforderung zur Schlussrechnung mit Fristschutz   256

Sehr geehrte Damen und Herren,

mit Schreiben v. .... haben Sie uns die Fertigstellung Ihrer Leistungen angezeigt. Die Abnahme fand am .... statt. Bis heute liegt uns eine prüffähige Schlussrechnung nicht vor.

Nach § 14 Nr. 3 VOB/B ist die Schlussrechnung bei Leistungen mit einer vertraglichen Ausführungsfrist von bis zu drei Monaten spätestens binnen zwölf Werktagen nach Fertigstellung einzureichen. Diese Frist verlängert sich um je sechs Werktage für je drei weitere Monate Ausführungsfrist. Eine abweichende Vereinbarung wurde im Bauvertrag vom .... nicht getroffen. Die Ausführungsfrist betrug .... Monate. Dementsprechend waren Sie verpflichtet, eine prüffähige Schlussrechnung bis zum .... vorzulegen. Dies ist nicht geschehen.

Wir fordern Sie auf, unverzüglich, spätestens bis zum .... , Ihre Schlussrechnung vorzulegen. Sollten Sie auch diese Frist ungenutzt verstreichen lassen, werden wir auf Ihre Kosten eine prüffähige Schlussrechnung aufstellen bzw. aufstellen lassen.

Mit freundlichen Grüßen

....

g)   Schlusszahlungserklärung

Eine besondere Regelung für die **Schlusszahlung** bei VOB-Werkverträgen enthält § 16 Nr. 3 Abs. 5 VOB/B. Danach muss der Auftragnehmer binnen 24 Werktagen den **Vorbehalt** erklären und diesen binnen 24 weiterer Werktage **begründen**, wenn der Auftraggeber entweder eine zu geringe Schlusszahlung leistet oder weitere Zahlungen verweigert. Reagiert der Auftragnehmer auf eine als solche gekennzeichnete Schlusszahlung oder Verweigerung weiterer Zahlungen nicht, **verliert** er seine Ansprüche.   257

D. Bauvertrag

258 Der Auftraggeber sollte seine Zahlung auf dem jeweiligen Zahlungsträger oder in dem Begleitschreiben sinngemäß, besser **wörtlich** als Schlusszahlung bezeichnen. Entscheidend ist, dass für den Auftragnehmer eindeutig und zweifelsfrei zum Ausdruck kommt, dass damit der Anspruch aus der Schlussrechnung abgegolten sein soll. Bei einer Verweigerung weiterer Zahlungen muss der Auftraggeber den Auftragnehmer eindeutig darauf hinweisen, dass er wegen der schon geleisteten Zahlungen jede weitere Zahlung ablehnt.[204]

259 Wird der Vorbehalt gar nicht, zu früh oder zu spät erklärt oder begründet, sind weitere Ansprüche des Auftragnehmers grds. ausgeschlossen. Der Auftraggeber kann die **Einrede** der vorbehaltlosen Annahme der Schlusszahlung erheben, wenn er den Auftragnehmer über die Schlusszahlung in einem **gesonderten Schreiben** schriftlich unterrichtet und auf die Ausschlusswirkung **hingewiesen** hat. Auch der Hinweis muss dabei schriftlich erfolgen.[205] Der bloße Hinweis auf die Ausschlusswirkung gem. § 16 Nr. 3 Abs. 2 VOB/B reicht inhaltlich nicht aus, um der Warnfunktion der Vorschrift gerecht zu werden;[206] es empfiehlt sich eine wörtliche Wiederholung der Vorschrift in dem Schreiben an den Auftragnehmer.

260 Von der Ausschlusswirkung sind auch in der Abrechnung **vergessene** Ansprüche erfasst, allerdings nicht bloße Aufmaß-, Rechen- und Übertragungsfehler. Als einzelne Vertragsklausel ist i.Ü. § 16 Nr. 3 Abs. 2 VOB/B nicht „AGB-fest" und unwirksam.[207]

261 **Muster 53: Schlusszahlungserklärung**

> Sehr geehrte Damen und Herren,
>
> für das Bauvorhaben .... haben wir am .... Ihre Schlussrechnung erhalten und zwischenzeitlich geprüft. In der Anlage erhalten Sie das geprüfte Rücklaufexemplar Ihrer Schlussrechnung. Das Ergebnis Ihrer Schlussrechnung wurde mit .... € festgestellt.
>
> Nach Abzug der bereits geleisteten Zahlungen ergibt sich eine Schlusszahlung i.H.v. .... €. Diesen Betrag haben wir am .... angewiesen.

---

204 Vgl. OLG Köln, BauR 1997, 320.
205 Vgl. BGH, BauR 1999, 396.
206 Vgl. KG, BauR 2000, 575.
207 Vgl. BGH, BauR 1998, 614.

III. Besonderheiten beim VOB/B-Bauvertrag

> Unter Berücksichtigung der bereits geleisteten Zahlungen ergibt sich eine Überzahlung i.H.v. .... €. Wir fordern Sie auf, diesen Betrag bis zum .... zu überweisen.
>
> Wir weisen Sie ausdrücklich darauf hin, dass die vorbehaltlose Annahme der Schlusszahlung Nachforderungen ausschließt. Auch früher gestellte, aber bislang unerledigte Forderungen werden ausgeschlossen, wenn sie nicht nochmals vorbehalten werden.
>
> Ein Vorbehalt ist innerhalb von 24 Werktagen nach Zugang dieses Schreibens zu erklären. Ein rechtzeitig erklärter Vorbehalt wird hinfällig, wenn nicht innerhalb von weiteren 24 Werktagen eine prüfbare Rechnung über die vorbehaltenen Forderungen eingereicht wird. Ist dies nicht möglich, ist der Vorbehalt eingehend zu begründen.
>
> Vorsorglich weisen wir darauf hin, dass die Ausschlussfristen selbstverständlich nicht für ein Verlangen nach bloßer Richtigstellung der Schlussrechnung bzw. -zahlung wegen Aufmaß-, Rechen- und Übertragungsfehlern gelten.
>
> Mit freundlichen Grüßen
>
> ....

h) Anmeldung eines Vorbehalts gegen die Schlusszahlung

Leistet der Auftraggeber die Schlusszahlung oder verweigert er weitere Zahlungen, muss der Auftragnehmer binnen **24 Werktagen** erklären, dass er sich weitere Ansprüche vorbehält. Diese Frist beginnt mit **Zugang** des Schreibens, in dem der Auftraggeber schriftlich auf die Schlusszahlung und die Wirkungen einer Fristversäumnis hingewiesen hat.

Der Vorbehalt sollte immer **schriftlich** und durch Einschreiben mit Rückschein/Telefax erklärt werden. Eine **Klage** auf Werklohn bzw. Beantragung eines **Mahnbescheids** innerhalb der 24-Tages-Frist reicht ebenfalls aus. Die Vorbehaltserklärung sollte **immer** gegenüber dem Auftraggeber erfolgen, zusätzlich auch gegenüber dem Architekten, der die Rechnungsprüfung vorgenommen hat.

Der erklärte Vorbehalt muss binnen weiterer 24 Werktage begründet werden. Die Frist beginnt mit der Erklärung des Vorbehalts und **nicht** erst dann,

D. Bauvertrag

wenn die Frist zur Erklärung des Vorbehalts abgelaufen ist. Hat der Auftragnehmer dem Auftraggeber eine prüfbare Schlussrechnung vorgelegt, die dieser unberechtigt gekürzt hat, so ist eine Vorbehaltsbegründung ausnahmsweise entbehrlich.[208]

> **Hinweis:**
>
> Sinnvoll ist es, in ein und **demselben Schreiben** sowohl den Vorbehalt zu erklären als auch zu begründen, jedenfalls auf die bereits vorliegende prüfbare Schlussrechnung hinzuweisen, um nicht Gefahr zu laufen, zwar die Frist für die Vorbehaltserklärung einzuhalten, nicht aber die Frist für die Begründung.

Eine Vorbehaltsbegründung ist auch dann **zwingend erforderlich**, wenn der Auftraggeber die Schlussrechnung auf Kosten des Auftragnehmers erstellt und anschließend Schlusszahlung geleistet hat. Aus dem Vorbehalt gegen seine eigene Schlussrechnung wird dem Auftraggeber nicht deutlich, welche Einwendungen der Auftragnehmer gegen die Schlusszahlung erheben will.[209]

Muster 54: Geltendmachung eines Vorbehalts gegen die Schlussrechnung nach § 16 Nr. 5 VOB/B

> Sehr geehrte Damen und Herren,
>
> wir haben am .... für das Bauvorhaben .... Ihre Schlusszahlung erhalten. Insoweit nehmen wir auch Bezug auf Ihr Schreiben v. ....
>
> Gegen die Schlusszahlung machen wir hiermit fristgerecht gem. § 16 Nr. 3 Abs. 5 VOB/B einen Vorbehalt geltend. Unser Vorbehalt begründet sich darauf, dass nicht alle in unserer Schlussrechnung aufgeführten Forderungen bezahlt wurden. Im Einzelnen handelt es sich um folgende Forderungen:
>
> 1. ....
>
> 2. ....
>
> ....

---

208 Vgl. BGH, BauR 1998, 613.
209 Vgl. OLG Oldenburg, BauR 1992, 83.

III. Besonderheiten beim VOB/B-Bauvertrag

Wir weisen darauf hin, dass es einer Begründung des Vorbehalts nicht bedarf, da Ihnen bereits eine prüffähige Rechnung über die vorbehaltenen Forderungen vorliegt.

Äußerst vorsorglich begründen wir unseren Vorbehalt gleichwohl wie folgt:

....

Entsprechend § 16 Nr. 5 Abs. 3 VOB/B setzen wir Ihnen hiermit eine Nachfrist zur Zahlung bis zum ....

Mit freundlichen Grüßen

....

5. Sicherheitsleistungen

a) Aufforderung zur Rückgabe einer Sicherheit

Der Auftraggeber ist nach § 17 Nr. 8 VOB/B verpflichtet, eine nicht verwertete Sicherheit von sich aus zurückzugeben. Der Rückgabeanspruch ist zum vereinbarten Zeitpunkt fällig. Fehlt eine derartige Vereinbarung, ist der Anspruch fällig, wenn der Sicherungszweck entfallen ist.

Vertragserfüllungsbürgschaften sind spätestens nach Abnahme und Stellung der Sicherheit für Mängelansprüche zurückzugeben, es sei denn, dass Ansprüche des Auftraggebers, die nicht von der gestellten Sicherheit für Mängelansprüche umfasst sind, noch nicht erfüllt sind. Dann darf der Auftraggeber für diese Vertragserfüllungsansprüche einen entsprechenden Teil der Sicherheit zurückhalten.

Eine nicht verwertete **Sicherheit für Mängelansprüche** ist spätestens nach Ablauf der vereinbarten Verjährungsfrist zurückzugeben, soweit zu dieser Zeit alle Ansprüche erfüllt sind.

D. Bauvertrag

266 **Muster 55: Aufforderung zur Rückgabe einer Sicherheit nach § 17 Nr. 8 VOB/B**

> Sehr geehrte Damen und Herren,
>
> gem. Bauvertrag vom .... waren wir verpflichtet, zur Absicherung der Vertragserfüllung/Gewährleistung eine Sicherheit i.H.v. .... € zu leisten. Diese Verpflichtung haben wir durch Vorlage einer Bürgschaft der .... (Bank oder Kreditversicherer) erfüllt.
>
> Der Sicherungszweck hat sich erledigt, alle vertraglichen Ansprüche sind von uns erfüllt worden.
>
> Wir dürfen Sie höflichst bitten, die vorgenannte Sicherheit unverzüglich, spätestens bis zum .... , an uns zurückzugeben. Nach fruchtlosem Ablauf der Frist werden wir ohne weitere Ankündigung gerichtliche Hilfe in Anspruch nehmen. Durch eine verzögerte Rückgabe der Sicherheit entstehen uns Finanzierungskosten. Wir behalten uns vor, einen derartigen Schaden gegen Sie ggf. geltend zu machen.
>
> Mit freundlichen Grüßen
>
> ....

b) Aufforderung nach § 17 Nr. 6 VOB/B

267 Nach § 17 Nr. 6 VOB/B ist der Auftraggeber verpflichtet, dem Auftragnehmer den einbehaltenen Betrag mitzuteilen und binnen **18 Werktagen** nach dieser Mitteilung auf ein Sperrkonto bei einem vereinbarten Geldinstitut einzuzahlen. Die Mitteilung kann auch mündlich erfolgen. Maßgeblich für den Fristlauf ist das **Datum der Mitteilung**, nicht der Zugang beim Auftragnehmer. Der Auftraggeber muss veranlassen, dass das Geldinstitut den Auftragnehmer von der Einzahlung des Sicherheitsbetrags benachrichtigt. Etwaige **Zinsen** stehen dem Auftragnehmer zu.

268 Zahlt der Auftraggeber den einbehaltenen Betrag **nicht rechtzeitig** ein, kann der Auftragnehmer hierfür eine angemessene **Nachfrist** setzen. Die Nachfristsetzung ist formlos möglich, also auch mündlich oder telefonisch, aus Beweisgründen empfiehlt sich jedoch die Schriftform. Die **Angemessenheit** der Nachfrist hängt vom Einzelfall ab. Da der Auftraggeber bereits 18 Werktage Zeit hatte, die Einzahlung zu veranlassen, dürfte i.d.R. eine Frist von einer Woche ausreichen. Lässt der Auftraggeber auch diese verstreichen, kann der Auftragnehmer die **sofortige Auszahlung** des einbehaltenen Betrags verlangen und braucht überhaupt **keine Sicherheit** mehr zu leisten.

Muster 56: Aufforderung nach § 17 Nr. 6 VOB/B 269

Sehr geehrte Damen und Herren,

gem. Bauvertrag vom .... haben wir eine Sicherheitsleistung durch Einbehalt von den zu leistenden Zahlungen vereinbart. Nach § 17 Nr. 6 Abs. 1 VOB/B sind Sie verpflichtet, den jeweils einbehaltenen Betrag mitzuteilen und binnen 18 Werktagen auf ein Sperrkonto beim vereinbarten Geldinstitut einzuzahlen. Ferner sind Sie verpflichtet, das Geldinstitut zu veranlassen, uns von der Einzahlung zu unterrichten. Bis heute ist die Einzahlung offensichtlich nicht erfolgt, jedenfalls liegt uns eine entsprechende Benachrichtigung des Geldinstituts nicht vor.

Wir fordern Sie auf, die Einzahlung nunmehr unverzüglich, spätestens bis zum .... , vorzunehmen. Sollte dies nicht geschehen, werden wir gem. § 17 Nr. 6 Abs. 3 VOB/B die sofortige Auszahlung des einbehaltenen Betrags verlangen. Wir weisen darauf hin, dass wir für diesen Fall nicht mehr verpflichtet sind, Sicherheit zu leisten.

Mit freundlichen Grüßen

....

c) Geltendmachung eines Sicherheitseinbehalts durch den Auftraggeber

Haben die Parteien vereinbart, dass die Sicherheit durch Einbehalt geleistet werden soll, wird die Fälligkeit des entsprechenden Betrags hinausgeschoben, verbunden mit der Vereinbarung, dass der Auftraggeber ein **Zurückbehaltungsrecht** an dem entsprechenden Betrag der zu leistenden Zahlung für die Sicherheit hat.[210] Den Einbehalt kann der Auftraggeber von jeder von ihm geschuldeten Zahlung vornehmen, insbes. von Abschlagszahlungen im Fall eines Gewährleistungseinbehalts von der Schlusszahlung. Von **Vorauszahlungen** kann der Auftraggeber im Zweifel keinen Einbehalt vornehmen, 270

---

210 Vgl. BGH, BauR 1979, 525.

da diese dem Auftragnehmer zur Vorbereitung der Leistung, z.B. zum Materialeinkauf, dienen soll.[211]

271 Der Auftragnehmer hat ein **Wahl- bzw. Austauschrecht** unter den verschiedenen Arten der Sicherheiten. Diese Regelung gilt nur, soweit die Parteien nichts anderes vereinbart haben.[212] Die Befugnis des Wahl- bzw. Austauschrechts des Auftragnehmers erstreckt sich sowohl auf den **Zeitpunkt**, zu welchem die Wahl bzw. der Austausch vorgenommen wird, als auch auf die **Art** der Sicherheitsleistung. Das Austauschrecht kann der Auftragnehmer **beliebig oft** geltend machen. Es wird nicht dadurch eingeschränkt, dass die Parteien vertraglich eine bestimmte Art der Sicherheitsleistung vereinbart haben.[213] Das Austauschrecht **entfällt** mit der Verwertung der Sicherheit.

Soweit das Wahlrecht vertraglich eingeschränkt oder abgeändert ist, kann dies nach § 307 BGB unwirksam sein. So ist z.B. eine Vereinbarung in **Allgemeinen Geschäftsbedingungen** unwirksam, wonach ein Sicherheitseinbehalt durch Stellung einer **Bürgschaft auf erstes Anfordern** abgelöst werden kann.[214] Bei einer **Vertragserfüllungsbürgschaft** ist die Form der Bürgschaft auf erstes Anfordern ebenfalls unbillig.[215]

272 **Muster 57: Geltendmachung eines Sicherheitseinbehalts durch den Auftraggeber**

> Sehr geehrte Damen und Herren,
>
> wir haben am .... Ihre Abschlags-/Schlussrechnung vom .... erhalten und nunmehr innerhalb des vertraglich vereinbarten Prüfungszeitraums geprüft. Dabei haben wir festgestellt, dass Sie den vereinbarten Sicherheitseinbehalt zur Absicherung unserer Vertragserfüllungs-/Mängelansprüche i.H.v. .... % der Bruttoabrechnungssumme nicht berücksichtigt haben.
>
> Wir haben die Rechnung entsprechend gekürzt. Den Sicherheitseinbehalt i.H.v. .... € haben wir auf ein von unserem Vermögen gesondertes Sperrkonto bei .... auf das Konto Nr. .... eingezahlt. Wir haben veran-

---

211 Vgl. Heiermann/Riedl/Rusam, Handkommentar zur VOB, Teil B § 17 Rn. 34.
212 Vgl. OLG Stuttgart, BauR 1977, 64.
213 Vgl. LG Stuttgart, BauR 1983, 481.
214 Vgl. BGH, NJW-RR 1997, 1040.
215 Vgl. BGH, NZBau 2002, 494.

III. Besonderheiten beim VOB/B-Bauvertrag

lasst, dass Sie von dem vorgenannten Kreditinstitut über die Einzahlung unterrichtet werden.

Wir bieten Ihnen an, den Sicherheitseinbehalt durch eine Bürgschaft eines Kreditinstituts oder Kreditversicherers abzulösen.

Mit freundlichen Grüßen

....

d) Anfordern einer Sicherheit durch den Auftraggeber

Nach § 17 Nr. 7 VOB/B ist der Auftragnehmer, wenn nichts anderes vereinbart ist, verpflichtet, die Sicherheit binnen **18 Werktagen** nach Vertragsabschluss zu leisten. Erfüllt er diese Verpflichtung nicht, ist der Auftraggeber berechtigt, einen Betrag i.H.d. vereinbarten Sicherheit einzubehalten. Mit dem **Einbehalt** ist entsprechend § 17 Nr. 6 VOB/B zu verfahren.

Der Auftraggeber ist aber auch berechtigt, den Anspruch auf Stellung der vereinbarten Sicherheit, z.B. Vertragserfüllungsbürgschaft, selbstständig einzuklagen.[216]

Muster 58: Anfordern einer Sicherheit durch den Auftraggeber

Sehr geehrte Damen und Herren,

gem. dem mit Ihnen geschlossenen Bauvertrag waren Sie verpflichtet, binnen .... Tagen/Wochen nach Abschluss des Vertrags eine Sicherheit in Form einer Bürgschaft i.H.v. .... € zu stellen. Diese Frist lief am .... ab, ohne dass eine vertragsgerechte Bürgschaft hier eingegangen ist. Wir fordern Sie auf, die Bürgschaft nunmehr unverzüglich, spätestens bis zum ...., vorzulegen. Sollte dies nicht geschehen, werden wir einen entsprechenden Einbehalt von Ihrer Werklohnforderung vornehmen und entsprechend § 17 Nr. 6 Abs. 1 VOB/B behandeln.

Mit freundlichen Grüßen

....

---

216 Vgl. OLG Düsseldorf, BauR 1982, 592.

6. Kündigung

a) Freie Kündigung

275 Der Auftraggeber kann **bis zur Vollendung** der Leistung ohne Angabe von Gründen den Bauvertrag jederzeit kündigen. Durch das **freie Kündigungsrecht** erleidet der Auftragnehmer keinen Verlust, denn der kalkulierte Rohertrag bleibt ihm erhalten. Die Parteien können in einer Individualabrede das freie Kündigungsrecht des Auftraggebers abbedingen, jedoch nicht durch eine Regelung in Allgemeinen Geschäftsbedingungen.[217]

Vollendet ist die Leistung, wenn sie abnahmereif, also im Wesentlichen fertiggestellt und ohne wesentliche Mängel ist. I.Ü. kann der Auftraggeber auch nach einer Kündigung die Beseitigung von Mängeln des bis zur Kündigung hergestellten Teilwerks verlangen.[218] Nach Abnahme ist eine Kündigung unzulässig.

276 Die Kündigung erfolgt durch einseitige, empfangsbedürftige **Willenserklärung** und wird mit Zugang wirksam. Die Erklärung der Kündigung erfordert nicht den Gebrauch des Begriffs „Kündigung", sie muss aber eindeutig und zweifelsfrei erkennen lassen, dass der Vertrag im Wege einer freien Kündigung beendet werden soll. Sie ist grds. bedingungsfeindlich und hat nach § 8 Nr. 5 VOB/B **schriftlich** zu erfolgen, wobei die Einhaltung der Schriftform Wirksamkeitsvoraussetzung ist.[219]

277 Die Kündigung gestaltet das auf Erfüllung gerichtete Schuldverhältnis ganz oder teilweise in ein **Abwicklungsverhältnis**. Der Auftragnehmer kann **Aufmaß** und **Abnahme** der von ihm ausgeführten Leistungen gem. § 8 Nr. 6 VOB/B verlangen. Für die Fälligkeit des Vergütungsanspruchs des Auftragnehmers ist die Abnahme der erbrachten Leistung nicht erforderlich,[220] gleichwohl für die Haftung wegen Mängelansprüchen nach wie vor von Bedeutung.

278 Nach § 8 Nr. 1 Abs. 2 Satz 1 VOB/B hat der Auftragnehmer bei einer freien Kündigung Anspruch auf die vereinbarte Vergütung. Er muss sich jedoch **anrechnen** lassen, was er infolge der Kündigung erspart oder durch ander-

---

[217] Vgl. BGH, BauR 1999, 1294.
[218] Vgl. OLG Celle, BauR 1995, 713.
[219] Vgl. BGH, NJW 1973, 1463.
[220] Vgl. BGH, BauR 1987, 95.

weitige Verwendung seiner Arbeitskraft und seines Betriebs erwirbt oder zu erwerben böswillig unterlässt. Es gilt der Grundsatz, dass der Auftragnehmer durch die freie Kündigung keinen Verlust erleiden, aber auch nicht bessergestellt werden soll, als er bei Durchführung des Vertrages stünde.[221]

Beim **Einheitspreisvertrag** hat der Auftragnehmer den Vergütungsanspruch nach den vertraglichen Einheitspreisen abzurechnen. Die erbrachten Mengen können durch Aufmaß ermittelt werden, bei den nicht erbrachten Leistungen kann von den im Leistungsverzeichnis angegebenen Mengen ausgegangen werden.[222]   279

Die Abrechnung der erbrachten Leistungen bei einem gekündigten **Pauschalpreisvertrag** erfordert zunächst die Ermittlung der erbrachten Leistung, bevor der dafür geschuldete Werklohn in Relation zum Pauschalpreis errechnet wird.[223] Der Auftragnehmer muss das **Verhältnis** der erbrachten Leistung zur Gesamtleistung und den Preisansatz für die erbrachte Leistung zum Pauschalpreis darlegen, wobei er nicht einfach die nach dem Vertrag für den erreichten Bautenstand vorgesehenen Raten des **Zahlungsplans** zugrunde legen kann, da die Verknüpfung der Teilzahlungen mit einem bestimmten Bautenstand nicht zwingend die Annahme rechtfertigt, dass diese sich wertmäßig entsprechen.   280

Bzgl. der nicht erbrachten Leistung muss sich der Unternehmer auf seinen Anspruch auf vertragliche Vergütung u.a. anrechnen lassen, was er durch die Kündigung an **Aufwendungen erspart**. Als erspart sind die Aufwendungen anzurechnen, die der Unternehmer bei Ausführung des Vertrags hätte machen müssen und die er wegen der Kündigung nicht mehr machen muss. Dabei sind auf die Aufwendungen abzustellen, die durch die Nichtausführung des konkreten Vertrags entfallen sind. Was er sich in diesem Sinn als Aufwendung anrechnen lässt, hat der Unternehmer zu beziffern und vorzutragen, denn i.d.R. ist nur er dazu in der Lage. Im Einzelfall muss er die **Grundlagen der Kalkulation** des Preises für die vereinbarte Leistung offenlegen. Hat er diesen Preis nur „im Kopf kalkuliert", so hat er die maßgeblichen Preisermittlungsgrundlagen nachträglich zusammenzustellen und dabei die ersparten Aufwendungen konkret vorzutragen.[224]   281

---

221   Vgl. BGH, BauR 1981, 198.
222   Vgl. BGH, BauR 1996, 382.
223   Vgl. BGH, BauR 1999, 644.
224   Vgl. BGH, BauR 1997, 304.

D. Bauvertrag

282 Hinsichtlich der Vergütung für den nicht ausgeführten Teil kann der Auftragnehmer nach der bislang geltenden, aber falschen Rspr. des BGH keine **USt** verlangen, weil insoweit kein umsatzsteuerrechtlich erhebliches Austauschgeschäft vorliegt.[225]

283 **Muster 59: Kündigung eines Bauvertrags**

> Sehr geehrte Damen und Herren,
>
> hiermit kündigen wir den mit Ihnen abgeschlossenen Bauvertrag. Als Abnahmetermin für die bereits ausgeführte Leistung schlagen wir den .... vor. Zu diesem Termin besteht auch die Möglichkeit, die bereits erbrachte Leistung gemeinsam aufzumessen. Sollte Ihnen der vorgenannte Termin nicht auskömmlich sein, dürfen wir Sie höflichst bitten, sich kurzfristig zur Abstimmung eines Termins mit uns in Verbindung zu setzen.
>
> Ferner bitten wir Sie, uns Ihre prüfbare Rechnung über die ausgeführten Leistungen unter Berücksichtigung von § 8 Nr. 1 Abs. 2 VOB/B *(alternativ: § 649 BGB)* unverzüglich vorzulegen.
>
> Mit freundlichen Grüßen
>
> ....

b) Kündigung aus wichtigem Grund nach § 8 Nr. 3 VOB/B

284 Das **Kündigungsrecht** nach § 8 Nr. 3 VOB/B mit seinen Rechtsfolgen wahrt die berechtigten Interessen des Auftraggebers in Fällen, in denen sich der Auftragnehmer trotz Abhilfeaufforderung und Nachfristsetzung fortgesetzt **vertragswidrig** verhalten hat. Über den Wortlaut hinaus kommt § 8 Nr. 3 VOB/B die Bedeutung einer **Generalklausel** für den Fall grober Vertragsverletzung durch den Auftragnehmer zu. Dies gilt jeweils dann, wenn das vertragliche Vertrauensverhältnis durch den Auftragnehmer so grob gestört wurde, dass dem Auftraggeber die Fortsetzung des Vertrags nicht mehr zugemutet werden kann.[226]

---

225 Vgl. BGH, BauR 1996, 846; s.a. Kapellmann/Schiffers, Vergütung, Nachträge und Behinderungsfolgen beim Bauvertrag, Bd. 2 Rn. 1356.

226 Vgl. Heiermann/Riedl/Rusam, Handkommentar zur VOB, Teil B § 8 Rn. 22.

III. Besonderheiten beim VOB/B-Bauvertrag

Die **Kündigungsgründe**, auf die der Auftraggeber die Kündigung nach § 8 Nr. 3 VOB/B stützen will, müssen zum Zeitpunkt des Zugangs der Kündigungserklärung vorliegen, können aber, wenn sie in der Kündigung noch nicht erwähnt sind, **nachgeschoben** werden. Liegt ein wichtiger Grund für die Kündigung tatsächlich nicht vor, ist die Kündigung in eine, wenn auch ungewollte, freie Kündigung **umzudeuten**. Der Eintritt oder Nichteintritt der Rechtsfolgen, die der Auftraggeber mit der Kündigung erreichen will, berühren nicht die Wirksamkeit der Kündigung. Für diese kommt es nicht darauf an, ob der Kündigende die eintretenden Folgen gewollt hat.[227] Irrt also der Auftraggeber bei der Einschätzung seines Kündigungsrechts, sieht er sich den Ansprüchen aus § 8 Nr. 1 VOB/B ausgesetzt.

285

Der Auftraggeber muss das Kündigungsrecht **nicht** binnen einer bestimmten **Frist** ausüben, in jedem Fall ist ihm ein angemessener **Überlegungszeitraum** zuzugestehen. Der Auftraggeber darf jedoch durch sein Verhalten nicht den Eindruck beim Auftragnehmer erwecken, dass er von seinem Kündigungsrecht keinen Gebrauch machen werde.

286

Beispiel:

Der Auftraggeber nimmt nach Fristablauf weitere Vertragsleistungen ohne Vorbehalt entgegen.

Dies führt zum **Verlust** des Kündigungsrechts. Besteht ein Kündigungsrecht nach § 8 Nr. 3 VOB/B, sollte der Auftraggeber daher sofort die Kündigung erklären.

Im Fall einer wirksamen Kündigung nach § 8 Nr. 3 VOB/B hat der Auftragnehmer Anspruch auf Vergütung der bis zur Kündigung erbrachten Leistungen. Der Auftraggeber ist berechtigt, den noch nicht vollendeten Teil zu Lasten des Auftragnehmers ausführen zu lassen. Der Auftragnehmer hat die **Mehrkosten** zu erstatten, die dem Auftraggeber durch die Beauftragung eines Dritten entstehen. Es ist der Betrag zu ersetzen, der über den Preis des bisherigen Bauvertrags, orientiert am vereinbarten Leistungsinhalt, hinaus ausgegeben werden muss.[228] Bei Identität des beiderseitigen Leistungsumfangs erfolgt die Ermittlung durch Vergleich des seinerzeit vereinbarten

287

---

227 Vgl. Kapellmann/Schiffers, Vergütung, Nachträge und Behinderungsfolgen beim Bauvertrag, Bd. 2 Rn. 1322; BGH, NJW-RR 1993, 882.
228 Vgl. OLG Düsseldorf, BauR 1980, 276.

D. Bauvertrag

Entgelts mit der Abrechnung des Drittunternehmers.[229] Wird die Restleistung in einer geänderten Ausführung erbracht, ist der unter Beachtung der Grundsätze des § 2 Nr. 5 und Nr. 6 VOB/B dem gekündigten Auftragnehmer zuzugestehende Preis mit den vom Drittunternehmer berechneten Ansätzen zu vergleichen. Eine Aufstellung über die entstandenen Mehrkosten ist dem Auftragnehmer binnen **zwölf Werktagen** nach Abrechnung mit dem Drittunternehmen zuzuleiten. Für die Weiterführung der Arbeiten kann der Auftraggeber Geräte, Gerüste, auf der Baustelle vorhandene andere Einrichtungen und angelieferte Stoffe und Bauteile gegen angemessene Vergütung benutzen.

Ist die Fortsetzung des Bauvorhabens aus den Gründen, die zur Kündigung geführt haben, für den Auftraggeber nicht mehr von Interesse, kann er auf die weitere Ausführung verzichten und vom Auftragnehmer Schadensersatz wegen Nichterfüllung verlangen.

288 **Muster 60: Kündigung aus wichtigem Grund nach § 8 Nr. 3 VOB/B**

> Sehr geehrte Damen und Herren,
>
> wir nehmen Bezug auf unser Schreiben v. .... , das Ihnen nachweislich am .... zugegangen ist. Die in unserem vorgenannten Schreiben gesetzte Frist haben Sie ungenutzt verstreichen lassen.
>
> Hiermit kündigen wir den Bauvertrag vom .... gem. § 8 Nr. 3 Abs. 1 VOB/B.
>
> Wir werden den noch nicht vollendeten Teil der Leistung zu Ihren Lasten durch ein Drittunternehmen ausführen lassen. Wir behalten uns vor, wegen der voraussichtlichen Mehrkosten einen Vorschussanspruch geltend zu machen. Für den weitergehenden Schaden, der auch nach Vollendung des Bauvorhabens durch das Drittunternehmen verbleibt, nehmen wir Sie gem. § 8 Nr. 3 Abs. 2 VOB/B in Anspruch. Eine genaue Aufstellung der uns entstandenen Mehrkosten und der weitergehenden Ansprüche werden wir Ihnen binnen zwölf Werktagen nach der Abrechnung durch den Nachfolgeunternehmer zukommen lassen.
>
> Die zur Weiterführung der Arbeiten erforderlichen Geräte, Gerüste, auf der Baustelle vorhandenen anderen Einrichtungen sowie angelieferten

---

[229] Vgl. OLG Düsseldorf, BauR 1991, 216.

Stoffe und Bauteile werden wir in Anspruch nehmen. Mit der hierfür zu zahlenden angemessenen Vergütung werden wir wegen der uns zustehenden Ansprüche die Aufrechnung erklären.

Die Abnahme der von Ihnen erbrachten Leistung erfolgt am .... und wird auch dann durchgeführt, wenn Sie zu diesem Termin nicht erscheinen. In diesem Fall werden wir Sie vom Ergebnis schriftlich unterrichten. Die bereits schriftlich gerügten Mängel sind bis zum Abnahmetermin von Ihnen abzustellen.

Wir fordern Sie schließlich auf, unverzüglich Ihre prüfbare Abrechnung der ausgeführten Leistungen vorzulegen.

Mit freundlichen Grüßen

....

c) Kündigung wegen dreimonatiger Unterbrechung

Dauert eine Unterbrechung länger als **drei Monate**, so kann jeder Teil nach Ablauf dieser Frist den Vertrag **schriftlich** kündigen. Mit dieser Regelung in § 6 Nr. 7 VOB/B wird dem Umstand Rechnung getragen, dass nach einer drei Monate dauernden Unterbrechung die Fortführung des Vertrags grds. **nicht mehr zumutbar** ist, ohne dass zusätzlich die weiteren Voraussetzungen für eine Kündigung aus wichtigem Grund gegeben sein müssen. Das Kündigungsrecht in § 6 Nr. 7 VOB/B gilt nicht für Behinderungen, die **keine** Unterbrechung zur Folge haben, es gilt ferner nicht, wenn die Leistung **unmöglich** geworden ist. Vor Ablauf der Frist von drei Monaten ist eine Kündigung nur möglich, wenn mit Sicherheit feststeht, dass die Unterbrechung länger als drei Monate dauern wird. Steht nach Ablauf der drei Monate fest, dass die Arbeiten in Kürze wieder aufgenommen werden können und ist der anderen Vertragspartei das Festhalten am Vertrag zumutbar, kann eine auf § 6 Nr. 7 VOB/B gestützte Kündigung **treuwidrig** sein.

Die Kündigung hat **schriftlich** zu erfolgen, die Einhaltung der Form ist **Wirksamkeitsvoraussetzung**, kann aber von den Vertragsparteien, auch nachträglich durch schlüssiges Verhalten, abbedungen werden. Wird z.B. eine formlose Kündigung angenommen, liegt darin ein **Verzicht** des Annehmenden auf die Schriftform. Ob bei der Erklärung das Wort „Kündigung" verwendet wird, ist unerheblich, wenn sich aus der Erklärung unter Berücksichtigung der gesamten Umstände eindeutig und inhaltlich bestimmt ergibt, dass sich die Partei für die Zukunft vom Vertrag lösen will.

290 Nach der Kündigung ist nach § 6 Nr. 5 VOB/B und ggf. nach § 6 Nr. 6 VOB/B abzurechnen. Hat der Auftragnehmer die Unterbrechung nicht zu vertreten, sind auch die Kosten der **Baustellenräumung** zu vergüten, soweit sie nicht bereits in der Vergütung für die ausgeführten Leistungen enthalten sind. Zur Fälligkeit des Vergütungsanspruchs bedarf es keiner Abnahme, wohl aber der Erteilung einer prüfbaren Schlussrechnung und der Voraussetzungen des § 16 Nr. 3 VOB/B.[230]

291 Durch die Kündigung wird der Bauvertrag nur für die **Zukunft** aufgehoben. Dem Auftraggeber bleiben also bei **Mängeln** am ausgeführten Teil der Leistung die damit in Zusammenhang stehenden Ansprüche über die Kündigung hinaus im vollen Umfang erhalten.

292 **Muster 61: Kündigung wegen dreimonatiger Unterbrechung nach § 6 Nr. 7 VOB/B**

> Sehr geehrte Damen und Herren,
>
> die Arbeiten am Bauvorhaben .... sind aufgrund einer Behinderung seit dem .... unterbrochen. Auf den insoweit bereits geführten Schriftverkehr nehmen wir Bezug.
>
> Da die Bauleistung seit mehr als drei Monate unterbrochen und auch nicht abzusehen ist, wann die Arbeiten fortgeführt werden können, kündigen wir hiermit den Bauvertrag gem. § 6 Nr. 7 VOB/B.
>
> Wir fordern Sie auf, die bereits erbrachte Bauleistung bis zum .... abzunehmen.
>
> In der Anlage erhalten Sie die prüfbare Abrechnung der von uns ausgeführten Leistung sowie der Kosten, die uns bereits für den nicht ausgeführten Teil entstanden und in den Vertragspreisen für diesen Teil enthalten sind.
>
> Ferner haben wir nach § 6 Nr. 6 VOB/B Anspruch auf Ersatz des uns durch die Behinderung nachweislich entstandenen Schadens, da Sie die

---

[230] Vgl. BGH, BauR 1987, 95.

Behinderung zu vertreten haben. Auch hierüber fügen wir in der Anlage eine Abrechnung bei.

Wir haben Sie aufzufordern, die in den Rechnungen ausgewiesenen Endbeträge bis spätestens zum .... zu überweisen.

Mit freundlichen Grüßen

....

d) Kündigung nach § 9 Nr. 1 VOB/B

Liegt ein Kündigungsgrund i.S.v. § 9 Nr. 1 VOB/B vor, ist die Kündigung **schriftlich** zu erklären, anderenfalls ist sie wirkungslos. Das Kündigungsrecht nach § 9 Nr. 1 VOB/B **entfällt**, wenn durch die Verletzung der dort aufgeführten Pflichten die Ausführung der Leistung länger als drei Monate unterbrochen wird. Der Auftragnehmer kann dann nur nach § 6 Nr. 7 VOB/B kündigen.[231]

Mit der Kündigung wird das Vertragsverhältnis für die **Zukunft** beendet, für die Vergangenheit bleibt es aufrechterhalten. Die bis zur Kündigung erbrachten Leistungen sind nach den Vertragspreisen abzurechnen. In analoger Anwendung des § 8 Nr. 6 VOB/B kann der Auftragnehmer ein **Aufmaß** verlangen. I.Ü. hat der Auftragnehmer Anspruch auf eine angemessene **Entschädigung** nach § 642 BGB. Hierdurch soll der Auftragnehmer für seine Mühewaltung und Aufwendungen entschädigt werden, wenn er zum vorzeitigen Abbruch der Bauleistung infolge eines vertragswidrigen Verhaltens des Auftraggebers gezwungen und insbes. in seinen Erwartungen hinsichtlich des kalkulierten Gesamtgewinns enttäuscht wird.[232] Neben diesen Ansprüchen bleiben weitergehende Ansprüche des Auftragnehmers unberührt, etwa bestehende Schadensersatzansprüche.

Muster 62: Kündigung nach § 9 Nr. 1 VOB/B

Sehr geehrte Damen und Herren,

mit Schreiben v. .... hatten wir Sie nochmals und letztmalig aufgefordert, die nachfolgenden Ihnen obliegenden Mitwirkungshandlungen vorzunehmen:

---

231 Vgl. OLG Düsseldorf, BauR 1995, 706.
232 Vgl. OLG München, BauR 1980, 274.

D. Bauvertrag

> 1. ....
>
> 2. ....
>
> ....
>
> Wir hatten Ihnen mehr als deutlich mitgeteilt, dass wir ohne diese Vorleistungen nicht in der Lage sind, unsere Leistungen zu erbringen. Wir hatten Ihnen eine Frist gesetzt und angekündigt, den Bauvertrag nach Ablauf dieser Frist zu kündigen. Gleichwohl haben Sie auch diese Frist ungenutzt gelassen.
>
> Aus diesem Grunde kündigen wir hiermit den Bauvertrag gem. § 9 Nr. 1 VOB/B.
>
> Wir fordern Sie auf, die erbrachte Leistung bis zum .... abzunehmen. Ferner bitten wir Sie, die erbrachte Leistung bis spätestens zum .... mit uns gemeinsam aufzumessen. Für eine Terminabsprache stehen wir Ihnen jederzeit zur Verfügung.
>
> Unsere bisher erbrachten Leistungen werden wir nach den Vertragspreisen prüfbar abrechnen. Weitergehende Ansprüche nach § 9 Nr. 3 VOB/B behalten wir uns ausdrücklich vor.
>
> Mit freundlichen Grüßen
>
> ....

e) Kündigung aus Insolvenzgründen

296 Nach § 8 Nr. 2 VOB/B hat der Auftraggeber ein außerordentliches Kündigungsrecht, wenn der Auftragnehmer seine **Zahlungen einstellt**, das **Insolvenzverfahren** oder ein **vergleichbares Verfahren** beantragt, ein solches Verfahren eröffnet oder der Antrag mangels Masse abgelehnt wird. Die Voraussetzungen des Kündigungsrechts müssen im **Zeitpunkt** des Zugangs der Kündigungserklärung beim Auftragnehmer bzw. Insolvenzverwalter noch vorliegen, ansonsten ist die Kündigung nichtig. **Schlechte Vermögensverhältnisse** des Auftragnehmers ohne Zahlungseinstellung allein reichen zur Kündigung nicht aus, da der Auftraggeber wegen der Vorleistungspflicht des Auftragnehmers insoweit nicht gefährdet ist, allerdings kann sich unter besonderen Umständen hieraus ein Kündigungsrecht nach § 8 Nr. 3 VOB/B ergeben. Die Kündigung ist **schriftlich** zu erklären.

Die ausgeführte Leistung ist nach § 6 Nr. 5 VOB/B **abzurechnen**. Die Mängelansprüche für den ausgeführten Teil bleiben dem Auftraggeber vollständig erhalten. Für den nicht ausgeführten Teil kann der Auftraggeber **Schadensersatz wegen Nichterfüllung** verlangen. Dieser umfasst hauptsächlich die **Mehrkosten**, die dadurch entstehen, dass mit der Fertigstellung ein Drittunternehmen beauftragt werden muss. Als Schaden kommt auch der **entgangene Gewinn** wegen verspäteter Fertigstellung des Bauwerks in Betracht, die Einschränkung des § 6 Nr. 6 VOB/B (nur bei Vorsatz oder grober Fahrlässigkeit) gilt hier nicht.[233]

297

Da mit der Kündigung der Vergütungsanspruch des Auftragnehmers und der Schadensersatzanspruch des Auftraggebers rechtlich selbstständig werden,[234] stehen beide Ansprüche einander aufrechenbar gegenüber. Die **Aufrechnung** ist dabei auch nach Eröffnung des Insolvenzverfahrens möglich.[235]

298

Muster 63: Kündigung aus Insolvenzgründen nach § 8 Nr. 2 VOB/B

299

Sehr geehrte Damen und Herren,

durch Beschluss des Amtsgerichtes .... vom .... haben wir erfahren, dass Sie ein Insolvenzverfahren beantragt haben.

Hiermit kündigen wir den mit Ihnen abgeschlossenen Bauvertrag vom .... gem. § 8 Nr. 2 Abs. 1 VOB/B.

Wir fordern Sie auf, entsprechend § 6 Nr. 5 VOB/B unverzüglich die ausgeführten Leistungen nach den Vertragspreisen sowie die Kosten, die Ihnen bereits entstanden und in den Vertragspreisen des nicht ausgeführten Teils der Leistungen enthalten sind, abzurechnen. Wegen des nicht ausgeführten Teils der Leistung behalten wir uns vor, Schadensersatzansprüche geltend zu machen.

Mit freundlichen Grüßen

....

---

233 Vgl. BGH, NJW 1976, 126.
234 Vgl. BGH, BauR 1977, 284.
235 Vgl. BGH, BauR 1987, 146.

E. Architekten- und Ingenieurvertrag

I. Einführung

Ein weiteres großes praktisches Anwendungsfeld für die werkvertraglichen Vorschriften ist neben der Errichtung von Bauwerken auch deren **Planung** durch Architekten und Ingenieure (Sonderfachleute, z.B. Statiker, Haustechnikplaner). Bis zu der zum 01.01.2002 in Kraft getretenen Schuldrechtsmodernisierung war die werkvertragliche Zuordnung von Architekten- und Planerverträgen immer wieder Gegenstand der Diskussion in Rspr. und Lit. Soweit sich der Architektenvertrag auf die **sog. Vollarchitektur** bezog, hatte der BGH zwar in einer Grundsatzentscheidung den werkvertraglichen Charakter festgeschrieben,[236] i.Ü. blieb jedoch die Einordnung vielfach streitig. Durch die Schuldrechtsmodernisierung sind nunmehr Planungsleistungen i.R.d. Werkvertragsrechts ausdrücklich erwähnt. So wird etwa in § 634a Abs. 1 Nr. 1 und Nr. 2 BGB zwischen Planungs- und Überwachungsleistungen für Werke und Bauwerke unterschieden, sodass nunmehr sowohl die reine Planungsleistung als auch die (Bau-)Überwachungstätigkeit eindeutig dem Werkvertragsrecht zugeordnet werden können. Neben den werkvertraglichen Vorschriften spielt im Architekten- und Ingenieurrecht i.R.d. Werklohns insbes. die Honorarordnung für Architekten und Ingenieure (HOAI) eine bedeutsame Rolle.

300

II. Besonderheiten bei der Mängelhaftung nach BGB

Da der Architektenvertrag als Werkvertrag anzusehen ist, sollte angenommen werden, dass der Architekt grds. zur **Nacherfüllung** verpflichtet und berechtigt ist, wenn Mängel am Bauwerk auftreten, die (auch) auf die Architektenleistung zurückgeführt werden können. Nach der ständigen Rspr. ist jedoch das Bauwerk von dem (geistigen) Architektenwerk zu unterscheiden, die Beseitigung von Baumängeln kann keine Nacherfüllung des Architektenwerks sein. Eine Nacherfüllung kommt daher nur in Betracht, wenn sich die (geistige) Architektenleistung **noch nicht im Bauwerk verkörpert hat**, also z.B. noch nicht nach einem fehlerhaften Plan gebaut wurde. Ist dagegen bereits nach dem Plan gebaut worden, ist für den Auftraggeber eine Änderung des Plans grds. nutzlos. In diesem Fall ist er berechtigt, unmittelbar

301

---

236 S. BGHZ 31, 224.

und sofort einen **Schadensersatzanspruch** geltend zu machen. Z.T. wird vertreten, dass der Architekt im Einzelfall verpflichtet sein kann, durch eine Änderung seiner Pläne die Voraussetzung für eine erfolgreiche Nachbesserung durch Bauunternehmer zu schaffen. Bei einer **mangelhaften Bauüberwachung** kommt eine Nacherfüllung ebenfalls nicht in Betracht.

302 Soweit die mangelhafte Leistung des Architekten noch nachbesserungsfähig ist, muss der Auftraggeber nach der Schuldrechtsmodernisierung dem Architekten lediglich eine angemessene Frist zur Nacherfüllung setzen, soweit dies im Einzelfall nicht entbehrlich ist. Nach Ablauf der Frist kann der Bauherr die erforderlichen Nachbesserungsarbeiten an der Planung auf Kosten des Architekten durch einen Dritten ausführen lassen.

303 **Muster 64: Aufforderung zur Nachbesserung**

> Sehr geehrte Damen und Herren,
>
> bei der Prüfung der von Ihnen uns am .... vorgelegten Ausführungspläne im Maßstab .... zum .... unseres Bauvorhabens haben wir folgende Fehler festgestellt:
>
> 1. *(z.B. die Vermaßung ist falsch, die lichte Höhe in .... ist unzutreffend, es fehlt eine Abdichtung gegen drückendes Wasser)*
> 2. ....
>
> ....
>
> Wir fordern Sie auf, die oben aufgeführten Fehler in der Planung bis zum .... zu beseitigen und die korrigierten, fehlerfreien Pläne erneut zur Prüfung einzureichen.
>
> Nach fruchtlosem Ablauf der oben gesetzten Frist werden wir die Fehler durch ein geeignetes anderes Architekturbüro auf Ihre Kosten beseitigen lassen und für die dadurch voraussichtlich entstehenden Kosten einen angemessenen Vorschuss verlangen.
>
> Mit freundlichen Grüßen
>
> ....

304 Bei der Abwicklung von Architektenverträgen spielt insbes. die Haftung des Architekten wegen mangelhafter „**Objektüberwachung**" (**Bauüberwa-**

II. Besonderheiten bei der Mängelhaftung nach BGB

chung) eine überragende Rolle. Bei fast jedem handwerklichen Fehler stellt sich diese Frage auch. Die Objektüberwachung umfasst vor allem das Überwachen der Ausführung des Bauwerks auf Übereinstimmung mit der Baugenehmigung, den Ausführungsplänen und den Leistungsbeschreibungen mit den anerkannten Regeln der Technik und den einschlägigen Vorschriften sowie das Koordinieren der an dem Baugeschehen fachlich Beteiligten.[237] Als örtlicher „Bauführer" muss der Architekt die Baustelle und die dort tätigen Unternehmer oder Handwerker im Griff haben und die Arbeiten gezielt **überwachen** und **koordinieren**, um zu erreichen, dass das Bauwerk frei von Mängeln und wie geplant durchgeführt wird.[238] Die Überwachung muss regelmäßig und in angemessener, allerdings auch in zumutbarer Weise durchgeführt werden. Der genaue Umfang, insbes. die Häufigkeit der Baustellenbesuche, kann weder sachlich noch zeitlich generell bestimmt werden, sondern richtet sich nach den Umständen des Einzelfalls.

Handwerkliche Selbstverständlichkeiten bei allgemein üblichen, gängigen und einfachen Bauarbeiten, deren Beherrschung durch den Bauunternehmer vorausgesetzt werden kann, sind im Zweifel vom Architekten nicht zu überwachen. Insoweit darf er sich auf die Zuverlässigkeit und ordnungsgemäße unternehmerische Bauausführung verlassen, solange keine Anhaltspunkte dafür vorliegen, dass es sich um einen wenig sachkundigen oder erkennbar unsicheren Bauunternehmer handelt.[239]

Übersicht: Handwerkliche Selbstverständlichkeiten

Putzarbeiten
Eindecken eines Dachs mit Dachpappe
Säubern von Schleifstaub vor der Verlegung von Platten
Verlegung von Platten
Malerarbeiten
Errichtung einer Klärgrube

---

237 Vgl. BGH, BauR 2000, 1513; BGH, BauR 1999, 187; OLG Köln, BauR 2004, 1730.
238 Vgl. OLG Celle, BauR 2003, 104.
239 Vgl. OLG Naumburg, NZBau 2003, 389; OLG München, NJW-RR 1988, 336; OLG Düsseldorf, BauR 1998, 810.

E. Architekten- und Ingenieurvertrag

305 **Wichtige Bauabschnitte**, von denen das Gelingen des ganzen Werks abhängt, muss der Architekt persönlich oder durch einen erprobten Erfüllungsgehilfen unmittelbar überwachen oder sich sofort nach der Ausführung der Leistungen von deren Ordnungsmäßigkeit überzeugen.[240] **Schwierige oder gefahrträchtige Arbeiten** muss der Architekt ebenfalls persönlich überwachen, typische Gefahrenquellen und kritische Bauabschnitte muss er besonders beobachten und überprüfen.

Übersicht: Gefahrträchtige Arbeiten

Betonierungsarbeiten einschließlich Bewehrungsarbeiten und -abnahme
Ausschachtungsarbeiten
Abbruch- und Unterfangungsarbeiten
Isolierungs- und Abdichtungsarbeiten
Dränagearbeiten
Dachdeckerarbeiten
Estricharbeiten
Dachkonstruktionsarbeiten
Sanierungsarbeiten an Altbauten
Schall- und Wärmeisolierungsarbeiten
Verwendung vorgefertigter Bauteile und neuer Baustoffe
Verfüllung des Mauerwerks

306 Die Bauaufsichtspflicht des Architekten verschärft sich, wenn **besondere Signale** vorliegen.[241]

Übersicht: Besondere Warnsignale

Unvorhergesehene Schwierigkeiten bei der Bauausführung
Nachbesserungsarbeiten
Arbeiten, die erfahrungsgemäß Mängel mit sich bringen
Ausführung des Bauwerks nach Vorgaben eines Dritten, nicht aber nach den eigenen Angaben des Architekten

---

240 Vgl. BGH, BauR 2000, 1513.
241 Vgl. Werner/Pastor, Der Bauprozess, Rn. 1501.

III. Besonderheiten aus der Anwendung der HOAI

1. Zielsetzung und Regelungsgehalt

Durch die Honorarordnung für Architekten und Ingenieure (HOAI) ist die Vergütung von Architekten- und Ingenieurleistungen der Höhe nach festgeschrieben. Durch diese gesetzliche Festschreibung der Honorare wollte der Gesetzgeber ursprünglich eine **Dämpfung der Baukosten** erreichen. Außerdem sollte ein ruinöser Preiswettbewerb der Architekten und Ingenieure verhindert und der Leistungswettbewerb gefördert werden, denn wenn alle Anbieter denselben Preisregeln unterliegen, kann Wettbewerb nur über Leistungsqualität erfolgen. Ende 1999 gab das Bundesministerium für Wirtschaft und Technologie ein Forschungsprojekt zur **Zukunftsfähigkeit der HOAI** in Auftrag, um Fragestellungen zu geänderten Anforderungen an das aktuelle Berufsbild sowie die Anforderungen, die eine Gebührenordnung in Zukunft erfüllen kann, zu klären bzw. der Frage nachzugehen, ob eine Gebührenordnung im europäischen Rahmen überhaupt zukunftsfähig ist. Ob die HOAI also in Zukunft ein verbindliches Preisrecht oder nur noch ein unverbindliches Preisrecht mit Empfehlungscharakter darstellen wird, wird die weitere Entwicklung zeigen müssen. Hinzu kommt, dass die HOAI bereits heute in weiten Teilen der Anwendungsverpflichteten auf nur noch geringe Akzeptanz stößt und vermehrt nach Wegen gesucht wird, die Bestimmungen der HOAI versteckt oder sogar offen zu umgehen.

Inwieweit die Anwendung der HOAI auf Vergütungsvereinbarungen zwischen einem Auftraggeber mit Sitz in der BRD und einem Auftragnehmer mit Sitz in einem anderen EU-Staat der **Dienstleistungsfreiheit** entgegensteht, muss nach Meinung des BGH durch den EuGH geklärt werden.[242]

> **Hinweis:**
>
> Aktuell wird an einem Referentenentwurf gearbeitet, wonach die HOAI neu gegliedert werden soll. **Besondere Leistungen** sollen entfallen, ferner soll eine schriftliche Vergütungsvereinbarung möglich sein, die nicht mehr durch die Preisregelungen der HOAI beschränkt ist. Das Preisrecht der HOAI soll darüber hinaus auf die reinen Planungsphasen (bis einschließlich Leistungsphase 5) beschränkt werden. Die **Hono-**

---

[242] Vgl. BGH, BauR 2003, 748.

E. Architekten- und Ingenieurvertrag

> rartafeln sollen erhalten bleiben, nicht jedoch die **Stundensätze** bei den Zeithonoraren.

Eine verlässliche Aussage über die Zukunft der HOAI ist zum jetzigen Zeitpunkt im Ergebnis nicht möglich. Sollte die HOAI zukünftig nur noch Empfehlungscharakter haben, kann sie gleichwohl dazu dienen, die **übliche Vergütung** nach § 632 Abs. 2 BGB zu bestimmen, wenn die Vertragsparteien keine Honorarvereinbarung getroffen haben.

309 Inhaltlich ist die HOAI reines **Preisrecht** und enthält keinerlei materielle Regelungen über die Rechte und Pflichten, die im Rahmen eines Architektenvertrags zu erfüllen sind.[243] Sie gibt also keinen Aufschluss darüber, was i.R.d. Vertragsverhältnisses als Leistung geschuldet ist. Die in der HOAI enthaltenen **Leistungskataloge** gewinnen insoweit erst dann an Bedeutung, wenn der Leistungsinhalt des Vertrags zwischen den Vertragsparteien festgelegt wurde.[244]

310 Die HOAI ist hinsichtlich ihrer preisrechtlichen Bestimmungen absolut **zwingend** und kann nicht durch vertragliche Abrede abbedungen oder auf andere Weise umgangen werden. Sie ermöglicht für alle vereinbarten Leistungen die Berechnung des Honorars, soweit hierfür ein **Gebührentatbestand** ausgewiesen ist. Leistungen außerhalb dieser Gebührentatbestände, die von Architekten und Ingenieuren erbracht werden können (z.B. als Sicherheits- und Gesundheitsschutzkoordinator), unterliegen nicht den preisrechtlichen Zwängen der HOAI und können frei vereinbart werden. Nach den Gebührentatbeständen wird das Honorar nach **anrechenbaren Kosten**, **Honorarzonen**, den mit Prozenten bewerteten Leistungen, die vertraglich zu erbringen sind, und anhand einer **Honorartafel** ermittelt.

311 Der **persönliche Anwendungsbereich** der HOAI ist leistungsbezogen. Die HOAI ist also immer dann anzuwenden, wenn es sich um Architekten- und Ingenieurleistungen handelt, unabhängig von der Frage, ob der Leistungserbringer eine entsprechende **Berufsbezeichnung** führen darf oder nicht. Der persönliche Anwendungsbereich der HOAI gilt jedoch nur für die selbstständige und isolierte Erbringung von Architekten- und Ingenieuraufgaben. Damit fallen Anbieter von **Paketlösungen** (Bauträger, Generalübernehmer oder Generalunternehmer) aus dem Regelungsbereich der HOAI heraus.

---

243 Vgl. BGH, BauR 1997, 154.
244 BGH, BauR 1999, 187.

2. Aufklärungspflicht des Architekten über die Honorarhöhe

Die HOAI als Grundlage der vertraglichen Beziehungen muss dem Vertragspartner nicht bekannt gegeben werden. Es besteht auch grds. keine Aufklärungspflicht über die Höhe des Honorars, sodass der Architekt **ungefragt** dahingehende Hinweise erteilen müsste.[245] Verschiedentlich wird jedoch in der Rspr. eine Aufklärungspflicht über die mögliche Höhe des Honorars angenommen. Dies gilt selbstverständlich dann, wenn der Bauherr ausdrücklich danach fragt. Es soll aber auch dann gelten, wenn der Bauherr – für den Architekten erkennbar – keine Vorstellungen über das mögliche Honorar hat, da grds. davon ausgegangen werden kann, dass kein Bauherr in der Lage ist, aufgrund der mitunter komplizierten Regelung der HOAI das Honorar selbst zu berechnen.[246]

312

3. Unterschreitung der Mindestsätze

Die in der HOAI festgesetzten Mindestsätze können nur in **Ausnahmefällen** unterschritten werden. Voraussetzungen sind eine bei Auftragserteilung **schriftlich** geschlossene Vereinbarung und ein **objektiv** begründeter Ausnahmefall. Werden die Mindestsätze in unzulässiger Weise unterschritten, bleibt der Architektenvertrag wirksam, es sind dann die Mindestsätze der HOAI anzuwenden. Ob die Mindestsätze unterschritten werden, richtet sich nach einer **hypothetischen**, nach den Bestimmungen der HOAI **objektiv richtig** ermittelten Honorarberechnung.

313

Der Begriff „Ausnahmefall" wird in der HOAI nicht näher erläutert. Maßgebend sind insoweit die objektiven und subjektiven Gesamtumstände. Grds. wird man dabei den Begriff „Ausnahmefall" schon aufgrund des Wortlauts, aber auch im Hinblick auf den mit der Vorschrift des § 4 HOAI verfolgten Sinn und Zweck **eng** auslegen müssen. Ein Ausnahmefall kann bejaht werden, wenn besonders enge **persönliche**, vor allem **verwandtschaftliche**, **rechtliche**, **wirtschaftliche** oder **soziale Beziehungen** zwischen den Parteien bestehen oder die Leistungen bzw. der Aufwand des Architekten objektiv betrachtet als **besonders geringfügig** einzustufen ist und/oder ein **deutliches Missverhältnis** zwischen Leistung und zulässigem Mindestsatzhonorar vorliegt, z.B. bei kleineren Umbau- und Reparaturmaßnahmen.

---

245 Vgl. Jagenburg, NJW 1995, 1997 ff.
246 S. OLG Hamm, BauR 1999, 1479; OLG Köln, BauR 1994, 271; OLG Saarbrücken, BauR 2000, 753.

E. Architekten- und Ingenieurvertrag

314 Eine Unterschreitung der Mindestsätze muss **nicht ausdrücklich oder unmittelbar** erfolgen. Dies kann auch dadurch geschehen, dass die einzelnen Vorschriften der HOAI über die Grundlagen der Honorarberechnung nicht eingehalten werden (z.b. zu niedrige Honorarzone, zu geringe anrechenbare Kosten, geringere Prozentsätze, Zusammenfassung von an sich gesondert zu berechnenden Bauvorhaben).[247] Es kommt auch nicht darauf an, dass sich die Vertragsparteien über den Umstand bewusst sind, dass die Mindestsätze unterschritten werden. Entscheidend ist allein der **objektive Tatbestand** des Verstoßes gegen das in der HOAI enthaltene Preisrecht. Allerdings können sich die Vertragsparteien **nach** Erbringung der Leistungen, z.B. im Rahmen der Abrechnung auf ein Honorar unter den Mindestsätzen, (auch mündlich) einigen.[248]

315 Überschreiten die anrechenbaren Kosten gewisse **Grenzwerte** (z.B. 25.564.594,00 € bei der Objektplanung), kann das Honorar vollkommen **frei** vereinbart werden. Es kann bspw. auch ein Honorar vereinbart werden, das für anrechenbare Kosten unterhalb dieses Grenzwerts nicht wirksam vereinbart werden könnte. Natürlich kann das Honorar auch innerhalb der Mindest- und Höchstsätze vollkommen frei vereinbart werden. Unterschreiten die anrechenbaren Kosten einen bestimmten **Eckwert** (z.B. 25.565,00 €), kann abweichend von den Mindestsätzen ein Pauschalhonorar oder ein Zeithonorar bei Auftragserteilung schriftlich vereinbart werden, das jedoch das sich nach der HOAI für anrechenbare Kosten in dieser Größenordnung ergebende Höchstsatz-Honorar nicht überschreiten darf.

4. Überschreitung der Höchstsätze

316 Die HOAI hat **Höchstpreischarakter**. Dementsprechend dürfen auch die in der HOAI festgelegten Höchstsätze grds. nicht überschritten werden. Auch hier ist es – wie bei den Mindestsätzen – ausreichend, wenn sich durch Nichteinhaltung der Grundlagen für die Honorarberechnung mittelbar eine Überschreitung der Höchstsätze ergibt. Ein Verstoß gegen **Bemessungsgrundlagen** der HOAI führt jedoch nur zur Unwirksamkeit der Vergütungsabsprache, wenn damit gleichzeitig eine Überschreitung der Höchstsätze oder Unterschreitung der Mindestsätze verbunden ist; denn innerhalb der

---

247 LG Stuttgart, NJW-RR 1997, 1380; KG, IBR 1998, 115; KG, IBR 1997, 511.
248 OLG Düsseldorf, BauR 1997, 880; OLG Köln, OLGR 2002, 92.

III. Besonderheiten aus der Anwendung der HOAI

Mindest- und Höchstsätze können die Parteien das Honorar frei vereinbaren.

Bei **außergewöhnlichen** oder **ungewöhnlich lange dauernden Leistungen** ist eine Überschreitung der Höchstsätze **ausnahmsweise** erlaubt. Außergewöhnliche Leistungen sind überdurchschnittliche Leistungen, die durch die Höchstsätze der HOAI nicht leistungsgerecht vergütet werden können. Diese überdurchschnittlichen Leistungen können sich dabei auf künstlerische, technische oder wirtschaftliche Aufgabenbereiche beziehen und bspw. bei der Anwendung von völlig neuen Technologien in Betracht kommen. Ob eine Leistung die besonderen Merkmale aufweist, die eine Überschreitung der Höchstsätze rechtfertigt, ist **objektiv** festzustellen und steht damit nicht zur Disposition der Parteien. Umstände, die bereits für die Einordnung in eine Honorarzone oder Schwierigkeitsstufe, für die die Vereinbarung von Besonderen Leistungen oder die Einordnung in den Rahmen der Mindest- und Höchstsätze mitbestimmend waren, bleiben bei der Beurteilung außer Betracht.

Da § 4 Abs. 3 HOAI keinen **Zeitpunkt** nennt, zu dem die Vereinbarung für eine Höchstsatzüberschreitung getroffen werden muss, ist streitig, ob die entsprechende schriftliche Absprache der Parteien bereits bei Auftragserteilung getroffen werden muss oder auch später erfolgen kann. Im Hinblick auf den Wortlaut des § 4 Abs. 4 HOAI geht jedoch die h.M. davon aus, dass die Absprache **bei Vertragsabschluss** getroffen werden muss. 317

5. Pauschalhonorarvereinbarung

Die Berechnung des Honorars nach der HOAI ist mitunter kompliziert. Es wird daher vielfach von der Möglichkeit Gebrauch gemacht, die Vergütung pauschal festzulegen, auch unter dem Gesichtspunkt der Kostensicherheit. Dies ist nach der HOAI grds. nicht ausgeschlossen, bedarf jedoch einer wirksamen, schriftlichen Vereinbarung bei Auftragserteilung. Eine Pauschale kann wirksam vereinbart werden, wenn sie sich innerhalb der Mindest- und Höchstsätze der HOAI bewegt. 318

6. Formerfordernisse bei der Vergütungsvereinbarung

Die **Vergütung**, die der Architekt bzw. der Ingenieur für die von ihm erbrachte Leistung beanspruchen kann, muss bei Vertragserteilung **schriftlich** 319

E. Architekten- und Ingenieurvertrag

vereinbart werden, solange die HOAI noch verbindliches Preisrecht ist und soweit sie von den Mindestsätzen des § 4 Abs. 4 HOAI abweicht. Für eine fehlende Honorarvereinbarung enthält § 4 Abs. 4 HOAI einen Auffangtatbestand, nach dem die Mindestsätze als vereinbart gelten, soweit nicht bei Auftragserteilung etwas anderes schriftlich und zulässigerweise vereinbart wurde.

Für eine von § 4 Abs. 4 HOAI abweichende Honorarvereinbarung ist die Schriftform nur dann gewahrt, wenn **bei** Auftragserteilung eine **einheitliche Vertragsurkunde** erstellt wird. Es reicht also nicht aus, wenn ein schriftlich erteiltes Honorarangebot durch ebenfalls schriftliche Auftragsbestätigung angenommen wird.[249] An einer einheitlichen Vertragsurkunde fehlt es auch, wenn bspw. der Architekt dem Bauherrn schriftlich den Abschluss einer Honorarvereinbarung per Telefax anbietet und der Bauherr das Fax unterschrieben an den Architekten zurücksendet. An die Einhaltung der Schriftform für Honorarvereinbarungen werden **strenge Anforderungen** gestellt, so dass hier immer der sicherste Weg zu beschreiten ist. Alle Absprachen, die Einfluss auf die Höhe des Honorars haben können, müssen bei Auftragserteilung schriftlich vereinbart werden.

320 Zu beachten ist auch, dass nicht jede Kontaktaufnahme mit einem Architekten und Ingenieur zu einer entgeltlichen Tätigkeit führt. Häufig tritt ein Architekt unangesprochen an einen Bauherrn heran, um für seine Leistung zu werben oder der Bauherr will am Beginn einer längeren Zusammenarbeit wissen, auf welchen architektonischen Stil er sich einlässt. Nicht selten überlegt ein Investor, ob und inwieweit er ein Grundstück baulich nutzen kann. Ohne Vorplanung kann der Investor weder das Baurecht austesten noch Vorstellungen über den Finanzierungsbedarf entwickeln. Bei diesen oder vergleichbaren Interessenlagen möchte der Bauherr oder Investor naturgemäß keine größeren Kosten für einen Architekten ausgeben, die sich im Nachhinein möglicherweise als nutzlos erweisen. Vom Architekten wird daher vielfach eine **honorarfreie Akquisitionstätigkeit** erwartet.

Fehlen eindeutige schriftliche Unterlagen, kann sich im Einzelfall die Frage stellen, ob Architekt und Bauherr schon einen beiderseitigen **schuldrechtlichen Bindungswillen** zum Abschluss eines Architektenvertrags hatten und deshalb die bereits vom Architekten erbrachten Leistungen einer Vergütungspflicht unterliegen. Die Grenze, an der eine Akquisitionstätigkeit

---

[249] Vgl. BGH, BauR 1989, 222.

des Architekten endet und die honorarauslösende Arbeit beginnt, ist vielfach fließend. Um Klarheit zu schaffen, sollte auch über eine honorarfreie Akquisitionstätigkeit möglichst eine ausdrückliche zweiseitige Kooperationsvereinbarung geschlossen werden.[250] Zumindest ist dem Bauherrn eine einseitige Dokumentation zu empfehlen.

Muster 65: Anforderung einer kostenfreien Vorplanung

Sehr geehrte Damen und Herren,

wir kommen zurück auf unser Gespräch vom ……. , bei dem wir Ihnen unseren Bauwunsch erläutert und erste Ideen diskutiert haben. Wir überlegen ernsthaft, unser Grundstück in ……. mit ……. zu bebauen und sind an einer weiteren Zusammenarbeit mit Ihnen als Architekten interessiert. Wir hatten besprochen, dass Sie für uns kostenfrei und unverbindlich folgende Leistungen erbringen:

1. Vorplanung
2. Bauvoranfrage
3. Kostenschätzung nach DIN 276

…….

Sobald diese Unterlagen vorliegen, können wir eine abschließende Entscheidung über die Durchführung der Baumaßnahme treffen und insbes. die Finanzierungsmöglichkeiten klären. Selbstverständlich entsteht Ihnen aus Ihrer kostenfreien Tätigkeit für uns keinerlei Haftung.

Mit freundlichen Grüßen

……………………

Wollen sich dagegen Architekt und Bauherr bereits frühzeitig binden, obwohl der Abschluss eines endgültigen Architektenvertrags wegen rechtlicher, wirtschaftlicher oder tatsächlicher Hindernisse noch nicht gesichert ist, kann dies über einen **Vorvertrag** geschehen.

Vorverträge sind schuldrechtliche Vereinbarungen, durch die für beide Teile oder auch nur einen von ihnen die Verpflichtung begründet wird, demnächst

---

250 Vgl. das entsprechende Muster bei Schulte-Nölke/Frenz/Flohr, Formularbuch Vertragsrecht, Teil 11 Rn. 55.

E. Architekten- und Ingenieurvertrag

einen anderen schuldrechtlichen Vertrag, den Hauptvertrag, abzuschließen.²⁵¹ Damit die durch den Vorvertrag gewünschte **Bindungswirkung** eintritt, müssen bereits durch den Vorvertrag die Werkleistung, das Honorar und alle von den Vertragsparteien für wesentlich angesehenen Nebenabreden bestimmt oder zumindest bestimmbar sein. Im Architektenrecht wird ein Vorvertrag häufig über **Verpflichtungserklärungen** abgeschlossen. Derartige Verpflichtungserklärungen stellen einen wirksamen Vorvertrag dar, wenn sie ausreichend bestimmt sind. Sie müssen daher zumindest die zu übertragenden Architektenleistungen benennen. Es empfiehlt sich weiterhin, bereits den Entwurf eines Architektenvertrags als Anlage beizufügen. Nicht zwingend ist die Bezifferung des Honorars, da diese Lücke über das Preisrecht der HOAI geschlossen werden kann.

323 Über die Verpflichtungserklärung werden die Parteien verpflichtet, den eigentlichen Architektenvertrag für den Fall abzuschließen, dass es zur **Durchführung** des Bauvorhabens kommt.²⁵² Verweigert der Bauherr beim Eintritt der Bedingung gleichwohl den Abschluss des Hauptvertrags, macht er sich gegenüber dem Architekten schadensersatzpflichtig. Dieser kann dann das Mindestsatzhonorar nach der HOAI unter Abzug der ersparten Aufwendungen verlangen.

324 **Muster 66: Verpflichtungserklärung**

> Hiermit verpflichten wir uns, dem Architekten .... die Architektenleistungen (Planung, Vergabe, Objektüberwachung, ... gem. den Leistungsphasen .... nach § 15 HOAI) für das Bauvorhaben .... auf der Grundlage eines noch abzuschließenden Architektenvertrags (entsprechend dem in der Anlage beigefügten Vertragsentwurf) zu übertragen.
>
> Ort, Datum
>
> ....
> Bauherr   Architekt

325 Fallen bei der Ausführung eines Architektenvertrags **Besondere Leistungen** an, kann der Architekt nach § 5 Abs. 4 Satz 1 HOAI ein gesondertes Honorar verlangen, wenn die von ihm zu erbringende Leistung im Verhältnis zu den

---

251 Vgl. BGH, BauR 1992, 531.
252 Vgl. BGH, BauR 1988, 234.

III. Besonderheiten aus der Anwendung der HOAI

Grundleistungen einen nicht unwesentlichen Arbeits- und Zeitaufwand verursacht **und** ein bestimmtes oder zumindest bestimmbares Honorar schriftlich vereinbart wurde. Liegt eine dieser Voraussetzungen nicht vor, hat der Architekt keinen vertraglichen Vergütungsanspruch für von ihm erbrachte Besondere Leistungen. Es ist zwar grds. nicht erforderlich, dass die schriftliche Honorarvereinbarung vor Ausführung der Leistung geschlossen wird. Da aber nach der Ausführung kein Anspruch auf Abschluss einer Zusatzvereinbarung mit entsprechender Vergütungsregelung besteht, ist im heutigen Wirtschaftsleben eine nachträgliche Honorarvereinbarung nur schwer zu realisieren. Der Architekt ist gut beraten, vor Ausführung einer Besonderen Leistung eine entsprechende schriftliche Vereinbarung vom Bauherrn zu verlangen.

Muster 67: Verlangen eines gesonderten Honorars für Besondere Leistungen nach § 5 Abs. 4 Satz 1 HOAI

Sehr geehrte Damen und Herren,

anlässlich der letzten Baubesprechung vom .... forderten Sie uns auf, folgende Besondere Leistungen i.S.d. HOAI zu erbringen:

1. *(Erstellung von Brandschutzplänen zur Kostenermittlung besonderer Sicherheitsbelange)*
2. *(Änderung bereits fertig gestellter Ausführungspläne wegen geänderter Nutzeranforderungen)*

....

Diese Leistungen gehen über das uns beauftragte Leistungsbild hinaus und verursachen einen erheblichen Zeit- und Arbeitsaufwand. Wir schätzen den Aufwand für die oben genannten Leistungen auf .... Stunden für einen Architekten, ... Stunden für ....

Wir sind grds. gerne bereit, diese Leistungen für Sie zu erbringen, benötigen hierzu aber eine vorherige Vergütungsvereinbarung, da es sich um Besondere Leistungen i.S.v. § 5 Abs. 4 HOAI handelt. Die HOAI sieht zwingend vor, dass für die Vergütung von Besonderen Leistungen eine Honorarvereinbarung zu schließen ist.

Wir schlagen vor, dass die oben aufgeführten Arbeiten nach Zeitaufwand vergütet werden. Als Stundensatz schlagen wir .... € für den Architekten und .... € für sonstige Mitarbeiter vor. Hinzu kommt nach § 9 HOAI die gesetzliche USt. Nebenkosten werden wir nicht berechnen. Über den tatsächlichen Arbeitsaufwand werden wir werktäglich Stundenbelege fertigen und Ihnen zeitnah zur Gegenzeichnung vorlegen.

Wir dürfen Sie höflichst bitten, dieses Schreiben im Original zum Zeichen Ihres Einverständnisses mit der vorgeschlagenen Honorarvereinbarung unterschrieben zurückzusenden, damit wir die Arbeit aufnehmen können. Wir haben für Ihre Unterlagen eine Zweitfertigung beigefügt.

Mit freundlichen Grüßen

....

einverstanden:

....

(Unterschrift Bauherr)

7. Honorarschlussrechnung

327 Honorarprozesse scheitern häufig daran, dass es dem Architekten oder Ingenieur nicht gelungen ist, eine den Erfordernissen der Rspr. gerecht werdende **prüffähige** Honorarschlussrechnung zu stellen.

Für die Prüffähigkeit ist das **Informations- und Kontrollinteresse** des Rechnungsempfängers maßgebend, also keine abstrakten Erwägungen.[253] Der Bauherr muss der Rechnung entnehmen können, welche Leistungen im Einzelnen berechnet werden und auf welchem Weg und über welche Parameter die Berechnung vorgenommen wurde. Soweit es die der Abrechnung zugrunde zu legenden anrechenbaren Kosten betrifft, hat der BGH klargestellt, dass keine überzogenen Forderungen an Darstellung und Gliederungstiefe der **anrechenbaren Kosten** zu stellen sind, da die honorarauslösende Kostenermittlung nicht derjenigen entsprechen müsse, die für die wirtschaftliche Entscheidung des Bauherrn in Bezug auf das Planungsgeschehen maßgeblich sei.[254]

---

253 Vgl. BGH, BauR 1999, 63.
254 Vgl. BGH, ZfBR 1998, 440.

III. Besonderheiten aus der Anwendung der HOAI

Ist der Honoraranspruch wegen fehlender Prüffähigkeit der Honorarschlussrechnung erst einmal vom Gericht rechtskräftig als **unbegründet** abgewiesen worden, besteht keinerlei Möglichkeit der Nachbesserung, der Architekt hat sein Honorar endgültig verloren. Allerdings sieht der BGH keine Notwendigkeit, nicht fällige Vergütungsansprüche des Architekten mangels prüffähiger Honorarschlussrechnung **als endgültig unbegründet** abzuweisen. Der Architekt müsse die Möglichkeit haben, eine neue (prüffähige) Schlussrechnung zu erstellen.[255]

328

Nach einem umstrittenen Urteil des OLG Bamberg soll es dem Architekten verwehrt sein, durch ergänzende Ausführungen in Schriftsätzen die Prüffähigkeit seiner Schlussrechnung während des Honorarprozesses herzustellen.[256] Aufgrund der neuen ZPO dürfte dieses Urteil jedoch eine Einzelfallentscheidung bleiben. Nach § 139 Abs. 1 ZPO hat ein Gericht die Pflicht, auf vollständige Angaben der Parteien hinzuwirken und entsprechende sachdienliche **Hinweise** zu geben, sodass die Parteien die aus Sicht des Gerichts erforderlichen Angaben nachholen können.

Zu beachten ist schließlich, dass nach neuerer Rspr. des BGH der Einwand der fehlenden Prüffähigkeit **befristet** ist.[257] Selbst bei objektiv fehlender Prüffähigkeit ist der Auftraggeber mit diesbezüglichen Einwendungen ausgeschlossen, wenn er sie nicht „alsbald" erhebt. Was dabei unter „alsbald" zu verstehen ist, hat der BGH in Anlehnung an § 16 Nr. 3 Abs. 1 VOB/B festgelegt. Es gilt daher eine Ausschlussfrist von **zwei Monaten**.

Muster 68: Honorarabrechnungsmaske

329

Adressat
Anschrift
Betrifft: Bauvorhaben ....
Auftrag Nr.: ....
Datum: ....

---

255 Vgl. BGH, IBR 1995, 65.
256 OLG Bamberg, IBR 1998, 118.
257 BGH, IBR 2004, 79.

E. Architekten- und Ingenieurvertrag

Schlussrechnung

Für die von uns i.R.d. Architektenvertrags vom .... für das oben bezeichnete Bauvorhaben erbrachten Leistungen erlauben wir uns, hiermit wie folgt abzurechnen. Grundlage für die Abrechnung bilden die Vereinbarungen unseres Architektenvertrags vom .... , die HOAI sowie die als Anlage .... beigefügte Kostenermittlungen nach DIN 276 (Stand: ....).

Honorarzone: III (§§ 11,12 HOAI)

Honorarsatz: Mindestsatz (§§ 4, 16 HOAI)

Abrechnungsgegenstand:

- Leistungsphase 1 (Grundlagenermittlung)
- Leistungsphase 2 (Vorplanung)
- Leistungsphase 3 (Entwurfsplanung)
- Leistungsphase 4 (Genehmigungsplanung)

....

Anrechenbare Kosten (s. Anlage ....) netto: .... € (§ 10 HOAI)

100 % Honorar (s. Anlage ....) netto: .... € (§§ 5a, 16 Abs. 1 HOAI)

Im Einzelnen:

Leistungsphasen (§ 15 HOAI)	Prozentsätze	Honorar	erbr. Leistung in %	und in €
Grundlagenermittlung	3 v.H.		100 %	
Vorplanung	7 v.H.		100 %	
Entwurfsplanung	11 v.H.		100 %	
Genehmigungsplanung	6 v.H.		100 %	

Honorarsumme netto: .... €

Zuschläge (§§ 24, 25, 27 HOAI): .... % gem. Vereinbarung .... €

sonstige Leistungen (s. Anlage ....): .... €

III. Besonderheiten aus der Anwendung der HOAI

Nebenkosten (§ 7 HOAI): ...... % gem. Vereinbarung: .... €
...... % USt: .... €
Honorarsumme brutto: .... €

Hinweise: Siehe Anlage ....

Die Vorplanung wurde von Ihnen am .... durch Unterschrift gebilligt, die Entwurfsplanung von Ihnen am .... abgenommen. Der Bauantrag wurde am .... gestellt, die Baugenehmigung wurde am .... erteilt.

Wir dürfen Sie höflichst bitten, den ausgewiesenen Endbetrag auf eines unserer Konten zu überweisen. Für die angenehme und vertrauensvolle Zusammenarbeit dürfen wir uns an dieser Stelle bedanken. Gerne stehen wir Ihnen auch zukünftig für die erfolgreiche Umsetzung Ihrer Bauwünsche zur Verfügung.

Mit freundlichen Grüßen

....

(Unterschrift)

Steuernummer: .... / USt-IdNr: ....

8. Abschlagsrechnungen nach § 8 HOAI

Die HOAI enthält kein Vertragsrecht.[258] Daher ist fraglich, ob § 8 Abs. 2 HOAI eine wirksame Regelung der vertraglichen Beziehungen der Parteien darstellt. Nach dieser Vorschrift können Abschlagsrechnungen in angemessenen zeitlichen Abständen für nachgewiesene Leistungen gefordert werden. Soweit § 8 Abs. 2 HOAI unwirksam ist, kann der Architekt nur unter den erschwerten Bedingungen des § 632a BGB Abschlagszahlungen fordern. § 632a BGB setzt voraus, dass in sich abgeschlossene Teile des Werks vertragsgemäß erbracht wurden und dem Besteller das Eigentum an diesem Teilwerk übertragen oder Sicherheit geleistet wurde. Bereits die erste Voraussetzung des in sich abgeschlossenen Teils eines Werks bereitet bei der Erbringung von Architektenleistungen ernsthafte Schwierigkeiten. Diese Voraussetzung ist an § 12 Nr. 2 VOB/B angelehnt, der die Teilabnahme regelt. Danach ist ein Teil nur abgeschlossen, wenn er für sich funktionsfähig

330

---

258 So BGH, BauR 1997, 154.

ist.[259] Ob eine abgeschlossene Leistungsphase diese Voraussetzung erfüllt, ist zweifelhaft. In sich abgeschlossene Leistungsbereiche dürften neben der vollständigen Architektur die Leistungen bis zur Genehmigungsphase (dies entspricht den Leistungsphasen 1 bis 4 aus § 15 HOAI) sein. Dem Architekten kann vor diesem Hintergrund nur geraten werden, die Zahlungsfolge im Architektenvertrag genau und ausdrücklich zu regeln.

IV. Vollmacht des Architekten

331 Im Rahmen eines Bauvorhabens werden häufig Aufträge nicht unmittelbar vom Bauherrn, sondern über den Architekten erteilt. Der Architekt gilt immer noch als der umfassende Sachwalter des Bauherrn auf der Baustelle. Der Auftragnehmer kann sich gleichwohl – abgesehen von den Fällen der **Anscheins- und Duldungsvollmacht** – in derartigen Sachlagen wegen seiner Werklohnansprüche nur dann an den Bauherrn wenden, wenn der Architekt vom Bauherrn entsprechend **rechtsgeschäftlich bevollmächtigt** war und erkennbar für den Bauherrn aufgetreten ist. Fehlt die rechtsgeschäftliche Vollmacht, haftet der Architekt dem Auftragnehmer als **vollmachtloser Vertreter** nach § 179 BGB selbst.

332 Grds. ist davon auszugehen, dass der Architekt **keine originäre Vollmacht** besitzt, den Bauherrn in vollem Umfang zu vertreten. Allein aus der Tatsache, dass der Architekt im Rahmen eines Bauvorhabens „bestellt" wurde, kann noch nicht auf eine weitreichende Vollmachtserteilung geschlossen werden. In der Rspr. ist zwar anerkannt, dass der Architekt, dem die Bauüberwachung übertragen wurde, auch ohne ausdrückliche Bevollmächtigung allein aus seiner Stellung heraus berechtigt ist, den Bauherrn gegenüber den Bauhandwerkern in gewissem Umfang zu vertreten.[260] Diese „originäre" Vollmacht soll nach dieser Rspr. ohne Weiteres die Vergabe einzelner Bauleistungen (wenn es sich im Verhältnis zur Gesamtleistung um geringfügige Zusatzaufträge handelt), die Erteilung von (organisatorischen) Weisungen, die Rüge von Mängeln und die Abnahme geleisteter Arbeiten umfassen.

333 Die Bandbreite möglicher Ausgestaltungen von Vollmachten ist groß. Die Frage, ob und inwieweit dem Architekten Vollmachten eingeräumt werden, ist in erster Linie eine Vertrauensangelegenheit. Es kann jedoch nicht emp-

---

259 Thode, ZfBR 1999, 116, 118.
260 Vgl. BGH, NJW 1960, 859; BGH, BauR 1975, 358; BGH, BauR 1978, 314.

fohlen werden, dem Architekten eine völlig unbeschränkte (General-)Vollmacht zu erteilen. Vielmehr sollte entsprechend der Notwendigkeiten im Einzelfall von Vollmachten Gebrauch gemacht werden. Für die Wahrnehmung der Interessen gegenüber den (Bau-)Behörden i.R.d. Planung reicht eine Vollmacht ohne rechtsgeschäftliche Vertretungsbefugnisse aus (vgl. Muster unter Rn. 334). Zu beachten ist allerdings, dass aufgrund einer derartigen Vollmacht gleichzeitig eine vertragliche Bindung zwischen dem Bauherrn und dem Architekten entsteht, da deren Erteilung einen Auftrag für die Leistungsphasen 1 bis 4 gem. § 15 HOAI darstellt, weil zur Verhandlung mit den Behörden die Architektenleistungen bis zur Genehmigungsplanung (Leistungsphase 4) erbracht werden müssen.[261] Das zweite Vollmachtsformular (vgl. Muster unter Rn. 335) enthält eine **eingeschränkte rechtsgeschäftliche Vertretungsbefugnis**, während das dritte Vollmachtsformular (vgl. Muster unter Rn. 336) eine **weitreichende Vertretungsmacht** eröffnet.

Muster 69: Vollmacht ohne rechtsgeschäftliche Vertretungsbefugnisse 334

Vollmacht

Hiermit bevollmächtigen wir, ..., den Architekten .... hinsichtlich unseres Bauvorhabens .... in .... die erforderlichen Verhandlungen mit den zuständigen Behörden und Stellen sowie den Nachbarn zu führen und insbes. auch Rückfragen im Baugenehmigungsverfahren für uns zu erledigen.

Ort, Datum

....

(Unterschrift)

Muster 70: Vollmacht mit eingeschränkter rechtsgeschäftlicher Vertretungsbefugnis 335

Vollmacht

Wir, ..., bevollmächtigen hiermit den Architekten .... im Rahmen der Durchführung unseres Bauvorhabens .... in .... unsere Rechte zu wahren, insbes. den am Bau Beteiligten die notwendigen Weisungen zu erteilen. Finanzielle Verpflichtungen darf der Architekt für uns nur

---

261 Vgl. KG, NJW-RR 1988, 21.

E. Architekten- und Ingenieurvertrag

eingehen, wenn Gefahr im Verzug und unser vorheriges Einverständnis nicht zu erlangen war.

Ort, Datum

....

(Unterschrift)

336 **Muster 71: Vollmacht mit weitreichender Vertretungsmacht**

Vollmacht

Hiermit bevollmächtigen wir, ... , den Architekten .... im Rahmen der Durchführung unseres Bauvorhabens .... in .... uns rechtsgeschäftlich zu vertreten. Soweit es die Vergabe von Bauleistungen oder Stundenlohnarbeiten betrifft, ist diese Vollmacht begrenzt auf sich hieraus ergebende finanzielle Verpflichtungen bis zu einer Höhe von .... €.

Ort, Datum

....

(Unterschrift)

V. Abnahme von Architektenleistungen

337 Eine Architektenleistung ist **abnahmefähig**, da es sich bei ihr um eine Werkleistung handelt. Die Architektenleistung bedarf grds. auch der Abnahme, um die hiermit zusammenhängenden Wirkungen eintreten zu lassen. Die Abnahme des Architektenwerks ist entscheidend für den **Beginn** der Gewährleistungsfrist und damit für die **Verjährung** der Mängelansprüche. Darüber hinaus ist die Abnahme für den Übergang der Beweislast von Bedeutung. Die Abnahme ist jedoch **keine Fälligkeitsvoraussetzung** für das Gesamthonorar. Dieses wird nach § 8 Abs. 1 HOAI fällig, wenn die Leistung vertragsgemäß erbracht und eine prüffähige Honorarschlussrechnung überreicht wurde. Vertragsgemäß erbracht ist die Architektenleistung, wenn das Architektenwerk abnahmefähig ist, was nicht bedeutet, dass die Leistung ohne jeden Mangel ganz vollendet sein muss. Es reicht aus, wenn das

V. Abnahme von Architektenleistungen

Architektenwerk im Großen und Ganzen dem Vertrag entsprechend hergestellt wurde und vom Auftraggeber gebilligt werden kann.[262]

Eine **körperliche** Abnahme (Entgegennahme) des (gesamten) Architektenwerks scheidet i.d.R. aus, weshalb die Abnahme jedenfalls die **Vollendung** der Architektenleistungen voraussetzt. Darüber hinaus ist ein vom Auftraggeber zum Ausdruck gebrachter Wille notwendig, die vom Architekten erbrachte Leistung als vertragsgemäß **anzuerkennen**. Soweit sich der Architekt hier nicht um eine klare „Aktenlage" kümmert, ist es stets eine Frage des Einzelfalls, wann die Abnahme anzunehmen ist, wodurch eine verlässliche Berechnung der Verjährungsfrist häufig erschwert wird. Das Architektenwerk kann als abgenommen **gelten**, wenn das Bauwerk errichtet und der Bauherr die Rechnungsprüfung, die endgültige Kostenfeststellung des Architekten sowie dessen Schlussrechnung entgegengenommen und bezahlt hat.[263] Allein die **Fertigstellung** und der **Bezug** der Baumaßnahme kann aber **nicht** ohne Weiteres als Abnahme, auch nicht als Teilabnahme betrachtet werden.[264] Bei einer sog. **Vollarchitektur** gem. HOAI ist das Architektenwerk erst dann vollendet, wenn alle nach den Leistungsbildern zu erbringenden Leistungen vorliegen. Hierzu gehört dann auch die **Leistungsphase 9** (Objektbetreuung und Dokumentation) gem. § 15 HOAI, was in der Praxis bedeutet, dass ein abnahmefähiges Architektenwerk erst **nach** Ablauf der Gewährleistungsfristen der am Bau Beteiligten gegeben sein kann. Dies ist für den Architekten mit erheblichen Nachteilen verbunden, da seine Mängelhaftung über Jahre hinaus in der Schwebe ist. Dem kann der Architekt nur dadurch begegnen, dass er entweder vertraglich mit dem Bauherrn eine **Teilabnahmeverpflichtung** nach Abschluss der Leistungsphase 8 vereinbart oder für die Leistungen der Leistungsphase 9 einen gesonderten Objektbetreuungsvertrag abschließt.

338

I.Ü. ist zu beachten, dass der Architekt nach der Rspr. des BGH verpflichtet ist, nach dem Auftreten von Baumängeln „den Ursachen entschieden und ohne Rücksicht auf mögliche eigene Haftung nachzugehen" und dem Bauherrn „rechtzeitig ein zutreffendes Bild der tatsächlichen und rechtlichen Möglichkeiten der Schadensbehebung zu verschaffen". Dabei hat der Architekt seinen Auftraggeber ggf. auf die Möglichkeit eines Anspruchs gegen ihn

339

---

262 Vgl. BGH, BauR 1972, 251.
263 Vgl. BGH, BauR 1972, 251.
264 Vgl. OLG Hamm, MDR 1974, 313; OLG Stuttgart, BB 1976, 1434.

E. Architekten- und Ingenieurvertrag

selbst **ausdrücklich hinzuweisen**.[265] Die Verletzung dieser Vertragspflicht begründet im Einzelfall einen Schadensersatzanspruch „dahingehend, dass die Verjährung der gegen den Architekten gerichteten Gewährleistungs- und Schadensersatzansprüche als nicht eingetreten gilt".

340 Zu seiner eigenen Sicherheit sollte der Architekt dem Bauherrn die **vertragsgemäße Vollendung** seiner Leistungen **anzeigen** und den Bauherrn unter Setzung einer angemessenen Frist – hier dürften regelmäßig zwölf Werktage ausreichen – zur Abnahme auffordern. Der Bauherr ist dann nach § 640 BGB verpflichtet, die Leistung binnen der gesetzten Frist abzunehmen oder sich anderweitig zu äußern. Reagiert der Bauherr nicht, wird die Abnahme fingiert.

341 **Muster 72: Anzeige der vertragsgemäßen Vollendung einer Architektenleistung**

> Sehr geehrte Damen und Herren,
>
> wir haben die gem. unserem Architektenvertrag vom .... für Ihr Bauvorhaben .... in .... zu erbringenden Leistungen vollständig und vertragsgerecht erbracht und nunmehr fertig gestellt.
>
> Wir bitten um Abnahme unserer Leistungen binnen zwölf Werktagen nach Zugang dieses Schreibens. Nach Ablauf der vorgenannten Frist werden wir unsere Honorarschlussrechnung vorlegen.
>
> Für die angenehme und erfolgreiche Zusammenarbeit und das uns entgegengebrachte Vertrauen dürfen wir uns bereits an dieser Stelle bedanken. Wir würden uns sehr freuen, wenn sich eine Gelegenheit für eine erneute Zusammenarbeit ergeben würde.
>
> Mit freundlichen Grüßen
>
> ....

342 Ist der Architekt (nur) mit der **Genehmigungsplanung**, also den Leistungsphasen 1 bis 4 gem. § 15 HOAI beauftragt, stellt sich die Frage des Abnahmezeitpunkts in besonderer Weise. Der Architekt schuldet eine dauerhaft genehmigungsfähige Planung.[266] Zum Zeitpunkt der Unterschrift des Bau-

---

265 Vgl. BGH, BauR 1996, 418.
266 Vgl. BGH, BauR 1999, 1195.

antrags und der Vorlage bei der Bauordnungsbehörde kann der Auftraggeber regelmäßig noch nicht feststellen, ob die eingereichte Planung überhaupt genehmigungsfähig ist. Daher wird dem Auftraggeber zu diesem Zeitpunkt regelmäßig der Abnahmewillen fehlen.[267] Daher kommt ohne anderweitige eindeutige Abnahmehandlung als Abnahmezeitpunkt nur die Genehmigung des Bauantrags durch die zuständige Behörde und die sich daran anschließende Verwertung der Genehmigungsplanung durch den Bauherrn in Betracht.

> **Hinweis:**
> Im Ergebnis kann auch hier dem Architekten nur geraten werden, eine möglichst eindeutige „Aktenlage" zu schaffen. Die Leistungen der Genehmigungsplanung sind **vollendet**, wenn der Architekt eine dauerhaft genehmigungsfähige Planung vorgelegt hat. Die Genehmigung durch die Behörde, auf die der Architekt in zeitlicher Hinsicht keinen Einfluss hat, ist dagegen nicht Teil seiner Leistung. Dementsprechend kann der Architekt die Abnahme verlangen, wenn er den Bauantrag einschließlich Planung zur Unterschrift durch den Bauherrn vorbereitet und diesen dem Auftraggeber übergeben hat.

Muster 73: Aufforderung zur Abnahme der Genehmigungsplanung

Sehr geehrte Damen und Herren,

Sie erhalten in der Anlage die Genehmigungsplanung und den von uns zur Vorlage beim Bauordnungsamt vorbereiteten, vollständigen Bauantrag. Dieser muss von Ihnen unterschrieben und bei der Behörde eingereicht werden. Gerne sind wir bereit, die Vorlage beim Bauamt für Sie zu übernehmen. In diesem Fall leiten Sie uns den unterschriebenen Antrag möglichst zeitnah wieder zu.

Mit Erstellung der Bauantragsunterlagen einschließlich der genehmigungsfähigen Pläne ist unsere vertraglich geschuldete Leistung vollendet und fertig gestellt. Wir bitten um Abnahme der Genehmigungsplanung binnen zwölf Werktagen nach Erhalt dieses Schreibens. Uns würde in diesem Zusammenhang eine schriftliche Abnahmebestätigung durch Gegenzeichnung und Rücksendung dieses Schreibens genügen.

---

267 Vgl. BGH, BauR 1999, 934.

> Für die angenehme Zusammenarbeit dürfen wir uns an dieser Stelle bereits bedanken. Soweit Sie im Zusammenhang mit Ihrem Bauvorhaben oder einer anderen Baumaßnahme Fragen haben, stehen wir Ihnen gerne zur Verfügung.
>
> Mit freundlichen Grüßen
>
> ....
>
> Die Genehmigungsplanung wird hiermit ausdrücklich abgenommen.
>
> Ort, Datum
>
> ....
>
> (Unterschrift)

344 Auch der Bauherr sollte regelmäßig an einer eindeutigen Rechtslage interessiert sein, will er nicht Gefahr laufen, die Verjährungsfrist für seine Ansprüche möglicherweise fehlerhaft zu berechnen. Wurde die Leistung des Architektenwerks nicht abgenommen und hat der Auftraggeber die Abnahme nicht endgültig verweigert, unterliegt ein Schadensersatzanspruch aus § 634 Nr. 4 BGB nach der Rspr. der regelmäßigen Verjährungsfrist, die nach § 195 BGB lediglich drei Jahre beträgt und nicht wie nach der Abnahme fünf Jahre.

VI. Urheberrecht des Architekten

1. Begriff des Urheberrechts

345 Gem. § 1 UrhG genießen die Urheber von **Werken der Kunst** Urheberrechtsschutz. Zu den geschützten Werken gehören nach § 2 Abs. 1 Nr. 4 UrhG auch solche der **bildenden Kunst** „einschließlich der Werke der Baukunst". Weiterhin zählen nach § 2 Abs. 1 Nr. 7 UrhG Darstellungen wissenschaftlicher oder technischer Art wie Zeichnungen, Pläne etc. zu den geschützten Werken.

Allerdings genießen nicht alle Werke der Baukunst Urheberrechtsschutz, da es sich nach § 2 Abs. 2 UrhG um **persönliche geistige Schöpfungen** handeln muss. Die in der Praxis weitverbreitete Meinung, dass jede Planung eines Architekten urheberrechtsfähig ist, ist demnach rechtlich unzutreffend.

Bei dem Begriff „persönliche geistige Schöpfung" handelt es sich um einen auslegungsbedürftigen Rechtsbegriff, der in der Rspr. und Lit. vielfältige Umschreibungen erfahren hat. Erforderlich ist zunächst eine menschlich-gestalterische Tätigkeit des Urhebers.[268] Ferner muss das Werk eine originelle eigenschöpferische Darstellungsweise erkennen lassen.[269] Im Ergebnis muss ein urheberrechtlich geschütztes Werk der Baukunst eine mit den Mitteln der Architektur verwirklichte Schöpfung sein, die Gestaltung und Individualität aufweist.[270] Nach der **Rspr. des BGH** ist entscheidend, dass ein künstlerisches Schaffen gegeben ist, dass sich im Bauwerk objektiviert hat. Der Niederschlag, den die künstlerische Leistung im Bauwerk findet, bestimmt die Individualität, die für den urheberrechtlichen Schutz maßgebend ist. Dabei schließt der Gebrauchszweck des Bauwerks einen Urheberschutz nicht aus.[271] Daher können auch Zweckbauten, z.B. Wohnhäuser, Gemeinschaftsheime, Brücken, eine solche Gestaltungshöhe und Individualität aufweisen, dass sie persönliche geistige Schöpfungen i.S.d. Urhebergesetzes darstellen und deshalb Urheberschutz genießen.[272] Bei der Beurteilung der Frage, ob ein Architektenwerk Urheberrechtsschutz genießt, haben die Gerichte im Ergebnis einen erheblichen Ermessensspielraum, den sie i.d.R. unter Hinzuziehung eines Sachverständigen ausfüllen.

Um dem Architektenwerk die erforderliche Gestaltungshöhe in **Originalität** und **Form** zu verleihen, können ganz unterschiedliche Elemente maßgeblich sein, bspw. eine besondere Fassadengestaltung, die Wahl und Zuordnung der Baustoffe, die Farbgebung, die Einfügung des Baukörpers in die Umgebung, die Gestaltung des Innenraums, die Maßverhältnisse und Proportionen.[273]

2. Verbot einer Entstellung oder anderer Beeinträchtigung

Genießt das Architektenwerk Urheberrechtsschutz, kann der Architekt nach § 14 UrhG eine Entstellung oder andere Beeinträchtigungen seines Werks verbieten. Bearbeitungen oder andere Umgestaltungen dürfen nur mit seiner Zustimmung erfolgen. Der Inhaber des Nutzungsrechts darf nach § 39 UrhG das Werk grds. nicht ändern. Diese Rechte des Architekten sind für den Ei-

346

---

268 Vgl. Neuenfeld, Handbuch des Architektenrechts, Bd. 1, III Rn. 17 m.w.N.
269 Vgl. Rauch, Architektenrecht und privates Baurecht für Architekten, S. 305.
270 Vgl. Locher, Das private Baurecht, Rn. 357.
271 Vgl. BGHZ 24, 55.
272 Vgl. BGHZ 24, 55.
273 Vgl. Prinz, Urheberrecht der Architekten und Ingenieure, S. 48.

E. Architekten- und Ingenieurvertrag

gentümer oder Nutzer des Bauwerks oft hinderlich, wenn **Umbaumaßnahmen** in Rede stehen,[274] denn eine Beeinträchtigung des Urheberrechts kann auch dann vorliegen, wenn das Werk eine „Verbesserung" erfährt.[275] Der Schutz des Urhebers durch das urheberrechtliche Änderungsverbot richtet sich nicht nur gegen künstlerische Verschlechterungen, sondern auch gegen andere Verfälschungen der Wesenszüge des Werks. So kann etwa die Aufstockung eines Gebäudes, eine Änderung (Austausch der Fenster) oder eine sonstige Umbaumaßnahme eine Verletzung des Urheberschutzes darstellen.

3. Grenzen des Urheberrechts

347 Allerdings gilt das Urheberrecht nicht **grenzenlos**. Vor allem ist die **Unversehrtheit** des Werks als solches nicht geschützt. Überhaupt sind auch die Interessen des Auftraggebers im Rahmen einer Interessenabwägung zu berücksichtigen, wobei die Abgrenzung zwischen den unterschiedlichen Interessen im Einzelfall schwierig ist. Das Urheberrecht darf das Gebäude vom technischen Fortschritt nicht ausschließen. Änderungen, die durch Gesetz oder durch technische Entwicklung erforderlich sind, können, wenn sie schonend erfolgen, als gerechtfertigt angesehen werden.[276] Ebenso sollen bei Zweckbauten funktionell notwendige Änderungen wie der Einbau von Rolltreppen, Schalterhallen, Einrichtungen für Immissions- und Schallschutz grds. zulässig sein.[277] Die Zerstörung des Bauwerks verletzt das Urheberrecht grds. nicht, der Architekt kann den Abriss also nicht verhindern.[278]

4. Veränderung/Instandsetzung von Bauwerken

348 Umstritten ist weiterhin, ob der Urheber bei einer **Änderung** oder **Instandsetzung** des Bauwerks ein Recht hat, zur Durchführung der Maßnahme herangezogen zu werden. Überwiegend wird die Pflicht, den Urheber mit der Durchführung der Baumaßnahme zu beauftragen, nur für besondere Grenzfälle gesehen.

---

274 Vgl. LG Hamburg, BauR 1991, 645.
275 Vgl. BGH, NJW 1999, 790.
276 Vgl. Locher, Das private Baurecht, Rn. 359.
277 Vgl. Hesse, BauR 1971, 220; so hat z.B. das OLG Hamm entschieden, dass das nachträgliche Anbringen eines Sonnenschutzes keine Verletzung des Änderungsverbotes darstellt, wenn sich das Gebäude bei Sonneneinstrahlung derart aufheizt, dass die hierdurch entstehenden Raumtemperaturen für den Nutzer unzumutbar sind; OLG Hamm, BauR 1984, 298.
278 Vgl. LG München I, NJW 1983, 1205.

VI. Urheberrecht des Architekten

Beispiel:

Es handelt sich um ein besonders individuell geprägtes Bauwerk und die Bausubstanz sowie die bisherige Gestaltung kann nur dann erhalten werden, wenn der Urheber zumindest beratend tätig wird. Dies wird jedoch nur in Ausnahmefällen anzunehmen sein.

Mit Abschluss des Architektenvertrags überträgt der Architekt i.d.R. die urheberrechtlichen Nutzungsbefugnisse an seiner Planung auf den Bauherrn. Dies allerdings nur insoweit, als der Bauherr diese zur einmaligen Errichtung des konkreten Bauwerks benötigt.[279] Ein Nachbau durch den Bauherrn ist dagegen urheberrechtlich grds. unzulässig.[280]

5. Ansprüche bei Urheberrechtsverletzungen

Liegt eine Verletzung des Urheberrechts am Architektenwerk vor, ergeben sich für den Architekten verschiedene Ansprüche. Der Architekt kann nach § 97 Abs. 1 Satz 1 UrhG die **Beseitigung** der Beeinträchtigung verlangen sowie bei einer Wiederholungsgefahr **Unterlassung** begehren. Erfolgte die Verletzung des Urheberrechts darüber hinaus vorsätzlich oder fahrlässig, ergibt sich zudem aus § 97 Abs. 1 Satz 1 UrhG ein Schadensersatzanspruch. Anstelle des Schadensersatzes kann der Architekt nach § 97 Abs. 1 Satz 2 UrhG auch die Herausgabe des Gewinns verlangen, der durch die Verletzung des Urheberrechts erzielt wurde.

349

Beispiel:

*Der Anspruch auf Beseitigung der Beeinträchtigung kann bei einer **urheberrechtlich unzulässigen Änderung des Bauwerks** dahin gehen, dass der Bauherr verpflichtet ist, die ursprüngliche Gestaltung wiederherzustellen. Das bedeutet regelmäßig den vollständigen **Rückbau** der durchgeführten Veränderung.*

Wirtschaftlich bedeutsamer ist für den Architekten jedoch der **Schadensersatzanspruch**. Dabei gibt es drei Möglichkeiten der **Schadensberechnung**:

350

- Zum einen kann der Architekt den ihm durch die Verletzung seiner Urheberrechte entgangenen Gewinn verlangen. Dieser liegt in dem entgangenen **Architektenhonorar**, das er bei Beachtung seines Urheberrechts

---

279 Vgl. BGH, NJW 1984, 2818.
280 Vgl. Locher, Das private Baurecht, Rn. 361; Rauch, Architektenrecht und privates Baurecht für Architekten, S. 308.

verdient hätte. Im Wege des Schadensersatzes wird der Architekt also so gestellt, als wenn er nach den üblichen Bedingungen für seine Leistungen bezahlt worden wäre, abzüglich etwa ersparter Aufwendungen und abzüglich anderweitiger Verdienstmöglichkeiten in der ersparten Zeit.[281]

- Alternativ kann der Architekt eine angemessene **Lizenzgebühr** verlangen, also die Gebühr, die ihm bei Einigung über die Urheberrechtsnutzung zugestanden hätte. Da bei der Vergütung von Architekten Lizenzgebühren in der Praxis so gut wie nicht vorkommen, stößt die Ermittlung einer angemessenen Lizenzgebühr auf erhebliche praktische Schwierigkeiten.
- Die dritte Alternative ist die Herausgabe des durch die Urheberrechtsverletzung erzielten Gewinns und spielt in der Praxis ebenfalls keine Rolle.

VII. Exkurs: Die Haftpflichtversicherung der Architekten und Ingenieure

1. Allgemeines

351 Die Berufs-Haftpflichtversicherung schützt den Architekten und Ingenieur vor finanziellen Nachteilen, die ihm dadurch entstehen, dass er wegen eines bei der Ausübung seiner Tätigkeit begangenen Fehlers für die hieraus entstehenden Folgen aufgrund gesetzlicher Haftpflichtbestimmungen privatrechtlichen Inhalts von einem Dritten **schadensersatzpflichtig** gemacht wird. Unter den Versicherungsschutz fallen damit nicht Erfüllungs-, Nachbesserungs- bzw. Mängelbeseitigungsansprüche. Auch ein etwaiger Eigenschaden des Architekten und Ingenieurs ist nicht vom Versicherungsschutz umfasst. Ebenso fallen hierunter keine öffentlich-rechtlichen, insbes. verwaltungsrechtlichen oder strafrechtlichen Verpflichtungen des Versicherungsnehmers.

352 Für Personenschäden und sonstige Schäden werden i.d.R. getrennte **Deckungssummen** in unterschiedlicher Höhe vereinbart. Die Entscheidung über die Höhe der Deckungssummen hat der Architekt bzw. Ingenieur selbst i.R.d. Versicherungsabschlusses zu treffen. Verbindliche Grundsätze, Maßstäbe oder Empfehlungen gibt es nicht, die Höhe hängt letztlich vom Risikoprofil im Einzelfall ab. Werden überwiegend Großprojekte oder größere Bauvorhaben mit mehreren Millionen Bausumme bearbeitet, müssen die

---

281 Vgl. OLG Köln, BauR 1991, 674; LG Hamburg, BauR 1991, 645.

VII. Exkurs: Die Haftpflichtversicherung der Architekten und Ingenieure

Deckungssummen anders gewählt werden, als bei einem Architekten, der hauptsächlich mit dem Bau von Einfamilienhäusern beschäftigt ist. Die **Deckungssumme für sonstige Schäden** sollte nicht unter 25 % der größten bearbeiteten Bausumme liegen. Für **Personenschäden** sollte die Deckungssumme nicht unter 2 Mio. € liegen. Es ist zu empfehlen, die vereinbarten Deckungssummen in regelmäßigen Zeitabschnitten zu überprüfen. I.Ü. wird regelmäßig eine **Deckungssummenmaximierung** festgelegt, indem die Höchstersatzleistung des Versicherers für alle Versicherungsfälle eines Jahres auf das ein- oder mehrfache der vereinbarten Deckungssummen begrenzt wird.

Versichert ist die **freiberufliche bzw. selbstständige Tätigkeit**, auch wenn diese als Nebentätigkeit ausgeführt wird. Grds. liegen nahezu allen Berufs-Haftpflichtversicherungsverträgen Vereinbarungen über eine **Selbstbeteiligung** zugrunde. Die Selbstbeteiligung hat den Sinn, den Versicherer vor Bagatellschäden zu schützen und das Interesse des Versicherungsnehmers an der Schadensverhütung bzw. Schadensminderung zu steigern. Darüber hinaus beeinflusst die Höhe der Selbstbeteiligung auch die Höhe der Versicherungsprämie. Die vertragliche Ausgestaltung der Selbstbeteiligung ist unterschiedlich. Es gibt prozentuale Selbstbeteiligungen mit Festlegung einer Mindest- und Obergrenze oder feste Selbstbeteiligungssummen.

353

2. Besonderheiten der Berufs-Haftpflichtversicherung

a) Versicherungsfall

Für die Berufs-Haftpflichtversicherung gilt das sog. **Verstoßprinzip**. Bei der Frage, ob Versicherungsschutz besteht, wird nicht auf das Schadensereignis, sondern den Verstoß abgestellt. Maßgeblicher Verstoß ist das erste fehlerhafte Verhalten des Versicherungsnehmers, das in einer unmittelbaren Kausalkette den Schaden herbeigeführt hat. Dabei bleibt es auch dann, wenn der Versicherungsnehmer die Möglichkeit und die Rechtspflicht hatte, den Verstoß im weiteren Verlauf zu berichtigen und damit die schädlichen Auswirkungen abzuwenden.[282]

354

---

[282] Vgl. OLG Nürnberg, BauR 1995, 137.

E. Architekten- und Ingenieurvertrag

Beispiel:

Ein Verstoß kann die Erstellung eines fehlerhaften Plans sein, der zu einem konkreten Bauwerksschaden führt. Wurde der Planungsfehler bereits in der Vorplanung gesetzt und hat sich in den folgenden Planungsphasen zur unmittelbaren Ursache des Bauwerksschadens lediglich verdichtet, dann liegt der für den Versicherungsschutz maßgebliche Verstoß zeitlich bereits in der Vorplanung.

Zwischen dem **Verstoßzeitpunkt** und dem Zeitpunkt des **Schadenseintritts** können unter Umständen mehrere Jahre liegen, der Verstoßzeitpunkt muss grds. in den versicherten Zeitraum fallen. Der Versicherungsschutz bestimmt sich nach den im Verstoßzeitpunkt geltenden vertraglichen Vereinbarungen, so dass im Einzelfall frühere Bedingungswerke, evtl. niedrigere Deckungssummen oder abweichende Selbstbeteiligungen zum Tragen kommen können. Beim erstmaligen Abschluss einer Berufs-Haftpflichtversicherung gibt es eine einjährige **Rückwärts-Versicherung**. Sie erstreckt sich auf solche Verstöße, die im Zeitraum eines Jahres vor dem Beginn des Versicherungsvertrags begangen wurden. Versichert werden dabei jedoch nur solche Verstöße, die dem Versicherungsnehmer bis zum Abschluss des Versicherungsvertrags nicht bekannt waren. Verstöße gelten als bekannt, wenn ein Verhalten des Versicherungsnehmers von ihm als objektiv fehlerhaft erkannt oder ihm gegenüber als objektiv fehlerhaft bezeichnet wurde, auch wenn ein Schadensersatzanspruch noch nicht erhoben oder angedroht wurde.

355 Häufig enthalten die Versicherungsbedingungen sog. **Serienschadensklauseln**. Danach steht die vertraglich vereinbarte Deckungssumme bei einem Serienschaden nur einmal zur Verfügung. Ein Serienschaden liegt vor, wenn mehrere gleiche oder gleichartige Verstöße, die unmittelbar auf demselben Fehler beruhen, zu Schäden an einem oder mehreren Bauwerken führen. Unerheblich ist, ob die Bauwerke zu demselben Bauvorhaben gehören. Ferner liegt ein Serienschaden vor, wenn mehrere Verstöße zu einem einheitlichen Schaden führen, z.B. sowohl ein Planungs- als auch ein Bauüberwachungsfehler zu einem Mangel führen.

b) Nachhaftung des Versicherers

356 Der Versicherer hat auch nach Vertragsende für alle Schäden aufzukommen, die der Versicherte während der Dauer der Vertragszeit verursacht hat, von denen er jedoch erst nach der Beendigung des Versicherungsverhältnisses Kenntnis erlangt. Auch diese **Nachhaftung** ist Ausfluss des Verstoßprinzips

VII. Exkurs: Die Haftpflichtversicherung der Architekten und Ingenieure

und trägt dem Umstand Rechnung, dass zwischen Schaden (oder Entdeckung) des Fehlers und dem Verstoß Jahre liegen können. Die Nachhaftung endet i.d.R. **fünf Jahre** nach Ablauf der Versicherung. Ersatzansprüche, die bis dahin nicht gegen den Versicherten geltend gemacht worden sind und die dem Versicherer nicht innerhalb dieses Zeitraums gemeldet wurden, sind vom Versicherungsschutz ausgeschlossen. Um auch nach diesem Zeitraum ein Risiko auszuschließen, gibt es die Möglichkeit, das Spätschadensrisiko zu versichern.

c) Risikoausschlüsse

Bei der Berufs-Haftpflichtversicherung gilt grds. das **Prinzip der universellen Deckung**. Versicherungsschutz besteht damit für sämtliche nach der primären Risikobeschreibung gedeckten Haftpflichtansprüche, wenn nicht das konkrete Einzelrisiko im Versicherungsvertrag ausgeschlossen wurde. Daher enthalten Versicherungsverträge in großem Umfang **Ausschlussklauseln**. 357

Tätigkeiten **außerhalb des Berufsbilds** des Architekten oder Ingenieurs gehören nicht zum versicherten Risiko. 358

Beispiele:
- *Veräußern oder Vermitteln von Grundstücken*
- *Vermitteln von Mietern*
- *Verwalten von Häusern und Wohnungen*

Für diese Risiken gibt es eigenständige Versicherungskonzepte. Ebenso fallen Rechtsberatungen und Geschäftsbesorgungen außerhalb des Kernbereichs der eigentlichen Bauerrichtung nicht unter das versicherte Risiko.

Eine weitere Fallgruppe, bei denen das Berufsbild eines Architekten überschritten wird, ist die Beteiligung des Architekten an der **Bauerrichtung**, wenn er also das Bauwerk ganz oder teilweise im eigenen oder fremden Namen für eigene Rechnung oder im eigenen Namen für fremde Rechnung erstellen lässt bzw. selbst Bauleistungen erbringt oder Baustoffe liefert. Sobald eine dieser Fallkonstellationen gegeben ist, besteht grds. auch für die von dem Architekten zusätzlich übernommene Planungs- und Bauüberwachungsleistung kein Versicherungsschutz. Liegen die vorerwähnten Voraussetzungen lediglich bei einem **einzelnen** Bauvorhaben vor, besteht

E. Architekten- und Ingenieurvertrag

der Versicherungsschutz hinsichtlich anderer Bauvorhaben fort. Mit dieser Fallgruppe sollen insbes. alle denkbaren Konstellationen von Bauherrenmodellen erfasst werden, in die der Architekt wirtschaftlich involviert ist. Hier ist die Gefahr von Interessenkollisionen gegeben. Hintergrund für den Risikoausschluss ist die Überlegung, dass der Architekt unabhängig von den Risiken einer darüber hinausgehenden unternehmerischen Tätigkeit sein soll. Dies gilt auch für sonstige Fälle, in denen die Architektenleistung mit Ausführungs-, Herstellungs-, Liefer- und sonstigen wirtschaftlichen Interessen zusammenfallen, auch wenn diese Interessen bei wirtschaftlich verbundenen Personen und Unternehmen liegen. Darüber hinaus wollen die Versicherungen vermeiden, indirekt das Ausführungs- und Gewährleistungsrisiko des Bauunternehmers über die Berufs-Haftpflichtversicherung des Architekten zu versichern, da nahezu jede mangelhafte Werkleistung über einen behaupteten Bauüberwachungsfehler gedeckt und die zur Ausführungsseite erforderliche Distanz des Architekten wegen dessen wirtschaftlichem Interesse nicht mehr gegeben wäre.

> **Hinweis:**
>
> Zu beachten ist dabei, dass die vorgenannte Risikobegrenzung bereits dann gilt, wenn die Voraussetzungen in der Person eines mit dem Versicherungsnehmer in häuslicher Gemeinschaft lebenden Angehörigen, in der Person eines Geschäftsführers oder Gesellschafters des Versicherungsnehmers oder bei Unternehmen gegeben sind, die vom Versicherungsnehmer oder einem Angehörigen im erstgenannten Sinn, Geschäftsführern oder Gesellschaftern des Versicherungsnehmers geleitet werden, ihnen gehören oder an denen sie beteiligt sind.

359 Für Ansprüche, die auf Haftungsvereinbarungen beruhen, die über den Umfang der gesetzlichen Haftung hinausgehen, z.B. Garantiezusagen, Termin- oder Kostengarantien, besteht ebenfalls **kein Versicherungsschutz**. Eine Haftung für die Überschreitung der Bauzeit sowie von Fristen und Terminen wird von den Versicherern ebenso regelmäßig ausgeschlossen wie eine Haftung für die Überschreitung von Vor- und Kostenanschlägen. Weiterhin wird regelmäßig die Verletzung von gewerblichen Schutz- und Urheberrechten vom Versicherungsschutz ausgenommen. Im Ergebnis sollte man vor Abschluss des Versicherungsvertrags die Bedingungen, insbes. die vorgesehenen Risikoausschlüsse, eingehend prüfen.

VII. Exkurs: Die Haftpflichtversicherung der Architekten und Ingenieure

d) Mitversicherte Personen

Die Berufs-Haftpflichtversicherung schützt nicht nur den Versicherungsnehmer, sondern gewährt auch Versicherungsschutz für die **persönliche Haftpflicht seiner Angestellten** aus Schäden, die sie bei der Ausübung ihrer dienstlichen Aufgaben dem Bauherrn oder einem Dritten zufügen. Dies gilt für Angestellte, freie Mitarbeiter sowie eingegliederte Personen im Rahmen einer Arbeitnehmerüberlassung.

360

Für das Risiko der Tätigkeit des Versicherungsnehmers in einer projektbezogen Arbeitsgemeinschaft enthalten die Versicherungsbedingungen häufig eine sog. **ARGE-Klausel**. Nach dieser beschränkt sich der Versicherungsschutz bei einer Los-ARGE auf das Haftpflichtrisiko aus der dem Versicherungsnehmer zugeteilten Aufgabe bis zur Höhe der vereinbarten Deckungssumme. Bei einer Quoten-ARGE werden die Ersatzpflicht des Versicherers und die Versicherungssumme auf die Quote begrenzt, mit der der Versicherungsnehmer an der ARGE beteiligt ist. Auch das Haftpflichtrisiko des Generalplaners ist grds. über die Berufs-Haftpflichtversicherung mitversichert. Der unterbeauftragte Mitplaner ist jedoch nicht Mitversicherter, so dass die Versicherung bei ihm Regress nehmen kann.

361

e) Obliegenheitspflichten

Damit der Versicherer seine vertraglichen Leistungspflichten ordnungsgemäß erfüllen kann, benötigt er möglichst schnelle und genaue Kenntnisse über Art, Hergang und Umfang eines Schadens. Hierbei ist die **Unterstützung des Versicherungsnehmers** erforderlich. Im Schadensfall hat der Versicherungsnehmer daher Obliegenheitspflichten zu erfüllen, deren Einhaltung Voraussetzung für den Erhalt seines Versicherungsschutzes sind. Da die Versicherungen in der Praxis Obliegenheitsverletzungen nutzen, um ihre Haftung auszuschließen, ist hier besondere Vorsicht und Genauigkeit angebracht.

362

E. Architekten- und Ingenieurvertrag

363 **Übersicht: Verhalten im Schadensfall**

Anzeigepflicht:

Jeder Versicherungsfall ist **unverzüglich schriftlich** anzuzeigen, spätestens innerhalb einer Woche. Die Verpflichtung besteht bereits dann, wenn die Möglichkeit eines Versicherungsfalls gegeben ist, dem Versicherten also Umstände bekannt werden, die einen Schadensersatzanspruch nach sich ziehen könnten. Der Versicherer muss so früh wie möglich die Gelegenheit haben, in die Abwicklung einzugreifen, um Nachteile für sich und den Versicherten abzuwehren. Es kommt nicht darauf an, dass bereits konkrete Ansprüche an den Versicherten herangetragen wurden. Wird ein Ermittlungsverfahren eingeleitet oder ein Strafbefehl oder ein Mahnbescheid erlassen, muss der Versicherungsnehmer **unverzüglich Anzeige** erstatten, auch wenn er den Versicherungsfall selbst bereits angezeigt hat. Ferner muss der Versicherungsnehmer anzeigen, wenn der Geschädigte seinen Anspruch geltend macht oder gegen ihn gerichtliche Schritte eingeleitet werden.

Schadenminderungspflicht, Aufklärungs- und Beweissicherungspflicht:

Der Versicherungsnehmer ist weiterhin verpflichtet, einen **Schaden** nach Möglichkeit **zu verhindern oder abzumildern**. Dabei hat er die Weisungen des Versicherers zu beachten. Der Versicherungsnehmer muss alles tun, was zur Klarstellung des Schadensfalls dient, sofern ihm nichts Unbilliges zugemutet wird. Er muss den Versicherer **unterstützen** und ihm ausführliche und wahrheitsgemäße Berichte erstatten. Der Versicherungsnehmer muss alle Tatumstände mitteilen und alle nach Ansicht des Versicherers für die Beurteilung erheblichen Schriftstücke und Unterlagen übermitteln.

Prozessführung durch den Versicherer:

Kommt es zu einem Prozess über den versicherten Anspruch, muss der Versicherungsnehmer dem Versicherer die Prozessführung überlassen, dem von der Versicherung bestellten oder bezeichneten Anwalt Vollmacht erteilen und ihm die nötige Aufklärung geben.

VII. Exkurs: Die Haftpflichtversicherung der Architekten und Ingenieure

> **Mitwirkung des Versicherungsnehmers:**
>
> Der Versicherungsnehmer muss etwa erforderliche Rechtsbehelfe auch ohne Weisung des Versicherers erheben, insbes., wenn diese fristgebunden sind.
>
> **Kein Schuldanerkenntnis:**
>
> Der Versicherungsnehmer darf nicht ohne vorherige Zustimmung der Versicherung einen Haftpflichtanspruch ganz oder teilweise oder vergleichsweise anerkennen oder befriedigen. Bei Zuwiderhandlung ist der Versicherer von der Verpflichtung zur Leistung frei, es sei denn, dass der Versicherungsnehmer nach den Umständen die Befriedigung oder Anerkennung nicht ohne offenbare Unbilligkeit verweigern konnte.

Wird eine Obliegenheit verletzt, die dem Versicherer gegenüber zu erfüllen war, verliert der Versicherungsnehmer seinen Versicherungsschutz, es sei denn, die Verletzung wurde weder **vorsätzlich noch grob fahrlässig** begangen. Bei grob fahrlässiger Verletzung behält der Versicherungsnehmer seinen Versicherungsschutz insoweit, als die Verletzung weder Einfluss auf die Feststellung des Versicherungsfalls noch auf die Bemessung der Leistung gehabt hat. Bezweckt die verletzte Obliegenheit die Abwendung oder Minderung des Schadens, behält der Versicherungsnehmer bei grob fahrlässiger Verletzung seinen Versicherungsschutz insoweit, als der Umfang des Schadens auch bei Erfüllung der Obliegenheit nicht geringer gewesen wäre.[283] Bei vorsätzlicher Verletzung von Obliegenheitspflichten bleibt der Versicherungsschutz nur erhalten, wenn der Verstoß nicht geeignet war, die Interessen des Versicherers ernsthaft zu beeinträchtigen oder den Versicherungsnehmer kein erhebliches Verschulden trifft.

364

---

283 Vgl. OLG Saarbrücken, BauR 1991, 494.

Stichwortverzeichnis

Die Zahlen verweisen auf die Randnummern.

Abhilfeanspruch des Bestellers,	
Bauvertrag	41
Abhilfeverlangen	111
Abnahme, Ablehnung	19
– Architektenleistung	337 ff.
– ausdrückliche	47
– Bauherr	340
– Bezug der Baumaßnahme	338
– Fertigstellung der Baumaßnahme	338
– Fertigstellungsanzeige	168
– Genehmigungsplanung, Architektenrecht	342
– körperliche	338
– Pflicht des Bestellers, Werkvertrag	45
– selbstständige Klage	45
– Softwareentwicklungsvertrag	71, 79
– Softwarepflegevertrag	72
– stillschweigende	47
– unter Vorbehalt, Werkvertrag	46
– Vergütungsgefahr	43
– VOB/B-Bauvertrag	171 ff.
– Werk	19
– Werkleistung	44 ff.
– Zeitpunkt, Architektenrecht	342
Abnahmefähigkeit der Architektenleistung	337
Abnahmereife	46, 91, 184 f.
Abrechnung	9 ff.
– Vergütung	17 ff.
– VOB/B-Bauvertrag	219 ff.
Abruf auftraggeberseitiger Mitwirkungsleistung	125 ff.
Abschlagsrechnung, HOAI	330 ff.
Abschlagszahlung	11 ff.
Allgemeine Geschäftsbedingungen, Sicherheitsleistung, BGB-Bauvertrag	94
Allgemeines Leistungsstörungsrecht	1 ff., 18 ff., 37
Änderungsmanagement, Softwareentwicklungsvertrag	71
Anfechtung der Rechnung	17
angemessene Nachfrist, Sicherheitsleistung, VOB/B-Bauvertrag	268
angemessene Vergütung	10, 75
Annahmeverzug	23, 35, 43, 209

Anzeige, vertragsgemäße Leistung, Architekt	340
Anzeigenvertrag	7
Anzeigepflicht, VOB/B-Bauvertrag	122
Arbeitsstillstand, VOB/B-Bauvertrag	153
Architekt, Anscheinsvollmacht	331
– Anzeige der vertragsgemäßen Leistungsvollendung	340
– Bauaufsichtspflicht	305
– Berufshaftpflichtversicherung	351
– beschränkte Vollmacht	333
– Duldungsvollmacht	331
– eingeschränkte rechtsgeschäftliche Vertretungsbefugnis	333
– Genehmigungsplanung	342
– Generalvollmacht	333
– Haftpflichtversicherung	351
– Hinweispflicht	339
– honorarfreie Akquisitionstätigkeit	320
– Sicherheitsleistung, Anspruchsberechtigung	96
– Urheberrecht	345 ff.
– verschärfte Bauaufsichtspflicht	306
– Vertretung des Bauherrn	332
– Vollmacht	331
– Vollmacht ohne rechtsgeschäftliche Vertretungsbefugnis	333
– vollmachtsloser Vertreter	331
– weitreichende Vertretungsmacht	333
Architektenleistung, Abnahme	337 ff.
– vertragsmäßige Erbringung	337
Architektenplanung, Urheberrechtsfähigkeit	345
Architektenrecht, gesonderter Objektbetreuungsvertrag	338
– Grenze des Urheberrechts	367
– Honoraranspruch	328
– Schadensersatzanspruch, Urheberrechtsverletzung	350, 344
– Teilabnahmeverpflichtung	338
– Verjährung des Mängelanspruchs	337
Architektenvertrag	7, 300 ff.
– Anwendung der HOAI	307 ff.
– Aufforderung zur Nachbesserung	302
– Aufklärungspflicht, Architekt	312

191

Stichwortverzeichnis

- Beseitigung von Baumängeln 301
- besondere Leistung 325
- gefahrträchtige Arbeit 305
- Haftung 304
- handwerkliche Selbstverständlichkeit 304
- Höchstsatzhonorar 315
- Honorarhöhe 312 f., 315 ff.
- Honorarschlussrechnung 327
- Honorarvereinbarung, einheitliche Vertragsurkunde 319
- mangelhafte Bauüberwachung 301, 304
- mangelhafte Objektüberwachung 304
- Mängelhaftung nach BGB 301 ff.
- nachbesserungsfähige Leistung 302
- Nacherfüllung 301
- Objektüberwachung 304
- Pauschalhonorarvereinbarung 318
- Schadensersatzanspruch 301
- schwierige Arbeit 305
- Überwachung wichtiger Bauabschnitte 305
- Vereinbarung einer Hochsatzüberschreitung 317
- Vergütungsvereinbarung, Formerfordernis 319 ff.
- Vertragspflichtverletzung 339
- Vollarchitektur 300
- Vorvertrag 322

aufgedrängte Abnahme, Werkvertrag 46
Auftrag 5
Auftragskalkulation, VOB/B-Bauvertrag 238
Aufwendungsersatz 19, 29,
Ausschlussklausel, Berufshaftpflichtversicherung 357
Ausschlusswirkung der Schlussrechnung 253
außerordentliches Kündigungsrecht, Insolvenz, VOB/B-Bauvertrag 296
Bauaufsichtspflicht des Architekten 305 f.
Bauhandwerker, Sicherheitsleistung, Anspruchsberechtigung 96
Bauhandwerkersicherung 94 ff.
Baumängelbeseitigung, Architektenvertrag 301
Baustelleneinrichtung 108
Baustellenräumung, Kosten 290
Baustofflieferant, Sicherheitsleistung, Anspruchsberechtigung 96
Bautagebuch 133, 139

Bauvertrag 7, 87 ff.
- Abhilfeanspruch des Bestellers 41
- Abnahme 92
- BGB 89 ff.
- Fälligkeit der Leistung 41
- Gutachterverfahren, Abnahmeverweigerung 91
- Leistungsverzug 41
- Mitwirkung des Bestellers 34
- unverbindliche Frist 41
- unwirksame Klausel 87
- Vertragsfrist 40
- VOB/B 87, 107 ff.

Bauwerk, Instandsetzung 348
Bauzeitenplan 41, 111
Beförderungsvertrag 7
Behinderung, Bauleistung ohne Unterbrechung 289
- Bauablauf, VOB/B-Bauvertrag 123 ff.
- Tatsachenkenntnis, VOB/B-Bauvertrag 141
- zeitliche Verfolgung, VOB/B-Bauvertrag 132

Behinderungsabmeldung, VOB/B-Bauvertrag 143 ff.
Behindersanzeige, VOB/B-Bauvertrag 131
Behinderungsende, VOB/B-Bauvertrag 136
Behinderungsfolge, Erfassung, VOB/B-Bauvertrag 133
Behinderungsnachtrag 219
Behinderungsschaden, Geltendmachung, VOB/B-Bauvertrag 150
Behinderungsschadensersatzanspruch, VOB/B-Bauvertrag 136
Bemessungsgrundlage der HOAI, Verstoß 316
Beratervertrag 7
Berufshaftpflichtversicherung, Architekt 351
- ARGE-Klausel 361
- Ausschlussklausel 357
- Ingenieur 351
- mitversicherte Person 360 ff.
- Nachhaftung des Versicherers 356
- Obliegenheitspflicht 362
- Risikoausschluss 357
- Rückwärts-Versicherung 354
- Selbstbeteiligung 353
- Serienschadensklausel 355
- Überschreitung, Bauzeit 359

Stichwortverzeichnis

– Verhalten im Schadensfall	363
– Versicherungsfall	354 ff.
– Verstoßprinzip	354
Beschaffenheitsvereinbarung	21
Beseitigung von Baumängeln, Architektenvertrag	301
besondere Leistung, Architektenvertrag	325
Besonderes Leistungsstörungsrecht	2 ff.
Besteller	19, 28, 33 ff., 43
Bestellvertrag	5
Bestimmung der Fälligkeit	37
Beweislast für Mangel	44
BGB-Bauvertrag	89 ff.
– Durchgriffsfälligkeit	89 ff.
– Einstellung der Leistung	105
– Fälligkeit	89
– Fertigstellungsbescheinigung des Sachverständigen	91 ff.
– Gutacher, Fertigstellungsbescheinigung	92
– Gutachterverfahren	91
– Sicherheitsforderung	94
– Sicherheitsleistung	94 ff.
– – Abnahme	98
– – allgemeine Geschäftsbedingungen	94
– – Anspruchsberechtigung	96
– – Art	95
– – Begrenzung	97
– – Einklagbarkeit	100
– – erhöhendes Verlangen	103
– – Höhe	97
– – Kosten	95
– – Kündigung	101
– – Leistungsverweigerung	105 ff.
– – Nachfristsetzung	100 ff.
– – Pflicht	95
– – prozessuale Durchsetzung	94
– – streitige Nachträge	105
– – Schadensersatz	101
– – Teilkündigung	100
– – Wahlrecht	95
– Sicherungshypothek	94 f.
Computerprogramm	74, 85
Datenbank, Urheberrecht	74
Datenschutz, Softwarepflegevertrag	72
Datenverarbeitung, DIN-Norm	73
Deckungssumme, Haftpflichtversicherung des Architekten	352
Dienstvertrag	5
DIN-Norm	21, 73, 79
Dokumentation	71, 86, 228
Durchgriffsfälligkeit, BGB-Bauvertrag	89 f.
Einheitspreis, Mindermengen, VOB/B-Bauvertrag	247
Einheitspreisliste, VOB/B-Bauvertrag	238
Einheitspreisvertrag	17, 155, 245, 279
Einklagbarkeit, Abschlagszahlung	13
Einweisung, Softwareentwicklungsvertrag	71
elektive Konkurrenz	23
Entgeltlichkeit	9
Entschädigungsanspruch, Unterlassung der Mitwirkung	35
Ereignisfrist	38
erforderliche Aufwendung, Selbstvornahme	196
Erfüllungsort, Softwarepflegevertrag	72
Ersatz des Vermögensschadens	39
Ersatzvornahme nach Abnahme, VOB/B-Bauvertrag	193
ersparte Aufwendung	281
Fälligkeit	37
– Leistung, Bauvertrag	41
– Vergütung	17, 44
– Werklohnforderung	89
– Vergütungsanspruch	18
– Bestimmung	37
– Werklohnanspruch	253
Fehlerart, Individualsoftware	86
Fertighausvertrag mit Errichtung	7
Fertigstellung	168 ff., 338
Fertigstellungsbescheinigung des Sachverständigen, BGB-Bauvertrag	91 ff.
Feststellungsklage, Unternehmerpfandrecht	57
fiktive Abnahme	48
Forderungssicherungsgesetz, geplante Änderung	16, 89, 91, 98, 100
Frist	23, 29, 41, 48, 71
Funktionsmangel, Software	86
Funktionstüchtigkeit	21, 28
geänderte Leistung	239 ff.
gemischter Vertrag	19
General Public License	67
gesetzliches Pfandrecht	53
gesonderter Objektbetreuungsvertrag	338
Gewährleistungsfrist, Architektenwerk	337
gewerbliches Schutzrecht	22
Gutachten	7

193

Stichwortverzeichnis

Gutachter, Fertigstellungsbescheinigung,
BGB-Bauvertrag 92
Gutachterverfahren 91 f.
gutgläubiger Erwerb, Pfandrecht 54
Haftpflichtversicherung, Architekt 351 f.
– Ingenieur 351
Haftung, Architekt 304
Handbuch, Systemdokumentation 79
Hauptleistungspflicht, Systemdokumentation 79
– Werkvertrag 3 ff., 45
Hinterlegungsvereinbarung, Software 82
Hinweispflicht 62, 162, 339
HOAI, Abschlagsrechnung 330 ff.
– Architektenvertrag 307 ff.
– Aufklärungspflicht des Architekten 312
– Bemessungsgrundlage 316
– Gebührentatbestand 310
– geplante Änderungen 308
– Hochsatzüberschreitung, Vereinbarung 317
– Höchstsatz 316
– Höchstsatzhonorar 315
– Honorartafel 310
– Honorarzone 310
– Leistungskatalog 309
– persönlicher Anwendungsbereich 311
– preisrechtliche Bestimmung 310
– Regelungsgehalt 307
– Vollarchitektur 338
– Zielsetzung 307
höhere Gewalt 146
Individualsoftware, Fehlerart 66, 86
– gewöhnlicher Gebrauch 86
– Quellcode 81
– Vertrag 66
Ingenieur, Berufshaftpflichtversicherung 351
– Sicherheitsleistung, Anspruchsberechtigung 96
– Vertrag 7, 300 ff.
Insolvenz, VOB/B-Bauvertrag 195, 296 ff.
Kalenderfrist 38
Kapazitätsmangel, Software 86
Kaufvertrag 5, 66
Kfz-Reparatur-Vertrag 52 ff.
– Abgrenzung zu anderen Vertragstypen 52
– Kfz-Brief 54
– Kostenvoranschlag 61 ff.
– Mängelhaftung 52
– Unternehmerpfandrecht 53 ff.

– Zurückbehaltungsrecht, Unternehmer 55
Kooperation der Vertragsparteien 34
Kooperationspflicht, Softwareentwicklungsvertrag 71
körperliche Abnahme, Architektenwerk 338
Kosten, Baustellenräumung 290
– Nachtrag 229 ff.
– Sicherheitsleistung, BGB-Bauvertrag 95
Kostenvoranschlag 52, 61ff.
Kostenvorschuss, Mängelanspruch,
VOB/B-Bauvertrag 196 ff.
– Mängelbeseitigungsanspruch 188
Kündigung, VOB/B-Bauvertrag 275 ff.
– Softwarepflegevertrag 72
Kündigungsandrohung, Untätigbleiben
des Bestellers 35
Kündigungsrecht,
VOB/B-Bauvertrag 119, 166, 157
– Kfz-Reparaturvertrag, Kostenvoranschlag 61
Laufzeit, Softwarepflegevertrag 72
Leistungsgefahr 42
Leistungsgegenstand, Softwarepflegevertrag 72
Leistungsstörungsrecht,
Allgemeines 1 ff., 18, 37
– Besonderes 2 ff.
Leistungsverweigerung, Sicherheitsleistung 105 ff.
Leistungsverzug, Unternehmer,
Bauvertrag 41
Mahnung 37 ff., 38
Mangel 19 ff.
– Beweislast 44
– Computerprogramm 85
– Definition 20
– Herabsetzung der Tauglichkeit 20
– Minderung des Werks 20
– unwesentlicher 19, 46
Mängelanspruch, Ausschluss 51
– elektive Konkurrenz 23
– Kostenvorschuss 188
– Regelverjährungsfrist 33
– Verjährung 33 ff.
– VOB/B-Bauvertrag 187 ff.
Mängelbeseitigung 23 ff., 29 ff.
mangelfreies Werk 19, 31

194

Stichwortverzeichnis

mangelhafte Bauüberwachung,
  Architektenvertrag 301, 304
mangelhafte Objektüberwachung,
  Architektenvertrag 304
Mängelhaftung 19
Mängelhaftungsrecht 19 ff., 23, 29 ff.
Mietvertrag 5, 66
Minderung 19, 31 ff.
Mithaftung des Auftraggebers, Mängel-
  anspruch, VOB/B-Bauvertrag 208 ff.
Mitwirkungspflicht, Besteller 34 ff.
– – Nachholung 35
– – Koordinierungspflicht 34
– – Unterlassung, Kündigungsandrohung 35
– – Verletzung 35
– Softwareentwicklungsvertrag 71
– Softwarepflegevertrag 72
– VOB/B-Bauvertrag 119, 158
Nachbesserung, Mängelbeseitigung 211 ff.
nachbesserungsfähige Leistung,
  Architektenvertrag 302
Nacherfüllung 19, 23 ff.
– Anspruch 23 f.
– Architektenvertrag 301
– Aufwand 28
– Frist 23, 29
– Kosten 28
– Softwareentwicklungsvertrag 81
– Unverhältnismäßigkeit 28
– Unzumutbarkeit 28
– Verweigerung 28
Nacherfüllungsverlangen 24, 29
Nachfristsetzung, VOB/B-Bauvertrag 115
Nachhaftung, Versicherer, Berufshaft-
  pflichtversicherung 356
Nachtragsverfolgungsliste 224
Nachunternehmer, Sicherheitsleistung,
  Anspruchsberechtigung 96
Neuherstellung 23 ff., 26, 191
notwendige Kosten, Schlussrechnung 255
notwendige Verwendung 55
objektives Leistungsinteresse, Besteller 28
Obliegenheitspflicht, Berufshaftpflicht-
  versicherung 362
Open-Source-Software 67
Patent, Software 74
Patentfähigkeit, Computerprogramm 74
Pauschalhonorarvereinbarung,
  Architektenvertrag 318

Pauschalvertrag, Vergütung 17, 155
Personenschaden, Haftpflicht-
  versicherung, Architekt 352
Pfandrecht, gesetzliches 53
Pfandverkauf 57
Pflicht, vertragstypische 3 ff.
Pflichtenheft 71
Preisbildung, zusätzliche Leistung 241
Preiskalkulation, ersparte Aufwendung 281
Programmsperre, Software 86
Projektsteuerungsvertrag 7
Quellcode, Definition 67, 81
– Herausgabe 71
– Herausgabeandrohung 82
– Herausgabeforderung, sachliche Gründe 82
– Herausgabepflicht 82
– Hinterlegung 71
– Individualsoftware 81
– Software-Hinterlegungsvereinbarung 82
– Standardsoftware 82
Reaktionszeit, Softwarepflegevertrag 72
Rechnung 17
Recht der Mängelhaftung 19 ff.
rechtsgeschäftliche Abnahme,
  Werkvertrag 44
Rechtsmangel 20 ff.
Regeln der Technik 21
Regelverjährungsfrist 33
Reinigung 7
Reparatur 7, 52 ff., 55
Risikoausschluss, Berufshaftpflicht-
  versicherung 357
Rückgabeanspruch, Sicherheitsleistung 265
Rücktritt 19, 31 ff.
– Verjährungsfrist, Ablauf 33
– Voraussetzung 31
Rückwärts-Versicherung, Berufshaft-
  pflichtversicherung 354
Sachmangel 20 ff.
– Softwareentwicklung 85 ff.
Sachverständiger, Abnahme 174
– Fertigstellungsbescheinigung,
  BGB-Bauvertrag 91 ff.
– Minderwert, VOB/B-Bauvertrag 201
Schadensberechnung, Urheberrechts-
  verletzung, Architektenvertrag 350
Schadensersatzanspruch, Architekten-
  vertrag 301
– – Urheberrechtsverletzung 350

195

– – Verletzung einer Architektenvertragspflicht	339	– gemischter Vertrag	69
– Kostenvoranschlag	61	– Kapazitätsmangel	86
– VOB/B-Bauvertrag	122, 204 ff.	– Leistungsgegenstand	71
schlüssiges Abnahmeverhalten	47	– Patentanmeldung	74
Schlussrechnung, VOB/B-Bauvertrag,		– Programmsperre	86
Ausschlusswirkung	253	– Quellcode	81 ff.
– – Fristsetzung	253 ff.	– – Definition	67, 81
– – Kosten	255	– Typenkombinationsvertrag	69
– – Nachfrist	254	– Überlassung	66
– – Prüffähigkeit	255	– Urheber, Vergütungsnachschlag	75
Schlusszahlung, Rechnungserteilung	17	– Urheberrecht	65
– VOB/B-Bauvertrag	257 ff.	– vertragswidrige Nutzung	77
– – Erklärung	257 ff.	Softwareentwicklung, Sachmangel	85 ff.
– – Vorbehalt	262	Softwareentwicklungsvertrag	65 ff., 70 ff.
Schriftform, VOB/B-Bauvertrag,		– Abnahme	71, 79
Behinderungsabmeldung	144	– Änderungsmanagement	71
– – Behinderungsanzeige	139	– Anwendung Urhebervertragsrecht	73
schriftliche Mängelrüge, VOB/B-Bauvertrag	191	– DIN-Norm	73
		– Dokumentation	71
Selbstbeteiligung, Berufshaftpflichtversicherung	353	– Einstellung, vertragswidrige Nutzung	77
		– Einweisung	71
Selbstmahnung	38	– Frist	71
selbstständige Abnahmeklage	45	– Inhalt	70 ff.
Selbstständigkeit, wirtschaftlich	4	– Kooperationspflicht	71
Selbstvornahme	19, 29 ff.	– Mangel	79
– Aufwendungsersatzanspruch	29	– Mitwirkungspflicht	71
– Softwareentwicklungsvertrag	81	– Nacherfüllung	81
– VOB/B-Bauvertrag, erforderliche Aufwendung	196	– Quellcode	71
		– Schulung	71
– – Mängelanspruch	196	– Selbstvornahme	81
– – nach Abnahme	193	– Systemdokumentation	79
– Vorschuss	29	– Terminplanung	71
Serienschadensklausel, Berufshaftpflichtversicherung	355	– Umfang der Nutzung	77
		– Urheberrecht	74 ff.
Sicherheitseinbehalt, VOB/B-Bauvertrag	270 ff.	– Urheberrechtsschutz	71
		– Vertragsgestaltung	70 ff.
Sicherheitsleistung, BGB-Bauvertrag	94 ff.	– Vertragsstörung	73, 81
– – Bankgarantie	95	– Vertragstyp	66
– – Höhe	97	– Werkvertrag	66 ff.
– – Nachfristsetzung	100 ff.	Software-Hinterlegungsvereinbarung	82
– VOB/B-Bauvertrag	209, 265 ff.	Softwaremangel, gewöhnliche Verwendung	86
– – Einklagbarkeit	273	Softwarepflegevertrag	68, 70 ff.
– Zahlungsversprechen	95	– Abnahme	72
Sicherungshypothek, BGB-Bauvertrag	94	– Datenschutz	72
Software	7	– Erfüllungsort	72
– Definition	65	– Geheimhaltung	72
– Dokumentation, Lückenhaftigkeit	86	– Inhalt	70 ff.
– Funktionsmangel	86	– Kündigungsmöglichkeit	72

Stichwortverzeichnis

– Laufzeit	72
– Mitwirkungspflicht	72
– Reaktionszeit	72
– Urheberrechtsschutz	72
– Vertragsgestaltung	70 ff.
– Vertragsstörung	73
Softwareprojektvertrag, Vertrags-	
gestaltung	70 ff.
Softwareüberlassung, Abgrenzung der	
Vertragstypen	66
Soll-Beschaffenheit	20
sonstige Schäden, Haftpflichtversicherung	
des Architekten	352
Sowiesokosten, VOB/B-Bauvertrag	208
Standardsoftware, Quellcode	82
stillschweigende Abnahme	47
streitige Nachträge	105
Stundenlohnarbeit,	
VOB/B-Bauvertrag	249 ff.
Stundenlohnvertrag, Vergütung	17
Stundenlohnzettel, VOB/B-Bauvertrag	251
Symptomtheorie	24
Systemdokumentation, DIN-Norm	79
– Fehlen	79
– Form	79
– Handbuch	79
– Hauptleistungspflicht	79
– Inhalt	79
Teilabnahme, Werkvertrag	50
– Verpflichtung, Architektenrecht	338
Teilleistung, abgeschlossen	12
Teilvergütung	12
– Anspruch	43
Terminplanung, Softwareentwicklungs-	
vertrag	71
Terminverlängerungsanzeige,	
Nachtrag	229 ff.
Typenkombinationsvertrag	69
typisches Unternehmerrisiko	4
übliche Vergütung	10
unabwendbarer Umstand	146
unberechtigte Zahlungsverweigerung,	
Abschlagszahlung	13
unerledigtes Nacherfüllungsverlangen	29
Unfallverhütungsvorschrift	21
Unterbrechung der Bauleistung,	
VOB/B-Bauvertrag	289 ff.
Unternehmer, Mängelhaftung	19
Unternehmerpfandrecht	52

– Androhung des Verkaufs	57
– Eigentumsanwartschaftsrecht	55
– Eigentumsvorbehalt	54
– Erlöschen	60
– Feststellungsklage	57
– Genehmigung der Verwendung	57
– gutgläubiger Erwerb	54
– Inhalt	54
– Kfz, Herausgabe	60
– – Versteigerung	57
– Kfz-Brief	54
– notwendige Verwendung	55
– Pfandverkauf	57
– Reparaturkosten	55
– Verwendungsersatz	55
– Zurückbehaltungsrecht, Geltend-	
machung	55
Unternehmerrisiko	42
Unterschreitung, Mindestsatz,	
Architektenvertrag	313 ff.
unverbindliche Frist, Bauvertrag	41
Unverhältnismäßigkeit, Nacherfüllung	28
– Wertminderung, VOB/B-Bauvertrag	200
– Mängelbeseitigung, Nachbesserung,	
VOB/B-Bauvertrag	211 ff.
unverzügliche Behinderungsanzeige,	
VOB/B-Bauvertrag	131
unwesentlicher Mangel	19, 46
unwirksame Klausel, VOB/B	87
unzumutbare Unterbrechung der	
Bauleistung	289 ff.
Unzumutbarkeit der Nacherfüllung	28
Urheber, Anspruch auf angemessene	
Vergütung	75
Urheberrecht, Architekt	345 ff.
– Begleitmaterial	74
– Computerprogramm	74
– Datenbank	74
– Grenzen	347
– persönlich geistige Schöpfung	345
– Softwareentwicklungsvertrag	74 ff.
– Sprachwerk	74
– wissenschaftlich-technische Darstellung	74
Urheberrechtsfähigkeit der	
Architektenplanung	345
Urheberrechtsschutz, Architektenwerk	345
– Beeinträchtigung, Architektenvertrag	346
– Entstellung, Architektenvertrag	346
– Softwareentwicklungsvertrag	71

197

Stichwortverzeichnis

– Softwarepflegevertrag	72
– Umbaumaßnahme, Architektenvertrag	346
Urheberrechtsverletzung, Anspruch, Architektenrecht	349
Urhebervertragsrecht, Softwareentwicklungsvertrag	73
verbindliche Frist, Bauvertrag	40
Vereinbarung, Beschaffenheit	21
– Hochsatzüberschreitung, Architektenvertrag	317
– Pauschalhonorar, Architektenvertrag	318
– Stundenlohnarbeit	249
Vergütung	9 ff.
– Abrechnung	17 ff.
– angemessen	10
– Art	9 ff.
– Bestimmung durch den Unternehmer	10
– einheitliche	12
– Einheitspreisvertrag	17
– Fälligkeit	17
– Höhe	9 ff.
– Pauschalvertrag	17
– Stundenlohnvertrag	17
– taxmäßige	10
– übliche	10
– Umfang	9 ff.
– vertragliche Vereinbarung	10
– VOB/B-Bauvertrag	219 ff.
– Zurückbehaltungsrecht des Bestellers	17
Vergütungsanspruch	9, 17
– Entstehung	9
– Fälligkeit	18
– zusätzliche Leistung, VOB/B-Bauvertrag	240
Vergütungsgefahr, Abnahme	42
– Übergang auf den Besteller	43
– Werkvertrag	42
Vergütungsnachschlag, Urheber der Software	75
Vergütungsnachtrag, VOB/B-Bauvertrag	235
Vergütungsprozess, Abnahmefähigkeit	45
Vergütungsvereinbarung	10
– Architektenvertrag	319 ff.
Verjährung, Abschlagszahlung	13
– Architektenrecht	337
– Mängelanspruch	33 ff., 213 ff.
– Schadensersatzanspruch, Architektenrecht	344
Verjährungseinrede	213 ff.
Verjährungsfrist	33
– VOB/B	213
Verkehrswert	31
Verlagsvertrag	5
Vermögensschaden, Ersatz	39
verschärfte Bauaufsichtspflicht, besondere Warnsignale	306
Versicherungsgegenstand, Haftpflichtversicherung des Architekten	353
Vertragserfüllungsbürgschaft, Sicherheitsleistung	265
Vertragsfrist	41, 108
Vertragsgestaltung, Softwareentwicklungsvertrag	70 ff.
– Softwarepflegevertrag	70 ff.
Vertragskündigung	13
Vertragsstörung	2 ff.
– durch Mangel	19 ff.
– fehlende Mitwirkung des Bestellers	34 ff.
– fehlende Termintreue	37 ff.
– Frist	37 ff.
– Mangel	19 ff.
– mangelhafte Mitwirkung des Bestellers	34 ff.
– Minderung	31 ff.
– Nacherfüllung	23 ff.
– Neuherstellung	23 ff.
– Rücktritt	31 ff.
– Softwareentwicklungsvertrag	73, 81
– Softwarepflegevertrag	73
– Termin	37 ff.
– unwesentlicher Mangel	19
– Verjährung des Mängelanspruchs	33 ff.
– Selbstvornahme	29 ff.
Vertragsstrafe, VOB/B-Bauvertrag	148
vertragstypische Pflicht, Werkvertrag	3 ff.
vertragswidrige Nutzung, Software	77
Verweigerung der Abnahme, VOB/B-Bauvertrag	184 ff.
Verweigerungsrecht, Nacherfüllung	28
Verwendungsersatz, Anspruch	55
Verzinsung, Abschlagszahlung	13
Verzug	18, 37
– Ereignisfrist	38
– Kalenderfrist	38
– Mahnung	37
– Recht des Bestellers	39
– Unternehmer	37

Stichwortverzeichnis

– vereinbarte Leistungszeit	38
– Verschulden	38
VOB/B-Bauvertrag	**107 ff.**
– Abhilfeverlangen	111
– Ablauf-Ist	129
– Ablaufschema	124 ff.
– Ablauf-Soll	129
– Abnahme	168, 171 ff.
– – Bestätigung des Auftraggebers	181 ff.
– – Einladung	171 ff.
– – einseitig förmlich	182
– – Ergebnis	173
– – Frist	173
– – Hinderungsgründe	173
– – Protokoll	176 ff.
– – Sachverständiger	174
– – Verfahren	171
– – Verzicht	172
– – Vorbehalt	206
– – Zumutbarkeit	184
– Abnahmeverweigerung	184 ff.
– – angemessene Frist	185
– – Vielzahl von Mängeln	184
– – wesentlicher Mangel	184
– Abrechnung	219 ff.
– Abruf auftraggeberseitiger Mitwirkungsleistung	125 ff.
– Änderungsanfrage	221 f.
– Änderungsauftrag des Auftraggebers	220
– Anfordern einer Sicherheit	273 ff.
– Annahmeverzug	209
– Auftragskalkulation	238
– Ausführungsbeginn	107 ff.
– Ausführungsfrist	111
– Auskunftspflicht	221
– außerordentliches Kündigungsrecht, Insolvenz	296
– Bauablauf	107 ff.
– Baubeginn	107 ff.
– Bauende	107 ff.
– Bautagebuch	133, 139
– Bedenkenanmeldung	161 ff.
– Behinderung im Bauablauf	123 ff.
– Behinderung, Anzeigepflicht	153
– – Dauer	147
– – längere Dauer	154
– – Schadensersatzanspruch	151
– – Tatsachenkenntnis	141
– – Unterbrechung	153 ff.
– – zeitliche Verfolgung	132
– Behinderungsabmeldung	143 ff.
– Behinderungsanzeige	131, 139
– Behinderungsende	136
– Behinderungsfolge, Erfassung	133
– Behinderungsschaden, Geltendmachung	150
– Behinderungsschadensersatzanspruch	136
– Behinderungstatbestand	130
– dem Auftraggeber obliegende Handlung	157 ff.
– Einheitspreisliste	238
– Einheitspreisvertrag	155, 243, 245, 247, 279
– einseitige Abnahme	173
– Erfassung Störungstatbestand	128 ff.
– Ersatzvornahme	185
– Fertigstellungsanzeige	168 ff.
– förmliche Abnahme	169, 171
– freie Kündigung	275 ff.
– gestörtes Vertrauensverhältnis	284
– Hinweispflicht	162
– Insolvenz	195
– konkludente Abnahme	172
– Koordinationspflicht	151
– Kündigung	275 ff.
– – angemessene Frist	160
– – Baustellenräumung	290
– – dreimonatige Unterbrechung	289 ff.
– – Einheitspreisvertrag	279
– – Erklärung	276
– – ersparte Aufwendung	281
– – Folgen	277, 287
– – Frist	286
– – grobe Vertragsverletzung	284
– – Insolvenz	296 ff.
– – Kostenerstattung	188
– – Kostenvorschuss	188
– – Mehrkosten	287
– – Pauschalpreisvertrag	280
– – Umdeutung	285
– – unterlassene Mitwirkungshandlung	293 ff.
– – wichtiger Grund	157, 284 ff.
– – Voraussetzung	276
– Kündigungsgrund	285
– Kündigungsrecht	115, 119, 157, 166, 286
– Leistungsdaten	134
– Leistungsunterbrechung, Abrechnung	155
– Leistungsverzeichnis	236

199

Stichwortverzeichnis

- Leistungsvollendung 275
- Mängelanspruch 187 ff.
-- anerkannte Regeln der Technik 205
-- Erlöschen 206
-- Ersatz der Aufwendung 188
-- Kostenvorschuss 188, 196 ff.
-- Minderung 200 ff.
-- Minderwert 201
-- Mithaftung des Auftraggebers 208 ff.
-- Schadensersatz 188, 204
-- Selbstvornahme 196
-- vereinbarte Beschaffenheit 205
-- Verjährung 213 ff.
-- Verschulden 208
-- Verzugsschaden 189
-- Zuschusspflicht 209
- Mängelbeseitigung, Ablehnung 211 ff.
-- Nachbesserung 211 ff.
- Mängelbeseitigungsverlangen nach Abnahme 191 ff.
-- Ersatzvornahme 193
-- Fristsetzung 193
-- Neuherstellung 191
-- Selbstvornahme 193
- Mängelbeseitigungsverlangen vor Abnahme 187 ff.
- Minderungsrecht 200 ff.
- Mitwirkungspflicht, Auftraggeber 158
- Nachbesserung, Verweigerung 211
-- Zuschuss 208
- Nachbesserungsanspruch 191
- Nachfristsetzung, Verschulden 115
- Nachtrag 219 ff.
-- Ablaufschema 220 ff.
-- Definition 219
-- Erfassung 223 ff.
-- Kosten 229 ff.
-- Nachtragsangebot 231 ff.
-- Nachtragsverfolgungsliste 224
-- Terminverlängerungsanzeige 229 ff.
-- Vergleich Bau-Soll/Bau-Ist 227 ff.
- Neuherstellung 191
- Pauschalpreisvertrag 280
- Pauschalvertrag 155
- Preisanpassungsverlangen 243 ff.
- Prüfungspflicht, Auftragnehmer 162 ff.
- Schadensersatz 115, 119, 287
- Schadensersatzanspruch 204 ff.
- Schlussrechnung mit Fristsetzung 253 ff.
- Schlusszahlung 257, 259, 262 ff.
- Schlusszahlungserklärung 257 ff.
- schriftliche Mängelrüge 191
- Sicherheitseinbehalt 270 ff.
- Sicherheitsleistung 209, 265 ff.
-- Aufforderung zur Rückgabe einer Sicherheit 265
-- Einklagbarkeit 273
-- Nachfrist 268
-- Rückgabe einer Sicherheit 265 ff.
-- Rückgabeanspruch 265
-- Sperrkonto 267
-- Vertragserfüllungsbürgschaft 265
-- durch Auftragnehmer 273
- Sowiesokosten 208
- Sperrkonto 267
- Störung 130
- Störungstatbestand 128 ff.
- Stundenlohnarbeit, Anzeige 249 ff.
- Tätigkeitsaufnahme 120 ff.
- unwirksame Klausel 87
- Unverhältnismäßigkeit der Nachbesserung 211 ff.
- Vergleich Ablauf-Soll/Ablauf-Ist 129
- Vergütung 219 ff., 243 ff.
- Vergütungsnachtrag 235
- Verjährung 213
- vertragliche Nebenverpflichtung 221
- Vertragsstrafe 148
- Verzug 115
- voraussichtlicher Baubeginn 117
- Wertminderung 200
- wesentlicher Mangel 205
- Zurückbehaltungsrecht, Auftraggeber 192, 270
- Zusatzleistung, Ankündigungs- erfordernis 240
- **VOB/B-Regelung**, Anwendungsbereich 87
- **VOB-Werkvertrag**, Gutachterverfahren 91
- **Vollarchitektur** 338
- Architektenvertrag 300
- **Vollmacht**, Architekt 331 ff.
-- ohne rechtsgeschäftliche Vertretungsbefugnis 333
-- vollmachtsloser Vertreter 331
-- weitreichende Vertretungsmacht 333
- **voraussichtlicher Baubeginn**, VOB/B-Bauvertrag 117
- **Vorschuss** 29

Stichwortverzeichnis

Vorvertrag, Architektenrecht	322
Wahlrecht, Auftragnehmer,	
Sicherheitseinbehalt	271
– Sicherungsleistung, BGB-Bauvertrag	95
Werk, Funktionstüchtigkeit	21
– Gebrauchsfunktion	21
– Ist-Beschaffenheit	20
– Soll-Beschaffenheit	20
Werkleistung, Abnahme	44 ff.
Werklieferungsvertrag	6
Werklohn, Störung	18
Werklohnanspruch, Fälligkeit	253
Werklohnforderung	9 ff., 89
Werkunternehmer, Mängelhaftung	19
Werkvertrag, Abgrenzung zu anderen Vertragstypen	5
Werkvertrag, Abnahme	19, 42, 44 ff.
– – Ausschluss Mängelanspruch	51
– – Besteller	45
– – Definition	44
– – Dritter	45
– – Form	47
– – Frist	48
– – unter Vorbehalt	46
– – Zeitpunkt	47
– Abnahmepflicht, Besteller	45
– Abnahmereife	46
– Abnahmewirkung, Zeitpunkt	48
– Abrechnung der Vergütung	17 ff.
– Abschlagszahlung	11 ff.
– Allgemeines	3 ff.
– Allgemeines Leistungsstörungsrecht	1 ff., 18, 37
– Arbeitsergebnis	3
– Architektenvertrag	300 ff.
– aufgedrängte Abnahme	46
– Aufwendungsersatz	19
– Bauvertrag	87 ff.
– Besonderes Leistungsstörungsrecht	2 ff.
– einheitliche Vergütung	12
– Entgeltlichkeit	9
– fehlende Termintreue	37 ff.
– fiktive Abnahme	48
– Gefahrtragung	42 ff.
– Gegenstand	3
– geistiges Arbeitsergebnis	3
– Hauptleistungspflicht	3 ff., 45
– Herstellung	3
– Ingenieurvertrag	300 ff.
– Kennzeichnung	4
– Kfz-Reparatur-Vertrag	52
– Leistungsgefahr	42
– Leistungsstörung	1 ff.
– Lieferung beweglicher Sachen	5
– Mangel	19 ff., 33 ff., 44
– Minderung	19, 31 ff.
– Mitwirkung des Bestellers	34 ff.
– Nacherfüllung	23
– rechtsgeschäftliche Abnahme	44
– Rechtsmangel	20 ff.
– Regelverjährungsfrist	33
– Reparaturvertrag	52 ff.
– Rücktritt	19, 31 ff.
– Sachmangel	20 ff.
– Schadensersatz	19
– Selbstvornahme	19
– Softwareentwicklungsvertrag	65 ff.
– Teilabnahme	50
– Teilvergütungsanspruch	43
– Unternehmerrisiko	4, 42
– unwesentlicher Mangel	47
– Vergütung, Abrechnung	17 ff.
– – einheitliche	12
– – Fälligkeit	44
– Vergütungsanspruch	17
– Vergütungsgefahr	42
– Vergütungsvereinbarung	10
– Vertragskündigung	13
– Vertragsparteien, Kooperation	34
– Vertragsstörung	2 ff.
– – Abnahme	44 ff.
– vertragstypische Leistung	3
– Verzug	37
– Weisungen des Bestellers	4
– wirtschaftliche Selbstständigkeit	4
– Zahlungsverzug	18 ff.
Wertschöpfung, entgeltlich	3
wesentliche Überschreitung, Kostenvoranschlag	61
wesentlicher Mangel, VOB/B-Bauvertrag	205
– – Abnahmeverweigerung	184
wichtiger Grund, Kündigung, VOB/B-Bauvertrag	157
– Vertragskündigung	13
wirtschaftliche Selbstständigkeit	4
wissenschaftlich-technische Darstellung, Urhebervertragsrecht	75

201

Stichwortverzeichnis

Witterungseinfluss 146
Zahlungsplan, Pauschalpreisvertrag 280
Zahlungsversprechen,
  Sicherheitsleistung 95
Zahlungsverzug 18 ff.
Zurückbehaltungsrecht, Auftraggebers,
  VOB/B-Bauvertrag 192, 270
  – Besteller 17, 33
  – Unternehmer 55

Zusatzleistung, VOB/B-Bauvertrag 239 ff.
Zusatzvergütung, Änderungsanfrage,
  VOB/B-Bauvertrag 221
Zuschuss, Nachbesserung,
  VOB/B-Bauvertrag 208
Zuschusspflicht, Mängelbeseitigung,
  VOB/B-Bauvertrag 209